# Skandinavische Weihnachtsgeschichten

## Das Buch

Für uns Mitteleuropäer sind die skandinavischen Länder das Weihnachtsparadies schlechthin: Eine weiße Weihnacht ist im hohen Norden garantiert, der Weihnachtsmann wohnt bekanntlich in Finnland (mit Postadresse!), und jeden August treffen sich in Kopenhagen Hunderte von Weihnachtsmännern aus aller Welt, um die Probleme ihres Berufsstandes zu diskutieren. Kein Wunder, daß die klassische und zeitgenössische skandinavische Literatur so reich an Weihnachtsgeschichten ist. Von der frommen Legende über das moderne Märchen bis hin zur bissigen Satire ist in dieser Anthologie alles vertreten. Mit dabei: Hans Christian Andersen, Knut Hamsun, Gerd Brantenberg, Jostein Gaarder und viele mehr.


## Die Herausgeberinnen

Die Skandinavistinnen und Übersetzerinnen Gabriele Haefs, Christel Hildebrandt und Dagmar Mißfeldt haben zusammen schon zwei Bücher mit erotischen und alkoholisierten Geschichten herausgegeben.

Gabriele Haefs, Christel Hildebrandt,
Dagmar Mißfeldt (Hrsg.)

# Skandinavische
# Weihnachtsgeschichten

List Taschenbuch

Besuchen Sie uns im Internet:
www.list-taschenbuch.de

*Umwelthinweis*:
Dieses Buch wurde auf chlor- und säurefreiem Papier gedruckt.

List Verlag
List ist ein Verlag des Verlagshauses Ullstein Heyne List GmbH & Co. KG.
2. Auflage 2003
© 2003 by Ullstein Heyne List GmbH & Co. KG
© 2001 by Econ Ullstein List Verlag GmbH & Co. KG, München
© 1997 by Ullstein Buchverlage GmbH, Berlin, mit freundlicher Unter-
stützung von NORLA (Norwegische Literatur im Ausland)
Das Buch ist auch als Ullstein Taschenbuch unter dem Titel *Die heiligen
drei Narren. Skandinavische Weihnachtsgeschichten* erhältlich.
Umschlagkonzept: HildenDesign, München – Stefan Hilden
Umschlaggestaltung: Hauptmann und Kampa Werbeagentur,
München–Zürich
Titelabbildung: Sølvi dos Santos/J.W. Cappelens Forlag, Oslo/DuMont
Buchverlag, Köln
Druck und Bindearbeiten: Clausen & Bosse, Leck
Printed in Germany
ISBN 3-548-60189-8

# Inhalt

## Vorwort

# Von Smørrebrød und Weihnachtsplätzchen...

Für die Deutschen sind die skandinavischen Länder das Weihnachtsparadies schlechthin: Das Klima garantiert eine weiße Weihnacht, der Weihnachtsmann wohnt bekanntlich in Finnland – sogar mit eigener Postadresse –, und jeden August treffen sich in Kopenhagen Hunderte von Weihnachtsmännern aus aller Welt, um die Probleme dieses Berufsstandes zu diskutieren! Kein Wunder, daß Weihnachten auch in der Literatur dieser Länder eine große Rolle spielt: Immer wieder werden biblische und volkstümliche Weihnachtsgeschichten von skandinavischen Autorinnen und Autoren weitergedichtet und neu interpretiert. Aus der Nähe betrachtet jedoch zeigt die Idylle Risse: Weder die Familie, bei der am Heiligabend Chaos und Unfriede herrscht, noch der Mann, der erfährt, daß er unheilbar krank ist, können dem makellos weißen Schnee oder dem Fest der Liebe sonderlich viel abgewinnen.

Weihnachtsgeschichten aus Dänemark, Schweden, Island, Finnland und Norwegen vertreten ein breites literarisches Spektrum, von der bissigen Satire bis zur frommen Legende ist alles vertreten. Die Autorinnen und Autoren sind bisweilen so berühmt, daß sich weitere Kommentare erübrigen – z.B. Hans Christian Andersen und Jostein Gaarder –, einige wurden gar mit dem Nobelpreis geehrt – wie etwa Knut Hamsun und Halldór Laxness –, manche haben hierzulande schon eine feste Fangemeinde – Gerd Brantenberg, Ingvar Ambjørnsen und Jonas Gardell –, wieder andere werden hier zum ersten Mal in deutscher Sprache veröffentlicht und haben ihre Geschichten extra für diese Anthologie geschrieben.

In Skandinavien fällt man aus allen Wolken, wenn man darauf hinweist, daß der Weihnachtsbaum aus Deutschland importiert und daß z. B. »Stille Nacht, heilige Nacht« ursprünglich nicht in dänischer Sprache verfaßt worden ist. Für die Deutschen wiederum ist es kurios, daß eines der beliebtesten norwegischen Weihnachtslieder zur Melodie von »Meine Oma fährt im Hühnerstall Motorrad« gesungen wird ...

# Juhani Aho

# Weihnachten in der Bauernkate

Der Abend vor Weihnachten ist in der Bauernkate kein
Anlaß, um den viel Aufhebens gemacht wird oder der
emsige Geschäftigkeit und Aufregung auslöst, so wie
in den Herrenhäusern üblich. Hier macht man sich
keine Geschenke, es wird kein Tannenbaum aufgestellt
noch werden Kerzen angezündet. Es ist einfach die
Zeit, in der die wesentlichen Vorbereitungen in aller
Ruhe getroffen werden, die Zeit von zwei, bisweilen
auch drei friedlichen Ruhetagen.

Der Bauer hat in den frühen Morgenstunden einen
kurzen Besuch beim Kaufmann gemacht, um das wenige Notwendige für das Weihnachtsfest zu besorgen,
wie Kaffee, Zucker und Weizenmehl, vielleicht sogar
auch noch eine Flasche Schnaps. Die Bäuerin hat den
Weizenteig zubereitet, die Magd die Zimmer geputzt
und die Schwiegertochter die sauberen Kleider ihrer
Leute geplättet. Der Altbauer hat Brennholz für den
Kachelofen gehackt, es ins Haus getragen und Kien-
späne gespalten. Die Knechte sind von der Arbeit unter freiem Himmel, gewöhnlich vom Heu oder vom
Holzmachen, ein wenig früher als an den übrigen Tagen heimgekehrt. Auch der Heuschlitten ist auf den
Dachboden des Stalls gebracht und das Pferd schon
gleich nach dem Abendessen abgeschirrt worden, da-

nach hat man ihm und den anderen grobes Häcksel gemacht, in das Mehlschwitze beigegeben wird, womöglich auch reichlicher als an gewöhnlichen Tagen.

Und in die Sparren bei den Kühen wird trockenes Stroh gehängt, sorgsam warmes Wasser gekocht und jedem Tier wie als Erinnerung an den Sommer zur Stärkung je eine Handvoll Salze hinzugegeben. Die Kinder halten sich mit dem Welpen den ganzen Tag über auf dem Hügel auf, und niemand ist nun gekommen, um sie nach Hause zu rufen.

Im Ofen in der Stube flackert ein großes Feuer, auf den Kohlen brodelt der Fleischtopf, und das heimgekehrte Gesinde wärmt sich beim Herd auf, während es darauf wartet, in die Sauna gehen zu können. Schon am Tage hat die Altbäuerin die Sauna eingeheizt, und noch lange vor Sonnenuntergang sind dort die Rauchschwaden in die klare Winterluft abgezogen.

Es wird verkündet, daß die Sauna bereit sei. Barfuß und spärlich bekleidet laufen die jungen Männer aufgeregt über den Hof zum Saunahäuschen, die älteren werfen ihren Arbeitspelz über die Schulter und schlüpfen in die Schuhe aus Birkenrinde. Und als die Herrschaften im Rentierschlitten auf der Landstraße vorbeifahren, ist aus dem kleinen, schwarzen Häuschen heftiges Zischen von Wasser und Klatschen von Zweigen zu vernehmen, zieht weißer Dampf zu Tür und Fenster hinaus, und der nach Birkenwald duftende Aufguß steigt einem in die Nase.

Die Vorfreude auf Weihnachten ist da vielleicht das Schönste. Ein wenig kann sie sich womöglich noch steigern, wenn die Saunamänner in die Kate zurückkehren, wo auch die letzten Körnchen gerade weggefegt sind und man Stroh in den Verschlag neben dem Ofen geworfen hat.

Hier und da sitzen weiße Gestalten auf der langen Bank gegen die schwarzen Wände gelehnt. Und wie es da raucht, wie es da Tabak schmaucht, wie da der Geldbeutel für das Fest bis zum Rande gefüllt ist!

Doch allmählich wird der Tisch gedeckt, das Brot aufgestapelt, die Krüge einer neben dem anderen, die Becher dicht an dicht, und dazwischen blitzt als Zeichen des Festmahls der Buttertopf hervor.

Der Bauer sitzt am Kopfende des Tisches und ihm am nächsten in gerader Reihe die anderen Männer. Die Hände schneiden, sind fortwährend in Bewegung, von Brot zu Brot, die Krüge krachen auf die Tischplatte, und die Löffel schnellen behende vom Mund in die Schüssel und von der Schüssel in den Mund. Zuerst wird in der Bauernstube kein Wort gesprochen, dann jedoch sind zwischen dem vielen Kauen und Schlucken hier ein Wort, dort ein zweites und am Ende gar ganze Sätze zu hören.

»Die Stute hat im Wald ein Hufeisen verloren.« »Hast du nicht danach gesucht?« »Doch, aber ich habe es nicht gefunden.« »Wann hat es Lassi denn gefunden?« »Soeben hörte man die Herrschaft vorbeifahren«, sagt Lassi. »Sind es viele?« »Zwei Schlitten sind zu sehen.« »Das werden wohl nicht schon die Weihnachtsgäste vom Pfarrhaus sein.« »Gerade rechtzeitig zum Weihnachtsbrei.« »Da wird an Heiligabend immer der Tannenbaum angesteckt ... ein recht großer, so daß die Spitze schräg lag, als der Knecht mir damit auf dem Schlitten entgegengefahren kam und ich ihm nachguckte«, wußte der Bauer zu berichten.

Einer nach dem anderen erhebt sich von der Mahlzeit, sobald ein jeder sie beendet hat. Die Arbeit ist getan, Worte gewechselt, und eine Pfeife rauchend strecken sich die Männer auf ihren Betten aus, nachdem die Frauen alles in Ordnung gebracht und den Rauchfang geschlossen haben. Im Herrenhaus wird nun erst der Tannenbaum angezündet und die letzten Päckchen verschnürt.

Vor dem Schlafengehen begibt sich der Bauer noch in den Stall, um dem Hengst eine abgemessene Portion Hafer zu geben und ihn mit einer Pferdedecke zuzudecken, damit es ihm wohl ergehe; und die Bäuerin hat die Felldecken und die Pelze zum Wärmen in die Kate getragen – denn in den frühen Morgenstunden soll die Fahrt zum Weihnachtsgottesdienst gehen.

In der Bauernstube schlafen die jungen Leute noch, als der Bauer aus der Tür auf den Hof hinausschlüpft. Am Himmelszelt ist der Morgenstern noch nicht aufgegangen, als er über den Hof geht und den Kirchenschlitten aus dem Schuppen und aus dem Stall das Geschirr mit den Schellen holt, um das Arbeitspferd sogleich anzuspannen.

Unter den Kufen des Schlittens knirscht der Schnee, und der leichte Huf hallt wider auf der gefrorenen Landstraße.

Nach kurzer Zeit fahren sie einsam die unbewohnte Strecke Weges, auf der sich die Bäume Krummhölzern gleich unter der Last von Schnee beugen. Einen Augenblick später jedoch tauchen vor ihnen schemenhaft Reisende mit dem gleichen Ziel auf, und auf der ersten Anhöhe stoßen sie schon auf die Spur der anderen Ankömmlinge.

Der Zug wird immer länger, von den Nebenwegen schließen sich neue Schellen und weitere Reisende an, und die Fahrt geht zügig voran. Schon ist Licht von Häusern zu erkennen. Und als man auf dem kürzesten Wege zum See hinunterfährt, erstrahlt an seinem ge-

genüberliegenden Ufer die Bestimmung der Reise, die Kirche, deren hell erleuchtete Fenster glühen, wie von Feuer, und darin sind Hunderte von Kerzen für diejenigen entzündet worden, bei denen es daheim nicht Brauch ist.

*Aus dem Finnischen von Dagmar Mißfeldt*

Ingvar Ambjørnsen

# Ein anderer Stern

Lester rief gegen zehn Uhr an. Es war der 23. Dezember, und die Straßen von Oslo waren vom Schnee geradezu überwuchert. Vom Fjord her wehte ein heftiger Wind, er peitschte die Kristalle in die kleinsten Ritzen und schuf draußen vor dem Haus eine Märchenlandschaft. Ich hatte vor dem Fenster im Sessel gesessen und Rotwein getrunken. Ich näherte mich offenbar der zweiten Kindheit, denn ich freute mich fast wie ein kleiner Junge über das Schneegestöber. Ich sah gern zu, wie der Torweg des Nachbarhauses langsam verschwand, wie er von dieser schönen weißen Masse verhüllt wurde. Ich war allein und verspürte weihnachtlichen Frieden. Der Holzofen pfiff und knackte vor sich hin, als die Feuchtigkeit der Birkenscheite durch Flöten im Holz hinausgepreßt wurde.

Ich wollte eigentlich gar nicht ans Telefon gehen, aber dann fiel mir ein, daß ich in einer anderen Stadt ja noch ein gebrechliches altes Mütterchen hatte.

Und wie gesagt, es war Lester. Er hielt den Zeitpunkt für gekommen, einen oder zwei Weihnachtssterne einzuwerfen. Und zu meiner Überraschung stimmte ich zu. Dann zog ich mich an und machte mich auf den Weg.

Die Stadt war wie ausgestorben. Nur aus den Knei-

14

pen waren Lärm und Gelächter zu hören. Lester wohnte unten am Fluß in einer der alten Bruchbuden, hier war der Schnee nicht geräumt worden, ich sank fast bis ans Knie ein. Bei Lester bürstete ich mir den ärgsten Schnee ab, ehe ich das Treppenhaus betrat. Seine Wohnungstür im ersten Stock war angelehnt, ich hörte ihn in der Küche herumfuhrwerken.

»Du hast sicher wieder in deinem Sessel gehockt, das kann ich mir ja denken!« Er machte gerade einen riesigen Picknickkorb bereit. Die Brote bedeckten den ganzen Tisch, und er schnitt lange gelbe Scheiben vom Käse.

»Ja«, sagte ich.

»Dieser Sessel wird dich eines Tages noch verschlingen. Ich bin nicht der einzige, der sich Sorgen um dich macht.«

Ich setzte mich auf den Brennholzkasten.

»Dieses Wetter ist wirklich ein Geschenk«, sagte Lester. »Und der Wald steht ja auch immer noch an Ort und Stelle.«

Ich versuchte ihm klarzumachen, daß er verrückt sei.

»Kümmer du dich um den Tee«, sagte er. »Das Wasser kocht schon.« Er türmte die Brote aufeinander und wickelte sie in Papier. Danach gossen wir Tee in zwei Zwei-Liter-Thermosflaschen.

»Ich bin nicht für eine Expedition zum Nordpol angezogen«, sagte ich.

»Nein«, sagte Lester. »Das weiß ich auch.«

Ich hätte mich eigentlich nicht wundern dürfen. Ich kannte ihn doch schon so lange. Lester war ein Mann der Gegenstände. Seine Wohnung quoll von Möbeln und Lampen, Messingleuchtern, Bildern, Wandteppichen und Nippes nur so über. In seinem Schlafzimmer stand ein Kleiderschrank von der Größe meines eigenen Wohnzimmers. Aber als er mich zu diesem Schrank führte und zwei italienische Fliegermonturen aus dem Zweiten Weltkrieg herauszog, war ich doch ein wenig baff. Ich hatte noch nie eine italienische Fliegermontur gesehen. Sie waren am Stück genäht, und ein Reißverschluß zog sich vom Schritt bis zum Hals hoch. Die Kapuze konnte man sich über die Augen ziehen und zusammenschnüren. Die Anzüge waren überall gefüttert, und das Imprägniermittel hatte sie steif werden lassen. Als ich meinen angezogen hatte, sah ich aus wie das Michelin-Männchen. Auch die Stiefel waren etwas Besonderes. Gefüttert, aus dickem Leder, das Lester mit Schweinefett eingeschmiert hatte. Sie reichten mir bis ans Knie, und wenn man das Hosenbein darüber zog und am Spann verschnürte, war man eigentlich gerüstet für die Polfahrt, von der ich gesprochen hatte. Ein norwegischer Schneesturm war da wirklich kein Problem mehr. Ich half Lester in seine Kluft. Dann nahmen wir uns jeder einen Rucksack und watschelten aus der Küche. Das Gehen war gar nicht leicht. Die Arme wurden vom Leib weggedrückt, und der Cowboygang kam ganz von selber.

Lester zog zwei rote Sterne hervor. Sie waren winzigklein, wie sie da auf seiner schweißnassen Hand funkelten. Ich kannte diese Sterne schon und hatte keine Probleme mehr damit. Es war starkes LSD, aber auch ein bißchen speedig, und deshalb war es nicht so schwer, die Kontrolle zu behalten. Wir schluckten jeder unseren Stern, luden uns die Rucksäcke auf und gingen.

Das Wetter war inzwischen der reine Wahnwitz. Wir mußten uns gegen den Wind liegen, und ab und zu drohten die Windstöße, uns umzuwehen. Trotzdem fühlte ich mich hinter meinem imprägnierten Schild warm und behaglich. Auf halbem Weg in die Innenstadt blieb Lester stehen und ließ seinen Rucksack fallen. Er wühlte eine Weile darin herum und brachte zwei Brillen zum Vorschein, die offenbar mit zur Ausrüstung gehörten. Wir sahen jetzt wirklich aus wie zwei italienische Flieger aus dem Zweiten Weltkrieg. Uns fehlte nur noch das Flugzeug. Ich hatte sogar zwei Winkel auf dem Ärmel und irgendeine Auszeichnung über der linken Brusttasche.

Wir erwischten gerade noch die allerletzte Bahn nach Tryvann. Immer, wenn neue Fahrgäste zustiegen, glaubte jemand an Halluzinationen. Wir erhoben uns langsam über die Stadt. Oslos Lichter flackerten unter uns im Schneemeer. Zwischen den schweren Bäumen sahen wir die erleuchteten Fenster von Villen, die wir nicht erkennen konnten. Die alten Wagen glitten zurück, in Richtung Zivilisation. Oslo ist eine seltsame Hauptstadt. Von der Börse und dem Königsschloß aus braucht man eine Viertelstunde, um die Wildnis zu erreichen. Hier oben war kein Haus zu sehen, hier gab es nur dunklen Wald und weißen Schnee. Als wir die ersten Schritte in dieses geheimnisvolle Feenreich setzten, spürte ich, daß das LSD sich wie ein warmes, elektrisches Zittern in mir ausbreitete. Es gab hier keine Wege, wir wanderten zwischen den Tannen weiter, und der weiße Schnee reichte uns bis zu den Oberschenkeln. Der Kontrast zwischen dem schwarzen Wald und dem weißen Schnee war überwältigend. Wir bewegten uns durch einen Schwarzweiß-Film. Die Farben waren tot, und das flößte uns eine tiefe Ruhe ein. Wir sagten nichts, das war nicht nötig und außerdem unmöglich. Der Wind hätte unsere Worte ins Nichts gefegt, ehe sie die Ohren des anderen erreicht hätten. Und ich fand das gut so. Es war gut, durch diese wortlose Landschaft aus freundlichen Tannen und peitschendem Schnee zu gehen. Die Vorstellung, daß ich noch vor wenigen Stunden im Sessel gesessen und Rotwein getrunken hatte, war einfach absurd. Ich gehörte hierher. Ich war ein Teil einer gewaltigen Landschaft, ein Urwesen. Es atmete, ich atmete in ihm, es atmete in mir. Als wir tiefer in den Wald kamen, reichte der Schnee uns bis an die Brust, wir ließen uns fallen, sanken, tauchten im Weißen unter. Ich wurde zu einer Puppe, zu einer in einer Schale eingekapselten Flüssigkeit; bald würde ich als etwas Neues, etwas Anderes wieder zum Vorschein kommen. Ich hatte alle Jahre, die jetzt hinter mir lagen, restlos satt, die Jahre im Larvenstadium, die Zeit, die ich mit sinnlosem Gelaber vergeudet hatte.

Nach über zwei Stunden erreichten wir einen vom Schnee geräumten Waldweg. Wir wischten den Schnee von unseren Fliegeranzügen und wanderten weiter ins Nichts hinein. Wir hatten keine Ahnung, wo wir waren, wußten nur, daß wir uns um einiges vom sozialdemokratischen Kontrollsystem entfernt hatten, in dem zwei und zwei normalerweise genau vier ergaben. Schließlich machten wir eine Pause und aßen jeder ein Brot. Es schmeckte ... ich kann es nicht beschreiben, aber ich wußte, daß ich zum ersten Mal wirkliches *Brot* im Mund hatte. Ich spürte, wie die Nahrung meinen Körper erfüllte, während ich kaute und schluckte.

Wir gingen weiter. Es war schon fast fünf Uhr morgens, und der Zufall führte uns in Richtung Zivilisation. Der Waldweg wurde zum Wohnweg, plötzlich fanden wir uns zwischen den lukrativsten Grundstücken ganz oben am Holmenkollåsen wieder. Eine Villa nach der anderen tauchte aus dem Schneegestöber auf; sie sahen aus wie riesige UFOs, wie Millionärsbehausungen von einem anderen Planeten. Die gelben Lampen über Einfahrten und Eingängen tanzten vor unseren Augen, pulsierten, wuchsen, zogen sich zusammen. Die Schneekanten befanden sich über unseren Köpfen, ich hatte das Gefühl, durch einen glitzernden Tunnel zu gehen.

Hier, dachte Lester. Er sagte das nicht, da bin ich mir ganz sicher. Und in diesem Moment merkte ich, wie müde ich war. Hinter uns lag eine gewaltige physische Anstrengung, und meine Beine wollten nicht mehr. Die Säure hämmerte auf unser Bewußtsein ein, ich sah mich selber von außen, ich sah, daß meine Batterien fast leer waren, daß meine Aura sich in meinen Körper zurückzog. Ich konnte nicht mehr. Ich wollte nur noch bis nach Neujahr schlafen.

Lester ließ seinen Rucksack fallen und zog den Klappspaten aus Leichtmetall heraus. Es kam mir ganz natürlich vor, das weiß ich noch. Wie alle anderen Norweger hatten wir das mit der Muttermilch in uns aufgenommen. Probleme im Schneemeer? Eingraben. Rechtzeitig eingraben. Lester machte sich über die Schneekante her, ich half mit den Händen nach. Er schnitt Blöcke aus dem festen Schnee und legte sie auf die Seite, später sollte daraus die Außenwand werden. Danach gruben wir uns ein und machten in einem scharfen Winkel nach rechts weiter.

Es war eine andere Welt. Ein anderer Stern. Wir lagen nebeneinander auf Lesters Isomatte. Die runde Höhlendecke über uns erinnerte mich an die Gebärmutter, aus der ich gekommen war. Es war nicht kalt. Wir hatten eine Kerze angezündet und betrachteten die Flamme und die Schatten, die an den glatten Wänden spielten. Die Wärme, die wir selber und die Kerze produzierten, bezog Wände und Decke mit einer dünnen Eisschicht, einer feinen Glasur. Es war einfach unfaßbar, daß wir in einer der vornehmsten Villenstraßen Oslos in einer Höhle lagen. Draußen war es noch dunkel, ab und zu aber kam ein Auto vorbei. Wenn ein Wagen die vermauerte Tür, wo die Schneeschicht am dünnsten war, passierte, dann warfen die Scheinwerfer ein warmes Licht in unser Haus, dieses Licht war fast schon physisch, wir konnten die Hände hineinhalten und uns Wärme holen.

Lester hatte noch zwei Trips, die warfen wir ein. Und dann schliefen wir, seltsamerweise.

Ich hatte so etwas noch nie erlebt: unter LSD aufzuwachen. Es ist ein ganz unbeschreiblicher Zustand, weil man sich nicht mehr daran erinnern kann, was man eigentlich genommen hat. Wenn man unter solchen Bedingungen in einer Schneehöhle aufwacht, wird man unwillkürlich eins mit dieser Höhle, sie ist ein Teil von uns, ist es immer schon gewesen. Seit endloser Zeit war ich, zusammen mit der merkwürdigen Gestalt neben mir, nun schon hier. Hier bin ich in meiner eigentlichen Urform, der Höhlenmann, der Embryo; die gedämpften Geräusche von draußen, die Lichter, die über die runde Decke schweifen, wenn draußen in der Fremde jemand vorüberfährt, von allem weiß ich nichts mehr. Ich habe keine Lust, noch einmal geboren zu werden, ich kann mich an den Lärm- und Lichtschock vom letzten Mal nur zu gut erinnern, an das grelle Unbehagen des physischen Daseins in Zeit und Raum.

Auch Lester wachte auf. Er sagte irgend etwas, ich weiß nicht mehr, was, jedenfalls war es grün und rosa.

Er zündete die Kerze wieder an, und ich warf einen Blick auf meine Uhr. Es war eine witzige Uhr. Wenn ich den linken Arm hin und her bewegte, dann hing das grüne Licht der selbstleuchtenden Zeiger an dünnen Fäden. Aus irgendeinem Grund zeigte die Uhr zehn nach fünf. Das sagte mir nicht viel. Ich hatte keine Ahnung, ob ich wirklich fast zwölf Stunden geschlafen haben konnte – und das auf dem Holmenkollåsen, in einer Schneehöhle am Straßenrand. Ich lebte nur noch im Augenblick, kannte weder Moral noch Ideen, Zweifel oder Glauben. Ich war hier. In dem, was ich war. Die Wand war glatt, es war schön, mit der Hand darüber zu streichen. Dieses Kalte, Nasse hatte etwas Wollüstiges. Ab und zu hörten wir draußen Stimmen. Sie näherten sich und entfernten sich wieder. Ich verstand kein Wort, lag aber gern im Halbdunkel und lauschte auf die Melodie der Sprache.

Die Zeit verging. Oder die Zeit stand. Ich weiß es nicht. Wir befanden uns in diesem Vakuum. Die Kerze brannte. Wir hörten unseren Atem. Unsere Herzschläge. Und dann: schwere Spatenstiche. Jemand grub im Schneehaufen herum, und zwar vom Villengarten aus.

»Hallo? Ist da jemand?«

Plötzlich konnte ich die Sprache wieder verstehen. Ich wäre fast in Tränen ausgebrochen, es tat weh, daß die blinde Melodie der Wörter nicht mehr zu hören war. Mein Bild von mir als Höhlenmann, als Embryo, brach in Stücke.

»Hallo?«

Wir gaben keine Antwort. Wir saßen ganz still im Schein unserer Kerze da.

Es war die Stimme eines Erwachsenen. Er fluchte und buddelte.

Der Durchbruch fand genau in dem Winkel zwischen dem engen Gang und der eigentlichen Höhle statt. Wir sahen ganz kurz den blanken Spaten, dann brach die Wand ein, und wir konnten die Winternacht sehen. Im Garten standen drei Menschen bis zu den Knien im Schnee. Ein Mann, eine Frau und ein kleines Mädchen von fünf oder sechs Jahren. Der Mann stützte sich auf den Spaten und sah uns an, und dabei schüttelte er die ganze Zeit mit dem Kopf.

»Ich glaub' es nicht«, sagte er. »Ich glaub' es einfach nicht!«

»Herrgott!« sagte die Frau.

Das Kind fing an zu weinen.

Ich konnte sie verstehen. Das muß ich wirklich zugeben. Ich konnte das weinende Kind verstehen, die Frau, die den Herrn anrief, und den Mann, der nicht glauben konnte, was er da sah. Zwei italienische Flieger aus dem Zweiten Weltkrieg im eigenen Garten zu finden, ist nicht gerade Alltagskost. Schon gar nicht, wenn die Flieger in einer Schneehöhle sitzen. Aber andererseits – wer erwartet am Heiligen Abend schon Alltagskost?

»Keine Panik«, sagte Lester. »Wir wollten ohnehin gerade gehen.«

Der Mann wollte wissen, wer wir waren, und wir erklärten das, so gut das ging, obwohl ich gar nicht so sicher war. Wer ist man eigentlich?

»Habt ihr hier übernachtet?« fragte die Frau.

Doch, das hatten wir.

Das Kind weinte und weinte.

»Aber, aber«, sagte der Vater und fuhr seiner Tochter durch den Schopf. Und zu uns sagte er: »Helene hat euch gefunden. Sie hat den Lichtschein im Schnee entdeckt.«

»Tausend Dank, Helene«, sagte Lester. »Erinnerst du

dich an die Geschichte von den drei Weisen, die dem Licht des Sterns gefolgt sind?«

Sie nickte schluchzend.

»Es ist Heiligabend«, sagte sie Frau. Dann faßte sie Mut und ließ sich in tiefes christliches Wasser fallen. »Ich lasse euch nicht mit leerem Magen weg. Der Truthahn liegt schon im Backofen.«

Der Mann machte ein verlegenes Gesicht, erhob aber keinen Einspruch.

»Hier oben passiert so wenig«, sagte die Frau. »Alles steht still. Das ...« Sie hatte viel und schnell getrunken, und die Hand, die den Truthahn zerlegte, war nicht ganz ruhig. Der gedeckte Tisch schwamm in Farben; ich hielt mich an einem Weinglas fest. In einer Zimmerecke pulsierten die elektrischen Kerzen und Glaskugeln am Weihnachtsbaum. Die junge Dame hatte ihre Angst an den Nagel gehängt und trank Limonade, während sie uns neugierig musterte. Wir hatten die italienischen Fliegeranzüge abgelegt, kamen aber trotzdem von einem fremden Planeten.

»Nirgendwo passiert viel«, sagte Lester. »Es schneit, der Wind weht. Ab und zu ist Weihnachten.«

»Prost!« sagte der Mann.

Wir tranken uns zu. Es war guter Wein aus dem eigenen Keller.

»Ich muß schon sagen«, sagte der Mann. »Wenn ich das im Büro erzähle! Daß ihr ...« Er lachte glücklich.

Wir aßen. Der Truthahn blieb mir im Hals stecken. Die brennenden Kerzen auf dem Tisch erinnerten mich aus irgendeinem Grund an Christus.

»Was für eine Vorstellung«, sagte die Frau nachdenklich, »daß ihr die ganze Nacht da draußen gelegen habt.«

»Ja«, sagte ich. »Und ihr hier drinnen. Die Welt ist schon seltsam.«

»Nachher gehen wir um den Weihnachtsbaum«, sagte das Kind. »Und singen alle Lieder.«

»Darauf kannst du dich verlassen«, sagte Lester.

Wir gingen um den Weihnachtsbaum. Wir sangen alle Lieder. Die Frau wurde immer betrunkener, aber sie war gut erzogen und nahm sich zusammen.

Dann kam die Bescherung. Das Geräusch von knisterndem Papier. Die Farben. Rotes, grünes und blaues Knistern in meinem Gehirn. Der Hausherr hatte auf unerklärliche Weise zwei Flaschen Jahrgangswein unter den Weihnachtsbaum geschmuggelt. Ich war gerührt, mir kamen die Tränen, Lester dagegen baute schon mit den neuen Legosteinen der Kleinen eine mittelalterliche Burg. Ich ging auf den Flur und schnitt die Auszeichnungen von meiner Fliegerkluft. Und gab sie dem Mann, dem ich dabei erklärte, daß er jetzt ein neues Hobby habe. Mein Messer gab ich der Kleinen, die inzwischen zu Lesters bester Freundin und Bauherrin geworden war. Ich hätte der Frau gern meinen Silberring gegeben, aber sie hatte sich schon zurückgezogen, ich konnte sie vor mir sehen, irgendwo in dieser riesigen Villa quer über dem Doppelbett.

Der Mann und ich redeten dann noch einige Stunden aneinander vorbei und arbeiteten uns durch seinen Weinkeller. Bei jedem Glas wurde ich nüchterner, das LSD war auf dem Rückmarsch. Lester war noch immer hoch oben und weit weg in seiner eigenen Bauwelt. Er war jetzt mit dem Ostturm beschäftigt und schüttelte die ganze Zeit irrwitzige Burgmärchen aus dem Ärmel. Die Kleine hörte mit großen Ohren und offenem Mund zu.

Schließlich konnte ich nicht mehr. Der Mann hatte

ein gutes Herz, aber eine soziale Intelligenz, die ihn ausschließlich um französische Weingüter und einen verhältnismäßig uninteressanten Job als Importeur von Autos der Luxusklasse kreisen ließ. Als er dann einen sitzen hatte, kam die Phase der Selbstvorwürfe, er wollte mir zu verstehen geben, daß er seinen Lebensentwurf bereute. Zum Teufel mit dem Materiellen! Zum Teufel mit Status, Streß und falschen Freunden. Früher war er ein guter Zeichner gewesen. Jetzt wollte er wieder damit anfangen. Er wollte den Job hinschmeißen und für seine Kunst leben. Er wollte ganz einfach so sein wie Lester und ich, er hielt uns ganz selbstverständlich für Künstler, schließlich hatten wir so lange Haare und wandelten außerdem mitten in der Nacht in italienischen Fliegeranzügen aus dem Zweiten Weltkrieg durch die Gegend.

Ich verabschiedete mich. Ich kann Millionäre, die im Suff in Selbsthaß schwelgen, einfach nicht ausstehen. Lester mußte ich aufgeben: Er war wieder zum kleinen Jungen geworden und würde das für den Rest der Nacht wohl auch bleiben.

Draußen war es ganz still. Sternenklar, klirrende Kälte. Ich freute mich auf den langen Spaziergang in die Stadt. Als ich an unserer Schneehöhle vorbeikam, sah ich, daß die Kerze wieder brannte.

Sie saß ganz still da, in Lesters Fliegermontur, mit einer Flasche Sherry in der Hand. Ihre Lippen bewegten sich ununterbrochen. Ich konnte kein Wort verstehen, aber nachher habe ich mir vorgestellt, daß sie sich erzählen wollte, wie sie in Wirklichkeit hieß.

*Aus dem Norwegischen von Gabriele Haefs*

# Hans Christian Andersen

## Zwölf mit der Post

Es herrschte beißender Frost, sternenklares Wetter, nichts regte sich. »Rums!« – da schlug ein Topf gegen die Tür. »Paff!« – da wurde das neue Jahr mit Schüssen begrüßt; es war Silvester; jetzt schlug die Uhr zwölf.

»Täterätä!« – da kam die Post. Die große Postkutsche hielt vor dem Stadttor, sie brachte zwölf Personen, mehr konnte sie nicht bergen, alle Plätze waren besetzt.

»Hurra! Hurra!« wurde in den Häusern gesungen, wo die Leute Silvester feierten und sich genau in diesem Augenblick mit vollem Glas erhoben hatten und auf das neue Jahr tranken:

»Gesundheit und Glück im neuen Jahr!« sagten sie, »Eine nette Frau! Viel Geld! Keinen Ärger!«

Ja, das wünschte man sich, und es wurde angestoßen und – die Postkutsche hielt vor dem Stadttor mit den fremden Gästen, den zwölf Reisenden.

Was waren das für Personen? Sie hatten Paß und Gepäck dabei, natürlich, Geschenke für dich und für mich und für alle Menschen in der Stadt. Wer waren die Fremden? Was wollten sie, und was brachten sie mit?

»Guten Morgen!« begrüßten sie die Schildwache am Tor.

»Guten Morgen!« erwiderte diese, denn die Uhr hatte ja zwölf geschlagen.

»Ihr Name? Ihr Stand?« fragte die Schildwache denjenigen, der zuerst aus dem Wagen stieg.

»Schaut in den Paß!« sagte der Mann. »Ich bin ich!« Und er war wirklich ein stattlicher Kerl, in Bärenpelz und mit dicken Stiefeln an den Füßen. »Ich bin der Mann, in den schrecklich viele ihre Hoffnung setzen. ›Komm morgen wieder, du kriegst es Neujahr!‹, ich werfe mit Schillingen und Talern um mich, mache Geschenke, ja, ich gebe Bälle, ganze einunddreißig Bälle, mehr Nächte habe ich nicht zu vergeben. Meine Schiffe sind eingefroren, aber es ist warm in meinem Büro. Ich bin Großhändler und heiße ›*Januar*‹. Ich habe nur Rechnungen dabei.«

Dann kam der Nächste, er war ein Spaßvogel, der Chef der Komödien, der Maskeraden und aller Vergnügungen, die man sich nur denken kann. Sein Gepäck bestand aus einer großen Tonne.

»Aus ihr wollen wir zur Fastnacht mehr als nur Karamellen schlagen«, erklärte er. »Ich will andere und auch mich selbst vergnügen, denn ich habe die kürzeste Lebenszeit in der ganzen Familie; ich werde nur achtundzwanzig! Nun ja, vielleicht kommt noch ein Tag hinzu, aber das ist auch egal. Hurra!«

»Schreien Sie nicht so laut«, sagte die Schildwache.

»Doch, das muß ich«, erwiderte der Mann, »ich bin Prinz Karneval und reise unter dem Namen ›*Februarius*‹.«

Jetzt kam der Dritte, er sah aus wie das Fasten in Person, aber hoch aufragend, denn er war verwandt mit den »vierundzwanzig Rittern« und war Wetterprophet, aber das war kein besonders einträgliches Geschäft, deshalb pries er die Fastenzeit. Sein Schmuck war ein

Veilchenbüschel im Knopfloch, aber die Blumen waren sehr, sehr klein.

»*März*, Marsch!« rief der Vierte und schubste den Dritten. »*März*, Marsch, hinein zur Wache, da gibt es Punsch! Ich kann es riechen!«, aber das stimmte nicht, der vierte Gast wollte ihn nur in den April schicken, denn damit begann er immer. Er schien schnell damit bei der Hand zu sein; ansonsten tat er nicht viel, sondern hatte viele Feiertage zu bieten. »Auf und ab geht die Laune!« sagte er. »Regen und Sonnenschein, Einzug und Auszug! Ich bin auch der Umzugskommissar, ich bin der Leichenbestatter, ich kann lachen und weinen. Ich habe Sommerkleidung im Koffer, aber es wäre nicht schlau, sie anzuziehen. Hier bin ich! In die Stadt spaziere ich in Seidenstrümpfen und mit Muff.«

Jetzt stieg eine Dame aus dem Wagen.

»Fräulein *Mai!*«, erklärte sie. In Sommerkleidung mit Überschuhen; sie trug ein buchenblattgrünes Seidenkleid, Anemonen im Haar, und sie duftete so sehr nach Waldmeister, daß die Schildwache niesen mußte. «Gott segne Sie!» sagte sie, und das war ihr Gruß. Sie war reizend – und eine Sängerin war sie auch; nicht am Theater, sondern im Wald, nicht in den Zelten, nein, im frischen, grünen Wald sang sie zu ihrem eigenen Vergnügen; in ihrem Stickbeutel hatte sie Christian Winthers «Holzschnitt», denn der ist wie der Buchenwald selbst, sowie «Kleine Gedichte von Richardt», die sind wie Waldmeister.

»Jetzt kommt die Frau, die junge Frau!« riefen sie drinnen im Wagen, und dann kam die Frau, jung und schön, stolz und reizend. Man konnte gleich sehen, daß sie dazu geboren war, die »Siebenschläfer« zu begehen. Sie feierte den längsten Tag des Jahres, damit man genügend Zeit hatte, viele, viele Gerichte zu essen; eigentlich konnte sie es sich leisten, im eigenen Wagen zu fahren, kam aber dennoch mit den anderen mit der Post, um so zu zeigen, daß sie nicht hochmütig war; und allein reiste sie sowieso nicht, denn es folgte ihr ihr jüngerer Bruder Julius.

Ihm ging es offensichtlich gut, sommerlich gekleidet und mit Panama-Hut. Er führte nur wenig Reisegepäck mit sich, das wäre in der Hitze auch viel zu beschwerlich. Nur Badekappe und Badehose hatte er dabei, und das ist ja nicht besonders viel.

Jetzt kam das Mütterchen, Madame *August*, Obsthändlerin aus dem Vollen, Besitzerin vieler Fischkästen, vom Lande in großer Krinoline; sie war dick und schwitzte, machte bei allem mit, ging selbst mit dem Bierkrug zu den Leuten auf dem Feld. »Du sollst dein Brot im Schweiße deines Angesichts essen«, sagte sie, »so steht es in der Bibel; und hinterher kann man Waldbälle und Erntefeiern begehen!« Sie war das Mütterchen.

Jetzt kam wieder ein Mann, Maler von Beruf, ein Farbmeister, der dem Wald sagte, daß die Blätter ihre Farbe zu wechseln hätten, aber schön, so, wie er es wollte; rot, gelb, braun sollte der Wald bald aussehen. Der Meister flötete wie der schwarze Star, er war ein fleißiger Arbeiter und hängte die braungrüne Hopfenranke um seinen Bierkrug, das sah hübsch aus, und für Dekoration hatte er einen Blick. Hier stand er mit seinem Farbeimer, das war sein ganzes Gepäck.

Ihm folgt der Gutsbesitzer, der dachte an den Aussaatmonat, ans Pflügen und Düngen der Erde, ja, auch ein wenig an das Vergnügen der Jagd, er hatte Hund und Gewehr bei sich, er hatte Nüsse in der Tasche, knick, knack! Reichlich viel Gepäck hatte er dabei, auch einen englischen Pflug; er sprach landwirtschaftlich, aber man hörte vor lauter Husten und Keuchen nicht besonders viel – das war schon der *November*, der danach ankam.

Er hatte Schnupfen, einen fürchterlichen Schnupfen, so daß er statt eines Taschentuchs ein Laken benutzte, aber dennoch wolle er den Mädchen nicht nachstehen! sagte er, und sicher ginge die Erkältung vorbei, wenn er ordentlich Holz hackte, und das wollte er, denn er war der Sägewerkmeister der Zunft. Die Abende verbrachte er, indem er die Schlittschuhe schliff, da er ja wußte, daß dieses vergnügliche Schuhwerk in wenigen Wochen gebraucht werden würde.

Jetzt kam der letzte Reisende, das alte Mütterchen mit dem Kohlenbecken, sie fror, aber ihre Augen strahlten wie zwei glänzende Sterne. Sie trug einen Blumentopf mit einer kleinen Tanne. »Die will ich hegen und pflegen und dafür sorgen, daß sie bis Weihnachten gewachsen ist, daß sie vom Boden bis an die Decke reicht, und brennende Kerzen, vergoldete Äpfel und Papierfiguren sollen mitwachsen. Das Kohlebecken wärmt wie ein Kachelofen, ich werde mein Märchenbuch aus der Tasche holen und vorlesen, dann werden alle Kinder in der Stube still sein, während die Puppen am Baum zum Leben erweckt werden und der kleine Engel aus Wachs, ganz oben in der Spitze des Baumes, seine faltigen Goldflügel schüttelt, vom grünen Baum herabfliegt und Groß und Klein in der Stube küßt, ja, auch die armen Kinder, die draußen stehen und das Weihnachtslied vom Stern über Bethlehem singen.«

»Und jetzt kann die Kutsche weiterfahren«, sagte die Schildwache, »jetzt haben wir das Dutzend voll. Laßt einen neuen Wagen vorfahren!«

»Laßt zunächst die Zwölf wohlbehalten hereinkom-

30

men!« sagte der diensthabende Hauptmann. »Immer einen zur Zeit! Den Paß behalte ich, für jeden gilt er einen Monat lang, wenn der vorbei ist, werde ich berichten, wie derjenige sich aufgeführt hat. Bitteschön, Herr *Januar*, wollen Sie so gut sein und eintreten.«

Und damit ging er hinein.

Wenn ein Jahr vorbei ist, werde ich dir sagen, was die Zwölf uns gebracht haben, dir, mir und allen anderen. Jetzt weiß ich es noch nicht, sie selbst wissen es ja noch nicht einmal – denn es ist doch eine gar zu merkwürdige Zeit, in der wir leben.

*Aus dem Dänischen von Christel Hildebrandt*

Arne Berggren

# Ein Gedanke an Glück

Das Mädchen hinterm Tresen packt für den Mann vor
mir ein. Einen Weihnachtsmannmantel. Weihnachts-
mannbrille. Bart. Nase. Er bezahlt mit Kreditkarte.
Nickt freundlich der Verkäuferin zu und eilt von dannen. Es ist fünf nach sechs. Abendöffnung. Schnee in
der Luft vor dem Schaufenster. Eine Märklin-Lokomo-
tive fährt munter im Kreis. Norwegische Kleinstadt im
Maßstab 1 zu 100. Rotznäsige Kinder an der Scheibe.
Legt man eine Hand auf das weiße Feld im Fenster,
fährt der Zug los. Einmal zog sich Martin die Hose runter und zielte. 37 Grad Körperwärme. Pißte das Ganze
los. Martin ist Makler geworden.
   »Was darf's sein?« lächelt das Mädchen, ohne zu
überspielen, daß der Tag schon viel zu lang war, daß
sie eigentlich überhaupt nicht hier sein möchte, daß
sie viel besser hinter einen Computer passen würde,
um zu rechnen, locker eine Filmaufnahme von einem
Regiestuhl aus leiten oder diskret Geschäftsleute be-
grüßen würde, was auch immer, nur nicht hier bei
»Standard« Festrequisiten und Spielzeug stehen, kurz
vor Weihnachten, zwischen Pupskissen, falschen Spie-
geleiern und Hundescheiße aus Plastik.
   »Ja, äh, so ein Set«, sage ich und nicke in Richtung
Weihnachtsmannmäntel. Sie schätzt mich langsam

kauend ab, eigentlich ganz niedlich, ein bißchen frech, legt einen Mantel auf den Tresen und sagt »XXL«, und als wenn das nicht reichte, übersetzt sie mit verblüffend deutlichem Ausdruck und Stimmenvolumen »Extra Extra Large. Größere haben wir nicht.«

»Wird schon passen«, erwidere ich und blättere im Bartstapel.

Dann ist der Tag aller Tage da. Die Uhr zeigt sieben. Die Reste vom Weihnachtsessen sind auf dem Weg in die Küche. Ich stehe auf, recke mich ein wenig und sage: »Jetzt ist Papa aber müde, o Mann. Papa ist vielleicht müde. Papa muß sich ein bißchen ausruhen. Oje, so müde.«

Der Junge schaut mich an. Als gefiele es ihm, daß ich schlafen will. Es ist Heiligabend, und soviel er weiß, kommt der Weihnachtsmann in wenigen Minuten aus dem Kamin hervor. Er hat im Radio von dem Weihnachtsmann gehört. Er hat den Weihnachtsmann im Kindergarten gemalt. Er hat im Kaufhaus eine schlechte Kopie angetroffen. Er hat zweihundertmal die Weihnachtskassette gespielt. Er hat sich einen Monat lang vom Adventskalender terrorisieren lassen, immer nur einen Tag nur Zeit, bitte. Und soviel er weiß, parkt der Weihnachtsmann in diesem Augenblick seinen Schlitten auf dem Dach. »Gute Nacht«, sage ich und verschwinde im Schlafzimmer. Schließe die Tür hinter mir. Lösche das Licht. Lausche. Warte. Keiner folgt mir. Dann reiße ich mir die Kleider vom Leib. Öffne den Schrank. Hole die Tüte von »Standard« heraus. Ziehe die Stecknadeln aus dem Mantel. Schiebe den Bart vor den Mund. Wechsle die Schuhe. Ziehe mir die Mütze tief in die Stirn. Nehme meine Uhr ab. Werfe sie aufs Bett. Und den Ring auf dem Finger. Bis daß der

Tod euch scheide. Auch ab damit. Vorsichtig auf die Kommode. Dann öffne ich das Fenster und klettere in die Dunkelheit hinaus. Der Schnee liegt hoch. Es sind ein paar Grad unter Null. Eine Straßenbahn schlängelt sich zur Stadt hinunter. Blaue Funken vor grauschwarzem Himmel.

Sie sitzen da drinnen. Ich stelle mich auf Zehenspitzen und schaue vorsichtig durch die Eisblumen hinein. Mutter und Kind. Sie räumt ein wenig auf und macht sich am Kamin zu schaffen. Er wartet. Spielt mit Keksen herum. Schwere Augenlider. Ich packe den Sack mit den Geschenken, streue mir ein bißchen Schnee über den Bart, trotte um die Ecke und klopfe an der Haustür an. Drinnen Schritte. Mutter zuerst. Die Stimme. »Wer klopft denn da an, was meinst du? Wer in aller Welt das wohl ist?« Der Junge am Rockzipfel. »Nein, sowas, wenn das nicht der Weihnachtsmann persönlich ist ...«

Großes Hallo im Zimmer. Hände, die mich freundlich hineingeleiten. Das Kind in schüchterner Spannung. Ausweichender Blick. »Wie heißt du denn, mein Junge? Bist du denn auch artig gewesen?« »O ja, er war ganz artig.« Mama mit einem Keks. »Hat der Weihnachtsmann vielleicht Hunger?« Na klar, Herr Weihnachtsmann ist hungrig. Und Herr Weihnachtsmann hat was Schönes im Sack. »Sind denn brave Kinder hier? Mampf, mampf ...«

Das Kind schaut mir nicht in die Augen. Ich bin ein Fremder. Und ich habe etwas im Sack. Als ich gehe, bekomme ich noch einen Keks. Damit ich Weihnachten nicht mit fort nehme, nicht wahr. »Auf Wiedersehen, Herr Weihnachtsmann. Und grüßen Sie die anderen Kinder.«

Dann ist es vorbei. Jetzt muß ich um die Ecke laufen, mich wieder ins Fenster reinstürzen, in Windeseile den roten Mantel loswerden, unter die Bettdecke springen und laut schnarchen, bis jemand kommt, um mich zu wecken. Doch ich bleibe stehen. Ich recke mich noch einmal zum Fenster hinauf. Die Familie dort drinnen. Meine. Und vollkommen fremd. Ich habe die Waren abgeliefert. Ein Lastauto wird ausgepackt. Daneben liegt ein Ball. Und ein Zeichenblock.

Beim Nachbarn klappt eine Tür. Ein Mann steht dort. Allein. An der Wand. Im Weihnachtsmannmantel. Er schiebt den Bart in die Stirn und zündet sich eine an. Wirft einen Blick zur Tür, als wollte er beim Rauchen nicht erwischt werden. Jetzt schaut er auf die Uhr.

Auf der Straße geht ein Mann vorbei. Er trägt einen schwarzen Mantel und hat einen Hund an der Leine. Einen Schäferhund. Der reißt und zerrt an der Leine. In den Reihenhäusern ist in allen Fenstern Licht. Und in jedem Fenster sieht man einen Tannenbaum. Einen mit echten Kerzen. Ich stapfe durch den Schnee, klettere über den Zaun und schaue hinein. Sie sind zu viert. Mutter, Vater und zwei Kinder. Auf dem Sofa liegt ein großer Teddy. Hier ist der Weihnachtsmann auch gewesen.

Auf einer der Treppen sitzt ein Mann. Er hat ein Glas in der Hand. Sicher Aquavit. Er wirkt nicht betrunken. Nur leblos im Gesicht. Grau unter dem weißen Bart. Er schaut nicht auf, als ich vorbeigehe. Im ersten Stock sitzt ein kleiner Junge im Fenster. Starrt auf den Mann mit dem Glas hinunter. Sein Blick trifft meinen. Er lächelt nicht zurück. Starrt mich nur an. Zum ersten Mal kommt mir der Gedanke: Wenn ich sterben müßte, könnte das ebensogut jetzt passieren. Sich in den Schnee legen und fühlen, wie die Wärme kommt. Oder aufstehen, ein Taxi nehmen und irgendwo hinfahren, an einen Ort mit unbekanntem Namen. Shakespeare, denke ich. Ich spiele Shakespeare, aber der Saal ist leer.

Das Fenster ist einen Spalt offen. Der Mantel bleibt am Fensterhaken hängen, aber ich bekomme ihn los. Und rein. Ziehe den Weihnachtsmannmantel aus. Lege mich ins Bett. Ziehe die Bettdecke über mich. Lösche das Licht. Warte. Aber niemand kommt. Ich stehe auf. Mache das Licht an und stolpere ins Wohnzimmer, mir die Augen reibend.

Sie sagen kein Wort. Ich frage, ob jemand zu Besuch dagewesen ist. »Natürlich der Weihnachtsmann«, murmelt das Kind und fummelt am Auto. »Ach«, sage ich. »Erzähl doch mal.« »Pöh, ach was, da gibt's nichts zu erzählen«, erwidert er und vertieft sich in sein Geschenk. Wir leben nicht mehr das gleiche Leben. Der Junge. Und ich. Zwei Menschen. Plötzlich.

Gott ist ein einsamer Gedanke. Über allem. Allein. Mir kommt der Gedanke in den Sinn. Ich schaue aus dem Fenster und sehe den Schäferhund allein auf der Straße. Seine Leine schleift hinter ihm her. Dann kommt der Mann. Er geht langsam. Ich nehme an, er ist auf dem Heimweg.

*Aus dem Norwegischen von Christel Hildebrandt*

Thórir Bergsson

# Der Sprung

Ich kann mich noch sehr gut an diesen Abend erinnern, und das hat mehrere Gründe. Ich verbrachte Weihnachten zum ersten Mal nicht bei meinen Eltern, da ich in diesem Winter beim Probst Sigurður in Stað studierte. Ich hatte gerade eine heftige Lungenentzündung überstanden, war aber noch längst nicht wieder wirklich gesund. Vor allem aber erinnere ich mich an diesen Abend wegen eines Ereignisses, das ich jetzt erzählen möchte.

Wir saßen alle am Weihnachtstisch. Der Hof Stað liegt weit vom Meer entfernt in den Bergen, der nächste Marktflecken ist einen Tagesritt entfernt, und der Weg führt durch unwegsames Gelände. Der Hügelkamm ist nicht sehr hoch, aber im Winter ist er doch oft unpassierbar. Wenn es dunkel ist oder stürmt, ist der Pfad fast nicht zu erkennen.

Im Haus brannte in jeder Ecke ein Licht – es gab keine Schatten, die darf es zu Weihnachten nicht geben, und es war der Heilige Abend. Im größten Raum, in dem alle saßen, war es warm und gemütlich, wir waren so etwa zwanzig, nur einer fehlte – Sveinbjörn, der Knecht.

Draußen rüttelte ein Sturm, der von Norden kam, am Dach. Dieser Sturm hatte abends, oder genauer gesagt, tagsüber eingesetzt, bei Einbruch der Dunkelheit, und das Wetter war seither immer schlimmer geworden. Wir wußten alle, daß das hier nur der Anfang war.

Wir fühlten uns allesamt nicht wohl in unserer Haut. Natürlich hatten wir Zutrauen zu Sveinbjörn, der ein tatkräftiger Bursche und den Kampf mit den Elementen durchaus gewohnt war. Früher an diesem Tag war ein Bauer, der noch weiter im Binnenland wohnte, zu uns gekommen und hatte um einen Mann und Pferde gebeten, weil er den Arzt holen mußte. Die Wetterlage war bedrohlich, die Wege in schlechtem Zustand. Wenn der Sturm sich noch steigerte, würde es mit dem Pferd bald kein Durchkommen mehr geben. Sveinbjörn war mit vier Pferden losgeschickt worden. Er hatte in Sturm und anderen Gefahren schon oft Leib und Leben riskiert. Und nun wartete eine Frau in Kindsnöten auf Hilfe, die ja durchaus nahe zu sein schien. Wir konnten nur noch abwarten, ob Sveinbjörn es schaffen würde – oder ob auch andere Leben verloren waren. Deswegen fühlten wir alle, die wir hier um den Weihnachtstisch saßen, uns ausgesprochen unwohl.

»Sie müßten jetzt schon hier sein«, sagte der Probst, »selbst wenn sie zu Fuß gehen und die Pferde in Höfðum zurücklassen mußten. Und ich nehme an, daß sie genau das tun mußten.«

»Mir gefällt dieser neue Arzt nicht«, sagte der Knecht Brandur. »Der ist doch ein ziemlicher Schwächling. Bestimmt muß Sveinbjörn ihn tragen, das sage ich euch. Ich fresse meinen Hut, wenn das nicht stimmt, das sage ich euch.«

»Er ist wirklich nicht stark«, sagte die Frau des Probstes. »Und vielleicht ist er für eine so anstrengende

Wanderung nicht geschaffen. Aber du kennst ihn doch, Jón?«

Jón, der Sohn des Probstes, war vor kurzem zum Friedensrichter ernannt worden und verbrachte das Weihnachtsfest bei seinen Eltern. Er war vor einem Tag von der Küste her eingetroffen. Bisher hatte er schweigend und nachdenklich am Tisch gesessen, nun jedoch schaute er auf.

»Ja, ich kenne ihn flüchtig«, sagte er. »Aber wir sind nie viel zusammen gewesen. Als wir noch zur Schule gingen, war er ein ziemlicher Eigenbrötler, und ich weiß, daß er kein großer Held ist. Ich kann euch erzählen, wie ich das festgestellt habe. Wir waren mit einigen Freunden zusammen. Und wir waren sehr guter Stimmung. Wir wollten einfach etwas anstellen, und das haben wir dann auch gemacht. Wir waren ja fast noch Kinder, und der Knabe in uns war schnell wieder aufgeweckt. Wir gingen also zur Werft. Die Wellen hatten am Anleger ein klaffendes Loch in die Bretter gerissen. Von Norden her wehte ein scharfer Wind. Ein Junge rannte los und sprang über dieses Loch. Als er auf der anderen Seite landete, konnte er sich kaum auf den Füßen halten, es war wirklich ein weiter Sprung, und die Bretter waren glatt. Er drehte sich um und forderte uns auf, es ihm nachzumachen. Wir waren zu viert, und wir sprangen sofort, nur Guðmundur, der Arzt, blieb stehen. Wir riefen ihn. ›Ich springe nicht‹, sagte er. ›Du traust dich nicht?‹ fragte ich. Er gab keine Antwort. ›Du traust dich nicht!‹ Wir lachten und verspotteten ihn. ›Nein, ich traue mich nicht‹, sagte er. ›Es steht nicht fest, ob ihr mich retten könntet, wenn ich ins Wasser fiele, und die Bretter sind so glatt, daß ich mich vielleicht nicht festhalten könnte, während ihr ein Boot sucht.‹ – Wenn ich mir das jetzt überlege, dann sehe ich ja ein, daß er recht hatte, aber wir anderen hatten nicht an die Gefahr gedacht, und ich glaube, kein mutiger Mann hätte sich so verhalten. Ich weiß ja nicht, wie man jemanden als tatkräftig und mutig bezeichnen kann, der immer überlegt, ob etwas gefährlich ist oder nicht, und der nicht einmal zum Spaß etwas riskieren mag.«

»Wirklich unglaublich feige!« sagte Brandur. »Ich wäre gesprungen, das kann ich euch sagen!«

»Ich bin ganz sicher«, sagte der Probst, »daß es von Guðmundur richtig war, nicht zu springen. Und doch bin ich auch deiner Ansicht, Jón, daß ein mutiger Mann gesprungen wäre, auch wenn er nicht ganz sicher war, daß er es schaffen würde. Und Gott helfe einer schwachen und verängstigten Seele bei diesem schrecklichen Wetter. Gott helfe auch der armen Frau und ihrem Mann.«

»Wäre es nicht schrecklich«, sagte Solveig, die Tochter des Probstes, und ihre Augen funkelten vor Zorn, »wäre es nicht ganz einfach entsetzlich, wenn Sveinbjörn irgendwo unterwegs mit dem Doktor unterkriechen muß, und die Frau stirbt, nur wegen seiner Feigheit?«

»Wir dürfen nicht zu hart urteilen«, sagte ihre Mutter. »Sveinbjörn ist ein zuverlässiger Mann, das wissen wir alle, aber das Wetter ist wirklich ganz entsetzlich; hört euch das doch an. Allmächtiger Gott, ich glaube, es wird immer noch schlimmer.«

Wir schwiegen und lauschten. Das Haus schien mit Steinen beworfen zu werden.

»Was für ein unerträgliches Wetter«, sagte Brandur. »Ich kann mich an kein so schlimmes Unwetter erinnern, das kann ich euch sagen.«

In diesem Moment kam die Magd Guðrun herein; sie

war in der Diele gewesen. »Ich glaube, jemand will ins Haus«, sagte sie. »Aber ich habe mich nicht an die Tür getraut.«

Wir stürzten alle hinaus und öffneten die Haustür. Sie befand sich auf der windgeschützten Seite des Hauses, aber wir konnten draußen das Schneegestöber sehen, und es wurde Schnee ist Haus geweht. Aus diesem Unwetter tauchte ein großer, schlanker Mann auf.

Nämlich Guðmundur, der Arzt.

»Guten Abend«, sagte er mit lauter Stimme. »Jemand muß sofort mit mir kommen, um ihn zu holen.«

»Wo ist Sveinbjörn?« fragte der Probst.

»Der ist unterwegs krank geworden«, antwortete der Arzt. »Ich habe ihn bis zum Hügel hinten getragen, und als ich dann das Licht sah, habe ich ihn dort gelassen. Das Licht ist jetzt nicht weit zu sehen. Helft mir jetzt, ihn zu holen.«

Wir setzten unsere Mützen auf und machten uns auf den Weg zu Sveinbjörn. Dann brachten wir ihn ins Haus. »Mich hat eine seltsame Schwäche überkommen«, stöhnte er, als wir ihn zum Hof zurückgebracht hatten. »Der Doktor mußte mich fast den ganzen Weg von Stórhól bis hierher tragen.«

Der Arzt blieb in der Diele stehen. »Habt ihr etwas von der Frau gehört?«

Wir sagten nein und baten ihn in die gute Stube.

»Nein, ich kann nicht ins Haus kommen, dann schmilzt doch der ganze Schnee. Aber ich möchte Euch bitten, Hochwürden Sigurður, mir einen Begleiter mitzugeben, sonst verirre ich mich.« Er lächelte.

Der Probst zögerte einen Moment.

»Wo Sveinbjörn es nicht geschafft hat«, sagte er, »weiß ich wirklich nicht, wer es mit diesem Wetter aufnehmen sollte.«

Der Arzt blickte uns alle an und wandte sich dann an den Friedensrichter.

»Ja, du bist ja auch hier, Jón«, sagte er erleichtert, »was für ein Glück. Du bist hier geboren und aufgewachsen und kennst die Gegend bestimmt wie deine Westentasche. Du begleitest mich doch sicher?«

Der Friedensrichter schwieg.

»Also?« fragte der Arzt.

»Ich kenne mich zwar aus«, sagte der Friedensrichter verlegen, »aber ich weiß nicht, ob ... ich finde, du solltest hereinkommen und etwas essen und abwarten, ob der Sturm sich später am Abend oder in der Nacht nicht legt.«

Der Arzt sah ihn mit spöttischem Lächeln an.

»Na gut«, sagte er dann. »Du springst also nicht.«

Dann wandte er sich wieder dem Probst zu.

»Ist hier denn niemand, der sich traut, mit mir zu gehen?« fragte er. »Dann sagt mir das sofort, ich habe keine Zeit zu verlieren. Ich war schon einmal auf diesem Hof, vielleicht schaffe ich es also allein. Ich habe mich heute bisher noch nicht verirrt, aber natürlich hat mir Sveinbjörn den Weg zeigen können.«

»Brandur?« fragte der Probst und blickte seinen Knecht fragend an.

Aber Brandur starrte die Bodenbretter an.

»Verdammt, das trau ich mir nicht zu, das kann ich euch sagen«, sagte er.

Nun trat Solveig vor.

»Gebt mir Männerkleidung«, sagte sie, »dann gehe ich mit ihm.«

Der Arzt lachte, ein kurzes, fröhliches Lachen.

»Nein, meine Liebe«, sagte er. »Ich bin ganz sicher, daß Ihr den Weg kennt, aber das ist nun wirklich kein Wetter für eine junge Frau.«

»Wenn ich in deinem Alter wäre, Brandur«, sagte der alte Stallbursche Ásmundur, »dann würde ich nicht wie ein Trottel hier herumstehen.«

In diesem Moment wurde die Tür aufgerissen und ein Mann kam herein. Es war der Mann der Frau, zu der der Arzt geholt werden sollte.

»Ist der Arzt da?« fragte der Mann. »Ich habe mir überlegt, daß er sich vielleicht nicht weiter traut. Guðrun sagt, daß sie morgen früh nicht mehr erleben wird, wenn keine Hilfe kommt.« Er wandte sich an den Arzt und packte ihn am Handgelenk. »Um Himmels willen, nun kommt mit mir«, sagte er. »Wenn Ihr erschöpft sei, dann trage ich Euch eben.«

»Ich bin nicht erschöpft«, erwiderte der Arzt. »Hier ist meine Tasche, tragt die, nicht mich.«

In der Tür drehte er sich noch einmal um.

»Ach, übrigens«, sagte er, »ich wünsche allen ein gesegnetes Weihnachtsfest. Ich hätte es fast vergessen, aber es ist ja Weihnachten.« Er nickte uns fröhlich zu.

Und dann verschwand er in Schneegestöber und Dunkelheit.

*Aus dem Isländischen von Gabriele Haefs*

## Monika Björk

# Der Weihnachtsteufel

Das kluge Mädchen schwang gutgelaunt ihren Rock
vor dem Spiegel hin und her. Nahm den Stoff zwischen
Daumen und Zeigefinger und machte ein paar Tanzschritte. Die rote Seide glitt ihr durch die Finger, daß
es ein Vergnügen war. Umschmeichelte die Beine wie
ein Kuß vom Wind. Gab ihr das Gefühl von Stärke,
Schönheit und Sinnlichkeit. Seidenrot – die ureigenste
Farbe der Erotik.

Und vor allem die von Weihnachten. Sie hatte den
Rock eigens aus diesem Anlaß gekauft. Um zu feiern,
daß sie zusammensein würden. Richtig Zeit füreinander haben würden, Zeit für Lust, Lachen und Nähe. Der
Herbst war lang und grau gewesen. Jetzt würden sie all
das nachholen, was sie versäumt und verpaßt hatten.

»Wir düsen ab nach Madrid wie Suzanne!« Sie
wandte ihr Gesicht ins Wohnzimmer, wo der Prinz vor
dem Fernseher saß. »In Straßencafés gehen und mit
Leuten anstoßen, die wir noch nie zuvor gesehen haben. Leben! Kneipen! Mitternachtsmessen in präch-
tigen Kathedralen! Gold, Myrrhe und Unmengen an
Orgelmusik – klingt das nicht wunderbar?«

»Doch«, sagte der Prinz, ohne den Blick von den
Abendnachrichten zu wenden. »Aber was machst du
mit der lieben Mama?«

Ein eiskalter Wind wehte durchs Zimmer. Er schleuderte ihr seine Worte ins Gesicht und brachte ihren Atem zum Stocken. Dennoch war es nur ein Vorzeichen. Die Ausmaße der bevorstehenden Katastrophe konnte sie noch nicht überblicken. Lediglich erahnen.

Die liebe Mama. Ganz zufällig war sie erwachsen und selbständig. Ganz zufällig war sie seine und nicht ihre Mutter. Aber das war nicht so wichtig.

Wichtig war der rote Nebel, der ihr aus dem Spiegel entgegen zu steigen schien. Wichtig war das Gitter aus Eisenstäben, das um sie herum emporschoß. Eisenstäbe spitzer als Neid. Mit Bonbonmasse bewehrt, klebriger als Sentimentalität.

Sie versuchte, auszubrechen. Doch die Hände blieben haften, wie mit kaltem, verschüttetem Glögg zusammengeklebt. Auch die Füße machten Schwierigkeiten. Sie kämpfte in einem glibberigen Sumpf aus kleinem, gekochtem, gelaugtem Stockfisch. Aus fließender Weihnachtsfischsülze. Milchreis schloß sich schmatzend um ihre Knöchel und saugte sie unerbittlich hinab. Fette Kuchen wurden ihr ins Haar geschmiert. Abgezogene Schweinezungen sprangen hervor und schlugen ihr ins Gesicht. Pasteten nach Mamas Art vermauerten ihr den Blick, Grützwürste legten sich im Würgegriff um ihren Hals. Aufwallender Schinkenfond und Würze ergossen sich über sie, wie um sie zu ertränken.

Der rote Nebel wurde immer dichter. Nun erkannte sie, daß er mit dem Rot der Erotik nicht das geringste zu tun hatte. Dies war der undurchdringliche Nebel der Farbe der Wut. Der war Weihnachtsmannrot.

Aller Widerstand ihrerseits war zwecklos. Das wußte sie. Die Weihnachtsfalle hatte zugeschnappt.

Dennoch dauerte es geraume Zeit, bis sie den Weihnachtsteufel in dem Weihnachtsmannrot entdeckte. Er gab sich nur für derart kurze Augenblicke zu erkennen, daß sie in ihrer Wahrnehmung schwankte. Für einige Hundertstel Sekundenbruchteile konnte sie ihn klar und deutlich erkennen. Im nächsten Augenblick jedoch war er verschwunden, und sie glaubte einer Täuschung aufgesessen zu sein.

Außerdem kannte sie seinen Namen nicht. Sie hatte gemeint, man könne an den Weihnachtsmann glauben. Und an Gott und die Natur. Nicht aber an den Weihnachtsteufel. Woher kam er?

Sie war, wie gesagt, ein kluges und erwachsenes Mädchen. Sie hatte ihrer beider – wie sie glaubte – unkomplizierte Sicht von Weihnachten zu würdigen gewußt. Als eine Art von Lebensqualität, nicht als ein Muß.

Sie hatten es mit Freunden auf dem Land gefeiert. Ohne Geschenke und Tradition. Es war toll gewesen.

Sie hatten in einer Kneipe in Paris Weihnachtsabendessen gegessen und danach in die Sterne über Notre-Dame geschaut. Es war romantisch gewesen.

Sie hatten von so etwas wie Bali und so etwas wie einer Wanderung durch den Regenwald geträumt. Um des exotischen Abenteuers während der dunklen Winterszeit willen.

Aber Madrid wäre jetzt genau das Richtige. Ihre Liebe war noch immer zu jung und zu heiß, um in Traditionen und Konventionen zu erstarren. Die paar Frostnächte würden sie mit Leichtigkeit bewältigen.

Wie die Sache mit der lieben Mama. Die liebe Mama war geschieden und kürzlich in dieselbe Stadt gezogen und kannte hier noch nicht so viele Leute. Weihnachten mit ihr würde eine einmalige Angelegenheit bleiben. Dann würden sie eben statt dessen Neujahr in Madrid verbringen.

Glaubte das kluge Mädchen. Sie sollte bald die Erfahrung machen, daß ein Weihnachtsfest niemals ungeschehen gemacht werden kann. Daß sich eine Weihnachtssitte blitzschnell einbürgern und wüten kann wie ein Wirbelsturm. So daß man sie dann später nicht mehr abstellen kann.

Sie sollte die unerbittlichen Gesetze zu spüren bekommen, die in Kraft treten, sobald die Weihnachtsfalle zugeschnappt war. Die Gesetze des Weihnachtsteufels:

§ 1 Eine Mutter darf an Heiligabend niemals allein gelassen werden.

§ 2 Ein Vater auch nicht.

§ 3 Ebensowenig ein/e Bruder, Schwester, Cousin oder Cousine. Wenn ein/e Mutter / Vater / Bruder / Schwester / Cousin / Cousine an Heiligabend allein gelassen werden, dann wird der Rest der Menschheit kollektiv von Schuldgefühlen und Seelenqualen befallen.

§ 4 Das trifft auch zu, wenn eine Mutter an Heiligabend allein bleiben *will*. In einem solchen Fall weiß eine Mutter nicht, was sie sagt.

§ 5 Ein/e Vater / Bruder / Schwester / Cousin / Cousine weiß in entsprechender Situation auch nicht, was er/sie sagt. Ein/e jede/r von ihnen muß der Ordnung halber der Weihnachtsfeier wieder zugeführt werden. Das geschieht in Gruppen.

§ 6 Anderenfalls müssen alle dem Teufel ins Auge sehen.

§ 7 Nämlich dem Weihnachtsteufel.

Das kluge Mädchen entschied, den roten Rock an Weihnachten zu tragen, was ein Glück war. Denn nach Madrid kam sie nie.

Statt dessen widmete sie sich dem Mißlingen der »nelkengespickten Speckrouladen à la Pröbstin auf Ekeshärad«. Sie hatte alternativ auf die Nelken verzichtet. Damit hatte sie der lieben Mama Weihnachten zunichte gemacht.

Es stellte sich heraus, daß für die liebe Mama gerade die Speckrouladen der Pröbstin die gesamte Weihnachtsbotschaft verkörperten. Ohne Pröbstin keine Stimmung. Kein Strahlen. Kein richtiges Weihnachten. Bloß Mittwinter.

Mit dem selbstgebackenen Spritzgebäck und dem Mandelpfefferkuchen sowie dem halländischen sahnegestovten Grünkohl hatte das kluge Mädchen gleichsam Perlen vor die Säue geworfen. Es wurde auch dadurch nicht besser, daß sie an diesem Heiligabend den Weihnachts-Gin-Tonic von der lieben Mama zu Micky-Maus verpaßte. Das kluge Mädchen schimpfte in der Kleiderkammer, daß der Ginmangel zur Hölle fahren konnte, weil Weihnachten ohnedies ruiniert war. Das waren die **sauren Weihnachten**.

Sie hätte ganz gut einen ordentlichen Schluck brauchen können. Statt dessen bekam sie aber Magenkatarrh, der sich bis Mitte Januar hielt. Das Grau des Herbstes rettete sich auch noch hinüber ins neue Jahr. Es ließ eigentlich nie richtig nach, obwohl der Frühling kam und der Sommer und der Urlaub.

Das Grau zwischen dem klugen Mädchen und dem Prinzen wollte sich auch nicht legen. Ihre Beziehung verharrte in einer Gefühlslage, die an den eingeweichten, wässerigen Hering erinnerte, den er sich zum Weihnachtsschnaps ausgesucht hatte. Verwandelt in eingelegten Hering und Heringssalat, fein säuberlich von ihr zurechtgeschnitten. Erfuhr sie hinterher.

Sie versuchten jedenfalls, das Ganze zusammenzuflicken, und zum Advent kam das Baby. Und damit der liebe Papa. Er hatte sich der lieben Mama gegenüber dumm benommen, sich von ihr getrennt und sollte deshalb nicht »lieber Papa«, sondern »Schwiegervater« genannt werden, was er ja auch war.

Er reiste die ganze lange Stecke zu ihnen, um mit seinem ersten Enkelkind Weihnachten feiern zu können. Seine neue Ehefrau fuhr in andere Richtung zu ihrem zweiten Enkelkind. Um sich dann doch, wenn es Zeit zum Kaffeetrinken war, dem Schwiegervater anzuschließen.

Auch die Eltern des klugen Mädchens erschienen auf der Bildfläche wie zwei Springteufelchen und verlangten weihnachtlichen Umgang mit dem Baby. Und dann war da selbstverständlich noch die liebe Mama. Und ihr neuer Lebensgefährte Henrik, der irgend etwas im Ausland verkaufte und es liebte, zu einem richtigen schwedischen Weihnachtsfest nach Hause zurückzukommen. Und sein Sohn, der normalerweise in den USA studierte, sich aber vorstellen konnte, herüberzukommen.

Das kluge Mädchen lief zwischen Milchpumpe und Aspikform hin und her. Sie begann, über all das Listen anzulegen, was eingekauft, gekraust, gesiedet, gegossen, geholt, gefegt, geschmückt, gescheuert, geputzt, gekocht, geknetet, geschnitten und gelackt werden mußte. Die Listen blieben unvollendet, da die ganze Zeit über immer wieder neue Aspekte hinzukamen. Und plötzlich war Weihnachten.

Dies wurde **das erste Weihnachten nach Fahrplan.** Im letzten Augenblick war dem klugen Mädchen eingefallen, sich für Heiligabend rechtzeitig um ein Taxi zu kümmern. Ihre Eltern wollten unbedingt, daß das Baby ihren Tannenbaum und Weihnachtsschinken angucken und seine Weihnachtsgeschenke bei ihnen auspacken sollte. Es wurde eine einzige Hetzerei, weil sie Papas acht Sorten selbstgewürzter Branntweine für Mamas Weihnachtstisch kosten mußten und außerdem lange im Stau standen.

So hinkten sie bereits nach dem ersten Drittel dem Fahrplan hinterher. Der Abschnitt mit Schwiegervater und seiner Jetzigen war verspätet und erhielt eine Draufgabe dadurch, daß das Auto der Jetzigen auf der Fahrt vom Tannenbaum und Weihnachtsschinken der Tochter kaputtgehen mußte und sie nicht pünktlich sein konnte. Schwiegervater wurde nervös und zündete sich schon bei den warmen Vorspeisen die Zigarre an, woraufhin das Baby Rauch in die Augen bekam und losweinte.

Sie mußten natürlich noch einen Durchlauf Tannenbaum und Weihnachtsschinken veranstalten, als die Jetzige eintraf, und dann war es nur noch eine Frage von Sekunden, bis die liebe Mama mit Henrik und Amerika vor der Tür stand. Würden sie es schaffen, Schwiegervater und die Jetzige hinauszubugsieren? Würden sie es schaffen, Baby die Nase zu putzen und nach den Zigarren zu lüften, von denen die liebe Mama Krupphusten bekam, weil er sowohl an die Existenz von Schwiegervater als auch an die der Jetzigen erinnerte?

Das kluge Mädchen wurde nervös und genehmigte sich einen Kognak aus dem Schrank, bevor sie den Tannenbaum und den Weihnachtsschinken für die nächste Sitzung herrichtete. Der Magen schmerzte. Sie hatte geglaubt, sie habe den Weihnachtsteufel in eins der Autos hinaus in den Stoßverkehr gescheucht. Er hatte kleine, stechende Augen in einem goldgrauen Gesicht, schmale Lippen und spitze, trockene Finger gehabt.

Jetzt spürte sie seine Gegenwart von neuem, als sie an der Leberpastete herumsäbelte. Entschlossen leuchtete sein Hohngrinsen dort in der Kerze. Zwischen Rollmops und Zwetschgenkaltschale. Und er hat wohl den Strohbock in der Ecke umgeworfen?

Im folgenden Jahr grübelte sie darüber nach, ob er nicht in ihr drinsteckte. Oder warum schaute der Prinz nie zu ihm? Sie trank einen Kognak zuviel und war bei der Verteilung der Geschenke recht angesäuselt. Konnte man den Saukerl nicht vielleicht in Sprit ertränken? Im Badezimmer übergab sie sich und konnte seitdem Rotkohl nicht mehr aus nächster Nähe ertragen.

Nach den **betrunkenen Weihnachten** blieb nichts weiter übrig, als zu konstatieren, daß die Ehe kaputt war. Der Prinz zog weiter hinaus in die Welt, ließ aber die liebe Mama als Weihnachtsinventar zurück. Ihr Platz war an Babys Seite, auch wenn Henrik gegen einen Olle und später dann gegen einen Göran ausgetauscht wurde. Auch Amerika blieb, da er weihnachtslos wurde, nachdem Henrik in Hongkong geblieben war.

Daß das kluge Mädchen einen neuen Mann kennenlernte, änderte für die liebe Mama nichts am weihnachtlichen Ablauf. Auch nicht für Amerika, Göran, Schwiegervater und die Jetzige. Oder für Mama und Papa mit den acht Branntweinsorten.

Prinz II jedoch brachte drei Kinder mit ins Nest. Mitsamt eines eigenen, empfindlichen Papas und eines übriggebliebenen Cousins und einer geschiedenen Frau, die vorbeischauen, Weihnachtsgeschenke abliefern, den Weihnachtsbaum und den Schinken bewundern mußten, weil es so aussehen sollte, als ob sie Freunde seien. So kam die lebhafte Mutter der Geschiedenen hinzu, die nicht weiter Wert auf die Konventionen legte, außer daß sie mit ihren Enkeln Weihnachten feiern mußte. Sie wiederum brachte den erwachsenen Sohn von Prinz II mit, der sonst übriggeblieben wäre.

Als das kluge Mädchen und Prinz II gemeinsame Sprößlinge produzierten, war Weihnachten nach Stundenplan nicht mehr aufrechtzuhalten. Die Zahl der Kombinationen, die in ein und den selben Tag gepreßt werden sollten, überstiegen das Machbare. Das kluge Mädchen unternahm mittels des Computers am Arbeitsplatz mehrere Versuche, fand aber keine Lösung. Sie probierte andere Methoden aus. Eine Weile schrieb sie Namen und Uhrzeiten auf kleine Zettel, die sie auf dem Küchentisch hin und her schob. Sie kam sich vor wie ein Feldherr vor der entscheidenden Schlacht.

Wenn die Kinder von Prinz II im Morgengrauen vom erwachsenen Sohn mit Geschenken zu seinen Eltern transportiert würden? Um dann von Amerika zur Mama der Geschiedenen gebracht zu werden, während sie zugleich ihr Kind mit Prinz I im Taxi zu seinen Eltern losschickte, um dann nachzukommen und die Kleine mit dem neuen Baby abzuholen. Nein, Amerika mußte Henrik abholen, Verzeihung Göran plus Cousin, während der erwachsene Sohn ... Oder wenn die Kleine und Baby ins Taxi zur lebhaften Mutter der Geschiedenen von Prinz II geschickt würden, während sie die liebe Mama und den neuen Schwiegervater zu einem frühen Vorfrühstück empfing?

Sie konnte ganz genau nachvollziehen, wie es Gustav II. Adolf im Nebel bei Lützen ergangen sein mußte. Und warum es für Karl XII. im Schlamm bei Poltava in die Hose ging.

Es war schlichtweg nichts miteinander in Einklang zu bringen. Sie machte einen letzten Versuch. Sie sammelte alle Zettel ein und ließ sie wie Schneeflocken auf die Tischplatte rieseln. Sie hatte gelesen, wenn man alle Buchstaben unzählige Male wie wild durcheinanderwirbelte, dann würden sie früher oder später wie Shakespeares gesammelte Werke heruntertrudeln.

Ihre Zettel hatten anscheinend noch nie etwas davon gehört. So führten sie das **System der mehrfachen Weihnachten** ein.

Sie mußten jetzt im Advent damit anfangen, die Kindergruppen samt Anhang zu den unterschiedlichen familiären Verhältnissen reihumzuschicken, damit Weihnachten gefeiert werden konnte. Wenn der äußere Ring an Beziehungen abgearbeitet war, nahmen sie sich die geschiedenen Kombinationen und deren Nebeneffekte vor.

Dann blieb noch das Projekt durchzuführen, vier vollkommen identische Heilige Abende mit ihren diversen Halb- und Beinahegeschwistern zu feiern. Alle vier mußten gleich festlich, gemütlich, lustig und ergiebig sein. Keines durfte hinsichtlich Stimmung oder Verteilung vom anderen abweichen.

Jede Gruppe hatte ihre speziellen Attribute. Die Grundausstattung an Weihnachtsgardinen, Fensterleuchtern und elektrischen Tischkerzenleuchtern, Tischdecken, Läufern, beleuchtetem Tannenbaum für drinnen und draußen, Tannenbaumteppich samt Girlanden, Türkranz, Weihnachtssternen und Hyazinthen stand fest.

Doch die variablen Requisiten mußten zwischen den Feiern ausgetauscht werden. Jede Kindergang

sollte ihre eigenen haben. Das betraf den alten Strohbock, den man von Papas Tante geerbt hatte. Just das
Tischtuch mit Kreuzstichstickerei und der Schinken-
spieß, die praktisch ein Familienkleinod darstellten
mitsamt dem endlosen Überresten der Puzzleabende
der Kinder im Kindergarten und im Hort in Form von
rot bemalten Eierkartons. Und leere Milchpackungen
mit Mützen und Engelshaar.

Lagerungsprobleme stellten sich ein. Der ursprüng-
liche Weihnachtskarton wurde zu klein und der nächste ebenso. Eine Weile dachte das kluge Mädchen
daran, einen Raum in der Stadt zu mieten, um die Weih-
nachtsutensilien von Februar bis November unterzu-
bringen. Sie löste das Problem vorübergehend, indem
sie ihnen ihre Arbeitsecke, eine Kleiderkammer und
den oberen Küchenschrank überließ. Was übrigblieb,
mußte sie unter ihr Bett stopfen.

Es wurde mit all den Weihnachtsgeschenken immer
heikler. Besonders die Geschenkwünsche der Klein-
kinder waren so sperrig, daß sie die Garage wie den
Dachboden ausfüllten. Das hatte sie gelernt. Sie hatte
sich noch ein Weihnachtsgesetz gründlich hinter die
Ohren schreiben müssen. Nämlich:

Weihnachtsgeschenkgesetz des Weihnachtsteufels für
Frauen:

§ 1 Die Frau kauft die Weihnachtsgeschenke, weil
der Mann keinen Spaß daran findet, Weihnachtsgeschenke zu kaufen.

§ 2 Und weil ihm nichts einfällt. Aber der Frau.

§ 3 Immer.

§ 4 Nach einigen Ehejahren kauft also die Frau die
Geschenke für alle Verwandten, inklusive für die des
Mannes.

54

§ 5 Im vorliegenden Fall auch für die frühere Frau des Mannes.

§ 6 Weil es nicht so aussehen soll, als könne man sich nicht ausstehen.

§ 7 Auch die Geschenke für sich selbst. Von ihm.

§ 8 Sollte der Mann irgendwann einmal ein Weihnachtsgeschenk für die Frau gekauft haben, ist es immer billiger als sie glaubt.

§ 9 Die Frau sieht nämlich Geschenke als Beweis der Liebe an. Sie will glauben, daß der Mann sie liebt. Wirklich liebt.

§ 10 Der Mann unterschätzt hingegen den Wert der Geschenke, die er von der Frau bekommt. Er glaubt nie, daß sie sonderlich viel gekostet haben. Man kann sich überlegen, warum.

Das kluge Mädchen kaufte das ganze Jahr hindurch kontinuierlich Weihnachtsgeschenke. Es kam vor, daß sie einige in einem Schrank verstaute und sie dann vergaß. Man konnte unmöglich über alles den Überblick bewahren.

Um dem Abhilfe zu schaffen, begann sie, Weihnachtsgeschenklisten per Computer anzulegen. Sie hakte ab und strich in den Aufzeichnungen. Als die Kinder größer wurden, lernten sie, wie man Hacker wird und die Listen zu ihren eigenen Gunsten umsortiert. Es kam auch vor, daß sie aus lauter Gemeinheit einen kleinen Halbbruder von der Liste strichen.

Die altvertrauten Magenbeschwerden des klugen Mädchens traten nun bereits im Juli auf. Die elf Buchstaben reichten aus, um Genickstarre und Sodbrennen hervorzurufen.

Es konnte geschehen, daß sie von Weihnachten auf den Schären träumte.

Wenn nicht schon früher, so überkam es sie spätestens beim Bügeln der volantverzierten, weihnachtsmannroten Weihnachtsgardinen mit den Rosetten und Sternen. Für Weihnachten auf den Schären brauchte man keine Weihnachtsgardinen. Weihnachten auf den Schären bedeutete, den Blick auf dem Horizont zwischen Himmel und Meer ruhen zu lassen. Mit Wurst und Branntwein auf dem groben Tisch. Sonst gar nichts. Mit dem Wind, der in den Holzplanken heulte und ein Birkenholzfeuer im Kamin. Himmel und Meer. Und sonst gar nichts.

Da steckte der Weihnachtsteufel sein spitzes Gesicht hervor, der kleine Teufel. Sie erkannte ihn jetzt. Er war grau wie die Seelenqual, schnell wie ein schlechtes Selbstbewußtsein und in die Augen stechend wie das schlechte Gewissen. Er war so weit entfernt von Freundlichkeit, Rentieren und einem »Hoho« auf einem Schlitten, wie man es sich nur vorstellen kann.

Der Weihnachtsteufel war wie der Weihnachtsmann ein Mythos, weit verbreitet, gehegt und gepflegt und unbegreiflich. Warum wurde auf der Straße nicht über den Weihnachtsteufel gesprochen? Warum wurde man vor ihm nicht in den Zeitungen und im Fernsehen gewarnt? Warum wurden über ihn in der Literatur keine schwarzen Stories geschrieben? Und was unternahm der Justizminister gegen ihn?

Das kluge Mädchen war mehr als bereit, seine Widerwärtigkeiten zu bezeugen. Über all das Elend zu berichten, das er in ihrem Leben angerichtet hatte. Es kam vor, daß eine andere Frau innehielt und zuhörte. Immer zeigte sich jedoch stets, daß auch sie der Weihnachtsteufel fest im Griff hatte. Er war schlimmer als die Mafia! Wie ein Weltschleim breitete er sich aus und schmierte alles voll!

Eine Weile dachte sie daran, ob wohl die Möglichkeit bestünde, sich von ihm freizukaufen. Ob man ihn mit einem Opfer milde stimmen konnte. Ein Mittwinterblut für dieses Monster, den gefährlichen Drachen.

Sollte sie den Beruf opfern? Das Heim? Den Geschirrspüler oder ihr schönes Haar? Würde sie dann frei sein, um in die Schären zu fahren?

Dann stand das **Weihnachten der hundert Geschenke** ins Haus. Das war als das erste Beinahestiefenkelkind als Anhang vom erwachsenen Sohn aus der ersten Ehe von Prinz II eintraf. Eine neue Generation hatten ihren Anfang genommen.

Das kluge Mädchen kaufte hundert Weihnachtsgeschenke. Sie hatte für siebenundzwanzig Personen etwas zu kaufen, so bekamen sie jeder im Durchschnitt 3,8 Weihnachtsgeschenke. Dann bekam sie eine Hirnblutung.

Glücklicherweise geschah es erst am zweiten Weihnachtsfeiertag, so daß das Schlimmste schon überstanden war. Zu einem anderen Zeitpunkt hätte sie keine Zeit gehabt. Es war auch nur ein kleines Blutgefäß geplatzt. Im Laufe des Sommers wurde sie leidlich wiederhergestellt mit einem bloß halbseitig gelähmten Gesicht und einem gewissen Unvermögen, den linken Arm zu bewegen, als bleibende Behinderung.

Kurz vor Oktober war ihr kaum noch etwas anzumerken, obwohl sie immer noch krankgeschrieben war. Frohe Zurufe, daß Weihnachten wohl wieder werden würden, wie immer, hagelten auf sie ein.

Da erlitt sie den zweiten Hirninfarkt. Der war im Grunde ernster als der erste. Da sie aber vorbereitet war und schleunigst ins Krankenhaus eingeliefert wurde, waren die unmittelbaren Folgen nicht so schwerwiegend.

Doch der Arzt gebot Einhalt. Wenn sie ihren Lebensstil nicht änderte, dann würde sie innerhalb eines Jahres tot sein. Sie mußte den Streß abbauen. Er empfahl eine Therapie.

Weihnachtstherapie? Sie suchte und telefonierte. Niemand hatte von so etwas je gehört.

Als sie beim nächsten Mal den Weihnachtsteufel auf ihrer Schulter sitzen fühlte, da war er gewachsen. Er war mehr als doppelt so schwer. Sie mußte sich an die Wand stemmen, um sich aufrecht halten zu können. Ihr wurde schwarz vor Augen. Das Hohngelächter des Weihnachtsteufels schnitt wie ein Messer durch sie hindurch. Was johlte er da? **Das letzte Weihnachten**?

Sie erkannte, daß die Sache jetzt ernst war. Ihr Leben oder das des Weihnachtsteufels.

Sie hielt Ausschau nach einer Überlebensstrategie. Was hatte sie für Möglichkeiten? Sie hatte sich durch ein Weihnachten mit fünfundzwanzig Personen durchzuarbeiten. (Eins der Kinder von Prinz II war in Australien, und Göran war in Norrköping von einer Straßenbahn überfahren worden.)

Sollte sie alle zusammen mit dem Luciaglögg vergiften? Der hatte sowieso schon immer wie Knüppel auf den Kopf geschmeckt.

Sie suchte in den Krimis im Bücherregal nach einer Methode. Rot gehört zwar zu Weihnachten, vor einer Bluttat jedoch schreckte sie zurück. Dann doch lieber etwas wie Schnee. Weiß. Die Wirkung von Arsen war erprobt. Klassisch. Oder vielleicht etwas Originelleres wie Luftembolie?

Das Letztere war eine Variante mit Luftinjektion in die Blutwege. Schnell, einfach, Ausgang: tödlich. Aber wie sollte sie es bewerkstelligen, allen fünfundzwanzig eine Injektionsspritze zu verabreichen?

Dann doch lieber Arsen. Ihr fiel ein, daß es da etwas gab mit den Bauern in der Steiermark und ihren Nägeln. Man würde sich daran gewöhnen. Indem man zeitig in kleinen Mengen Gift in sein Essen mischte. So bestünde für sie kein Risiko, zum Beispiel frischen Arsenglögg zu bechern. Die anderen würden umfallen wie die Fliegen.

Und danach? Sie mußte wohl noch etwas abwarten. So tun, als ob sie bloß eine oder zwei Mandeln einsaugte. Aber dann würde sie in die Schären fahren! Oder vielleicht nach Madrid, so wie es einmal geplant gewesen war.

Aber die kleinen Kinder. Sie dachte an ihre kleinen Münder, wenn sie keinen Weihnachtsmilchreis und keine Datteln aßen. Ihre kleinen Hände, wenn sie keine Teddybären aus dem Weihnachtspaket rissen.

Tja. Sie stählte sich. Etwas mußte geopfert werden. Übrigens waren die meisten bei dieser Prozedur Teenager. Füllten ganze Sofas aus und aßen wie die Scheunendrescher vor ihren Gewaltvideos.

Wenn aber der Weihnachtsteufel in ihr steckte, konnte er dann überhaupt durch einen großangelegten Massenmord ausgetrieben werden? Oder wäre sie anschließend dazu getrieben, aus dem Fenster zu springen? Um von der Weihnachtsauslagengirlande unten auf der Straße aufgefangen zu werden, einen tödlichen Stromschlag versetzt zu bekommen und somit für ihr Verbrechen elektrisch hingerichtet zu werden?

Oder konnten glühendes Eisen und Voodoonadeln den bösen Geist in ihr austreiben?

Das kluge Mädchen holte angesichts des roten Nebels tief Luft. Der Dunst legte sich und umfing sie wie ein

Kleid. Wurde zu einem Rock, zu einem richtig hübschen Rock, auch wenn er rot war.

Nun sah sie wieder klar. Sie stellte fest, daß sie noch immer vor dem Spiegel stand. Nichts war geschehen. Der Prinz saß noch immer vor dem Fernseher und war noch immer mit ihr zusammen. Bloß die Knie zitterten ihr.

Sie wischte sich den kalten Schweiß von der Stirn.

»Du hast doch einen Bruder in Åmål, oder?« sagte sie. »Der, den wir nicht kennengelernt haben.«

»Aber Mama will wohl ...«

»Tut mir leid«, wehrte sie ab. »Ich habe schon die Tickets gekauft.«

Es kümmerte sie wenig, daß er sie anstarrte. Sie zeigte auf die Umhängetasche. Die war zum Glück nicht durchsichtig.

»Dein Weihnachtsgeschenk«, log sie. »Eine Woche Madrid. Frühstück im Bett, Croissants, Luxusbadezimmer und Ausblick auf die Stadt.«

Sie machte ein paar Tanzschritte. Der Rock glitt wie ein Kuß vom Wind über ihre Beine. Seidenrot war die ureigenste Farbe der Erotik.

*Aus dem Schwedischen von Dagmar Mißfeldt*

Gerd Brantenberg

# Anne und Anne fahren zu Weihnachten nach Hause

## Eine Weihnachtsgeschichte aus der Unwirklichkeit

Bald war Weihnachten. Es war schon eine ganze Weile bald Weihnachten, aber jetzt lag in der ganzen Stadt wunderbar feiner, milder Schneematsch. Die Autos rutschten durch die Gegend und hupten sich gegenseitig freundlich an, und überall hingen Tannenzweige mit niedlichen Weihnachtsmännlein, und die Waren in den Läden strahlten Weihnachtsstimmung aus, sogar die Margarinepackungen; die Menschen stolperten schwerbepackt einher und grüßten alle, denen sie begegneten, so daß alle in der kleinen Stadt sich gegenseitig zu kennen schienen. Und wenn sie zu Hause Christbaumschmuck bastelten, dann bedachten sie alle anderen in der kleinen Stadt und unsere Lieben auf dem Meer mit warmen, milden Gedanken.

Anne und Anne saßen einander in einer der vielen kleinen, gemütlichen Konditoreien der Stadt gegenüber, tranken Kakao mit Sahne und aßen Pfefferkuchen. Anne und Anne waren schon seit vielen Jahren Busenfreundinnen. Die eine hatte ganz helle Haare, die

61

andere dunkle, und deshalb wurden sie Anne Hell und Anne Dunkel genannt. Sie hatten sich für den 23. Dezember in der Konditorei verabredet, um ein bißchen zu plaudern – ja, und um sich eben zu treffen. Sie hatten auch Geschenke füreinander, aber die lagen bis auf weiteres ganz heimlich in ihren Taschen.

Anne Hell und Anne Dunkel waren beide genau achtundzwanzig Jahre. Sie hatten dieselbe Schulklasse besucht, und nun waren sie in die Kleinstadt gekommen, um ihre Eltern zu besuchen, denn zu Weihnachten fahren alle nach Hause und sind lieb. Und Anne Hell und Anne Dunkel waren zwei richtig liebe Mädchen. Sonst wohnten sie in Oslo. Aber nun saßen sie mit ihren Paketen in der kleinen Konditorei und tranken Kakao mit Sahne und schauten sich in die Augen.

Die Leute in der kleinen Stadt fragten schon kaum noch, ob Anne Hell und Anne Dunkel nicht bald heiraten wollten. Was machten sie eigentlich in der Hauptstadt? Anne und Anne blickten sich an und lachten, als ihnen das einfiel, und hier saßen sie, jede auf ihrer Seite des Tisches. Sie waren richtig schön, wenn sie so hier saßen und sich gegenseitig in die Augen schauten.

Es ließ sich nicht so recht sagen, wie lange Anne Hell und Anne Dunkel nun schon zusammen waren. Eigentlich waren sie immer schon zusammen gewesen. Sie waren in dieselbe Klasse gegangen, und als die eine die Stadt verlassen hatte, hatte auch die andere die Stadt verlassen. Solange sie in der kleinen Stadt gewohnt hatten, hatten sie nicht gewagt, miteinander zu sprechen. Nicht *darüber*. Sie schmusten manchmal ein bißchen, aber damals waren sie erst vierzehn. Sie hielten auch manchmal Händchen – eine Zeitlang machten sie das jeden Tag. Aber sie sprachen nie darüber, daß sie Händchen hielten. Später trauten sie sich nicht mehr, und sie waren mit Jungen zusammen. Jede ging mit ihrem Jungen ins Kino, aber sie saßen doch immer nebeneinander, und die Jungen saßen am Rand. Später wurde die Sache schon ernster, und sie waren mehr mit Jungen zusammen, und als sie achtzehn und fast erwachsen waren, sprachen sie kaum noch miteinander.

Aber später, als sie sich dann in Oslo wiedersahen, waren sie wieder zusammen. Und eines Abends hatte Anne Dunkel Anne Hell nach Hause gebracht, und es war sehr spät – und in dieser Nacht war etwas passiert, was keine jemals wieder vergessen würde.

Etwas so Schönes hatten sie noch nie erlebt. Seit dieser Nacht bedeuteten sie einander viel mehr als vorher, und am Ende zog Anne Hell in Anne Dunkels Wohnung in Grorud.

Anne Dunkel spürte später in der kleinen Konditorei unter dem Tisch eine Hand auf ihrem Knie. Sie lugte verstohlen zu Frau Hauge hinter dem Tresen hinüber, aber Frau Hauge arrangierte gerade Mandelpasteten und schien restlos in diese Arbeit vertieft zu sein. Anne Dunkel legte unter dem Tisch ihre Hand auf die andere Hand. Sie lächelten einander an.

»Hast du zu Hause schon was gesagt?« fragte Anne Hell schließlich.

»Nein, ich hab' solche Angst . . .«, sagte Anne Dunkel.

»Du brauchst keine Angst zu haben. Fressen werden sie dich ja wohl nicht.«

»Nein, aber dieses Jahr sind auch meine Großeltern bei uns.«

»Zu uns kommt Tante Bergliot. Und dann sind noch Bente und Ragnar da, und Klein-Ole . . .«

»Das wird schrecklich.«

»Du wirst mir fehlen.«

»Du wirst mir auch fehlen.«

»Eigentlich ist es eine Gemeinheit, daß wir nicht zusammen Weihnachen feiern können.«

Sie schwiegen ein Weilchen und überlegten sich, wie gemein das alles war, und ihre Verbitterung vermischte sich mit der Weihnachtsstimmung, die überall in der Luft hing.

»Hast du keine Angst, es deinen Eltern zu sagen?« fragte Anne Dunkel.

»Doch, sicher. Aber es muß ja sein.«

»Ja, es muß sein.«

Sie starrten einander an. Dann zogen sie die Geschenke aus der Tasche, überreichten sie sich gegenseitig und sagten wie aus einem Munde: »Fröhliche Weihnachten, Anne.« Dann nahmen sie sich über den Tisch hinweg in den Arm, und fast wäre die eine Kakaotasse umgekippt, und Frau Hauge blickte von den Mandelpasteten hoch und starrte die Tasse an. Ein Gedanke schlug in ihr ein wie ein Blitz: Jetzt wußte sie, warum Anne Hell und Anne Dunkel nie geheiratet hatten. Die jungen Frauen aber hatten nur Augen füreinander.


»Muuuutter!« Anne Hell kam mit Schnee in den Haaren und auf den Schultern ins Haus gestürzt, sie hatte eine Getreidegarbe bei sich, die sollte auf die Veranda, damit Klein-Ole, der erst drei war, Piep-Piep sehen könnte. »Mutter! Ich muß dir was erzählen!« rief Anne. »Was denn, Ännchen?« fragte die Mutter, schaute von ihrer Rührschüssel auf und wischte sich Mehl von der Nasenspitze. Anne ließ ihre Taschen auf die Küchenbank fallen, setzte sich auf einen Hocker und streckte die Beine aus.

»Mutter?« Sie blickte fragend und flehend zur Mutter

hoch. Ihre blauen Augen begegneten den müden, lieben Augen der Mutter. »Ich hätte dir das schon längst sagen sollen.«

»Aber Liebes, dann rede doch endlich. Vor mir darfst du doch keine Geheimnisse haben, weißt du.«

»Ich bin lesbisch.«

Die Mutter ließ den Kuchenteig mit einem dumpfen Geräusch in die Schüssel fallen. Sie starrte ihre Tochter aus ihren milden, graublauen Augen an. Sie putzte sich den Teig von den Fingern und lief zu Annes Hocker hinüber. Sie nahm sie in den Arm und schmiegte ihre Wange an die ihrer Tochter.

»Nein, wirklich, mein Kind!« Sie schluchzte fast. »Darauf warte ich doch schon eine Ewigkeit!« Sie nahm das Gesicht ihrer Tochter in die Hände und strahlte sie an. »Ach, da freue ich mich aber!« rief sie. »Bist du wirklich lesbisch? Ist das wirklich wahr? Jetzt sag bloß nicht, du hättest nur einen Witz gemacht. Es ist wirklich wahr, ja?«

Anne schluckte und nickte eifrig. »Ja.«

»Ach, ich vergesse ja ganz, daß ich dir Teig ins Gesicht schmiere«. Die Mutter lachte. »Ich war eben so überrascht. Weißt du ...«

Sie putzte sich mit Küchenpapier die Hände sauber, trat ans Küchenfenster und starrte verträumt die dicken Schneeflocken an, die draußen vom Himmel rieselten. »Weißt du, all die Jahre habe ich gedacht: Dieses Mädchen hat etwas ganz Besonderes – ja, fast etwas Wunderbares. Und ich habe gedacht: Vielleicht gehört sie zu den Glücklichen, den ganz Glücklichen, die ... aber ich habe es nicht in Worten ausdrücken können. Im tiefsten Herzen habe ich immer darauf gehofft. Aber ich habe mich nicht getraut, es laut zu sagen. Verstehst du das, Anne – mein Kind?«

Anne nickte. In diesem Moment hörten sie einen Schlüssel in der Wohnungstür. Schwere Schritte. »Bist du's, Bjarne?« rief Anne Hells Mutter. »Ja, hallo, hallo, und fröhliche Weihnachten!« rief Annes Vater als Antwort. »Weißt du, was unser Ännchen mir gerade erzählt hat, Vater? Sie hat erzählt, daß sie lesbisch ist!«

Der Vater stand sofort in der Küche. Er trat vor Anne hin und streckte die Hand nach ihr aus. »Ja, das ist wirklich Papas Mädel«, sagte er und klopfte ihr auf die Schulter. Dann steckte er einen Finger in den Sandkuchenteig und ließ Anne kosten. Alle lachten. Und als die Mutter den Teig dann zum Gehen hingestellt hatte, setzten sie sich an den Eßzimmertisch, um Christbaumschmuck zu basteln. Der Vater bastelte lange bunte Ketten, die aus doppelten Frauenzeichen bestanden. »Wie findest du mein neues Design, Anne?« fragte er stolz und hielt es ihr hin. »Wißt ihr was?« fragte die Mutter eifrig. »Ich freue mich so schrecklich darüber, daß Tante Bergliot kommt. Sie wird ganz begeistert sein über diese Nachricht.«

Der Vater erhob sich. »Ich rufe sie sofort an.«

»Nein, Bjarne. Die Freude mußt du Anne schon lassen. Schließlich ist sie doch die Lesbe.«

Bjarne zögerte noch kurz. »Kann ich nicht trotzdem anrufen und Anne dann den Hörer geben?« – »Na gut, du kannst dich eben nicht beherrschen.« Die Mutter lachte und packte ein Marzipanschwein aus. Sie hörten, wie der Vater auf dem Flur sagte: »Ja, hallo? Ich habe eine große Überraschung für dich. Fröhliche Weihnachten, übrigens. Ja, du wirst es sicher gar nicht glauben wollen! Und es ist nicht zuletzt deinem guten Einfluß zu verdanken, Tante Bergliot! Soviel kann ich dir sagen, ohne das Geheimnis zu verraten. Und jetzt wird sie es dir selber sagen. Ja, bis morgen dann!« Der

Vater knallte für Tante Bergliot einen fetten Schmatz in den Hörer.

»Bist du's, Tante Bergliot? Ich hoffe, du bist jetzt nicht enttäuscht. Vater muß ja immer übertreiben. Aber weißt du, es ist bloß, daß ich lesbisch bin.«

Die Eltern hörten, wie Anne erst nach einer langen Pause weitersprach. Sie nickten sich zu und tauschten ein Lächeln. »Jetzt erzählt sie Anne, daß sie auch lesbisch ist«, flüsterten sie und nahmen sich in den Arm. Sie hatten seit Jahren kein so schönes Weihnachtsfest mehr erlebt.

Am nächsten Tag – dem Heiligen Abend – schwebten zwischen den Schneeflocken Glocken und Tannennadeln, und auf dem Platz vor der Kirche spielte die Kapelle der Heilsarmee »Es läutet nun zum Heil'gen Christ!«, klang es so schön dumpf in die Nacht hinaus. Alle Menschen in der kleinen Stadt strömten aus der Kirche und begrüßten einander und riefen »Fröhliche Weihnachten!«, und nun kam auch Anne Dunkel aus der Kirche, Arm in Arm mit ihrer alten Großmutter, die einen weiten braunen Pelzmantel und einen Muff trug. Die Kirchenglocken läuteten im Schneegestöber, und hinter allen Fenstern dufteten tausend Schweinebraten.

Anne Dunkel und ihre Großmutter gingen langsam nach Hause. Anne Dunkel hatte es ihrer ganzen Familie auf einmal erzählt. Aber die Großmutter, die in der Ecke im Schaukelstuhl saß, hatte das zuerst nicht verstanden. Ob Anne Dunkel sich einen Eßtisch zu Weihnachen wünschte? Das war ja ein seltsamer Wunsch! »Nein, l-e-s-b-i-s-c-h!« rief der Vater. »Ach! Lesbisch«, sagte die Großmutter und schaukelte hin und her. »Zu meiner Zeit haben wir Lesbierin gesagt«, erzählte sie. Dann sollte Anne sich zu ihr setzen und ihr alles noch einmal erzählen. Sie wollte die ganze Geschichte hören, was es für ein Gefühl war, eine dreijährige kleine Lesbe zu sein, und wie das erste Mal mit Anne Hell gewesen war – »so rein sexuell, meine ich«, sagte die Großmutter, ob sie sich gegenseitig befriedigt hätten, und wenn sie Probleme hätten, mit Eifersucht und Dominanz, dann sollten sie ruhig zu ihr kommen, sie hatte schließlich große Erfahrung. »Sehr große, Anne.« Alles wollte die Großmutter wissen, während sie für den Großvater eine Schlummerdecke häkelte.

Schließlich gähnte sie, legte sich die halbfertige Schlummerdecke über den Schoß und streichelte Annes Haare. »Weißt du was, Herzchen? Opa hat sich immer schon ein homosexuelles Enkelkind gewünscht.«

Anne spürte die liebevolle warme Hand auf ihrem Kopf. »Gott segne dich, du süße kleine Lesbe!« Die Großmutter ließ ihren alten weißen Kopf nach hinten sinken und schlief mit friedlichem Lächeln ein.

Bei Anne Hell war inzwischen alles für die Weihnachtsfeier bereit. Als Bente und Ragnar und Klein-Ole an der Tür klingelten, war die Mutter sofort zur Stelle, um sie zu umarmen. »Wißt ihr was? Anne hat erzählt, daß sie lesbisch ist.« Und Bente fiel ihrer großen Schwester um den Hals. »Ich gratuliiiiiere, Anne! Ich wünschte, das wäre mir passiert!« Aber da stampfte hinter ihr jemand mit dem Fuß auf. »Nein, also echt!« Ragnar fühlte sich hier nun doch mit Füßen getreten. »Aber, Ragnar! Du weißt doch, ohne dich hätte ich diesen kleinen Goldschatz doch niemals produzieren können«, sagte Bente und zeigte auf den kleinen Goldschatz, der mit einem Kochlöffel auf alles schlug, was er nur finden konnte, und dabei rief er: »Les-bisch, lesbisch!«

Die Familie setzte sich an den Weihnachtstisch, alle

faßten sich an den Händen – das war in dieser Familie eben der Brauch – und dann sagten sie: »Euch allen ein gesegnetes Weihnachtsfest!« und sangen »Zu Bethlehem geboren ist uns ein Kindelein.« – »Ja, apropos geboren«, sagte die Mutter danach, »es ist ja ein altes Geheimnis, aufgezeichnet in den gnostischen Evangelien, daß die Jungfrau Maria eigentlich Lesbe war.« Alle senkten für einen Moment stumm die Köpfe und überlegten sich, welche neuen, tiefen Perspektiven das Weihnachtsevangelium dadurch gewann. Es schien sich für sie mit neuer Herrlichkeit zu offenbaren.

Der Vater schob mit einem Kratzen den Stuhl zurück und erhob sich. Er hielt wie jedes Jahr eine kleine Rede. Er gedachte derer, die nicht mehr unter ihnen weilten. Er hatte immer einen Kloß im Hals, wenn er auf dieses Thema zu sprechen kam. Es war so schade, daß die anderen nicht mehr bei ihnen waren. Die Eltern der Mutter, und jetzt auch seine eigene Mutter – noch vor einem Jahr war sie bei ihnen gewesen – und gerade in diesem Jahr sei das alles besonders traurig, sagte er, und alle schwiegen und waren von den Worten des Vaters genauso ergriffen wie der Vater selber, denn nun sei Anne endlich heimgekehrt, mit der frohen Botschaft, daß sie lesbisch war. »Ja, Anne. Wie schade, daß die Oma das nicht mehr erlebt hat!«

Er griff mit zitternder Hand zu seinem Schnapsglas. »Aber wir wollen uns nicht in Erinnerungen verlieren«, brachte er heraus. »Nein, wir wollen in die Zukunft blicken. In diesem Jahr wollen wir ganz besonders auf dich anstoßen, auf meine älteste Tochter: Auf Anne! Auf das Lesbischsein! Auf die Zukunft!«

Alle erhoben sich und griffen zu ihren Gläsern und murmelten und nickten. »Prost, Anne!« – »Auf die Homosexualität, die in jedem Gesellschaftssystem wertvoll ist! Prost!« – »Auf eine lesbische Kultur!« -»Nieder mit frauenfeindlicher Heteropropaganda!« – »Lesbisch leben!« – »Prost!« – »Für dich – gegen den Heterostaat!« – »Solidarität mit den Lesben in China und Albanien!« – »Und wir gedenken voller Wärme unserer Lesben auf dem Meer!« – »Prost, Anne!«

Dann kam die Bescherung. Ragnar erhielt ein zu einem Trichter aufgerolltes Paket. Es war die Weihnachtsnummer einer Lesbenzeitschrift. Sofort setzte er sich in eine Ecke, las alle Artikel und brummte ab und zu: »Verdammt gut gesagt!« – »Ja, zum Kranich!« und »Habt ihr gewußt, daß Königin Christine Lesbe war?«

Ihrer Mutter schenkte Anne Gerd Brantenbergs »Vom anderen Ufer«, ein Buch, das erzählte, wie traurig das homosexuelle Leben in alten Zeiten gewesen war, und die ganze Familie weint ein bißchen über diese Ungerechtigkeit. Aber dann wanderten sie um den Weihnachtsbaum und sangen »Stille Nacht, lesbische Nacht«, und dann waren sie wieder froh.

Das Telefon klingelte. Erwartungsvoll lief Anne hin und schnappte sich den Hörer., »Ja, hallo«, hörte sie aus dem Hörer, »hier ist Annes Großvater. Kann ich mit Anne sprechen?«

»Ja, am Apparat!«

»Ach, fröhliche Weihnachten!« sagte der Großvater. »Ich habe gehört, daß du und Anne ... ja, daß ihr zusammen seid. Weißt du was? Darauf warte ich seit fast achtzig Jahren!« Anne hörte, daß der Großvater sich energisch die Nase putzte. »Ein schöneres Weihnachtsgeschenk ...«, preßte er heraus, »ein schöneres Weihnachtsgesch ...« Mehr konnte er nicht sagen, denn er brach vor Rührung in Tränen aus, und Anne Dunkels Mutter mußte den Hörer nehmen und ihr

eigentliches Begehr vorbringen: »Ja, das muß doch gefeiert werden, Anne«, sagte die Mutter der anderen
Anne und lud allesamt zu Kaffee und Likör ein.

Deshalb strömten Anne Hell und ihre Eltern und
Tante Bergliot und Bente und Ragnar und Klein-Ole mit
seinem neuen Schlitten hinaus in die wunderschöne
Winternacht. Es schneite jetzt nicht mehr. Ein leichter
Wind wehte, und durch die weißen Wolken lugten fun-
kelnde Sterne und zwinkerten ihnen zu. »Homosexualität ist Liebe!« rief Klein-Ole und warf aus lauter
Freude Schnee in die Luft. Dann blieb Anne Hells Vater
vor dem roten Eckhaus der Familie von Anne Dunkel
stehen, und alle Familienmitglieder faßten sich an den
Händen und sangen für die andere Familie: »Schön ist's
auf Erden, prächtig ist's im Himmel«, und das klang
wunderbar, und im roten Haus wurden die Fenster
geöffnet, und alle riefen: »Fröhliche Weihnachten«,
und in diesem Moment kam die Weihnachtsfrau auf
einem Tretschlitten vorbei und brummte: »Sind hier
denn auch brave Kinder?« – »Ja, ich«, rief Tante Bergliot. »Ich bin das ganze Jahr lesbisch gewesen!« Und
darauf zog die Weihnachtsfrau ein Marzipanmodell
des Osloer Frauenzentrums aus ihrem riesigen Sack.
In diesem Moment schaltete Opa Dunkel im roten Haus
den Plattenspieler ein, und das »Halleluja« aus Händels
Messias erklang in der Weihnachtsnacht.

*Aus dem Norwegischen von Gabriele Haefs*

# Tor Åge Bringsværd

## Die heiligen drei Narren

*Diese Geschichte habe ich von einem alten Zirkusclown gehört, den ich einmal kannte. Ich glaube, ich war acht oder neun Jahre alt. Ich erinnere mich nicht mehr, wie wir Freunde wurden, aber solange der Zirkus in der Stadt war, besuchte ich ihn jeden Tag nach der Schule. Wir saßen dann im Gras direkt vor seinem kleinen, schiefen, komischen Wagen. Er erzählte mir, was er alles erlebt hatte, von spannenden Reisen in fremde Länder, weit weg. Aber eines Tages erzählte er mir eine Geschichte, die anders war als alle anderen. Ich erinnere mich, daß er lächelte und mich ansah – lange –, bevor er sagte: »Dies ist eine alte und sehr wichtige Geschichte – wir Clowns erzählen sie einander und wir haben versprochen, sie weiterzugeben: an unsere Kinder – oder an Kinder, für die wir gern Väter sein würden. Sie handelt von etwas, was vor beinahe zweitausend Jahren geschehen ist, und wenn ich erzähle, wird es so aussehen, als hätte ich alles selbst erlebt. Denn so ist die Geschichte immer erzählt worden, und so wird sie weitererzählt werden. Hör genau zu. Damit auch du sie ... eines Tages ... weitergeben kannst ... an deine eigenen, kleinen Clowns.«*

*Und dann erzählte er, was ich hier versucht habe, aufzuschreiben.*

*Am nächsten Tag, als ich von der Schule kam, war
der Zirkus weitergezogen. Ich habe ihn nie wiedergesehen.*

*Tor Åge Bringsværd*

# Die heiligen drei Narren

Mein Herr hat immer den Nachthimmel geliebt. Ich
weiß nicht, wie oft er mich zu sich rief. Wenn er nicht
schlafen konnte. Und gemeinsam sind wir dagestanden – in einem der Türme – oder auf dem flachen
Dach über der Schlafkammer – und er hat mir gezeigt,
wie man das Siebengestirn findet und viele der anderen Sternbilder. Mein Herr sagt, daß der Lichtertanz
dort oben ein himmlisches Buch sei, geschrieben von
Gott persönlich. Ich werde nie den Abend vergessen,
als wir den Großen Stern zum ersten Mal sahen. Als
hätten sich tausend Regenbogen zu einem glänzenden Knoten vereint, ein Licht ... stärker als der Voll-
mond.

Ich habe meinen Herrn nie so aufgeregt erlebt. Er
sagte, jetzt werde ein mächtiger Fürst geboren. Irgendwo im Westen. Und daß es der Wille des Himmels
sei, diesem Fürsten unverzüglich einen Besuch abzu-
statten, um ihm unsere Ehrerbietung zu erweisen.

Also brachen wir auf. Ein großes und stattliches Gefolge. Mein Herr ist alt. Tagelang auf einem Kamel zu
reiten gehört nicht mehr zu seinen Lieblingsbeschäfti-
gungen. Aber ich bemühte mich die ganze Zeit, ihn auf-
zumuntern. Das ist meine Aufgabe in dieser Welt. Mein
Herr ist König. Und ich bin sein Narr. Ich bringe ihn auf

andere Gedanken. Ich lindere seinen Schmerz. Ich bringe ihn zum Lachen.

Wir waren nicht die einzigen, die den Stern gesehen hatten – und die ihm folgten. Bald trafen wir andere, die auch dorthin wollten. Die dasselbe Anliegen hatten. Als wir das Land der Juden erreichten, waren wir drei Könige, die gemeinsam dahinzogen. Eine Karawane mit vielen hundert Dienern und Soldaten, dazu Pferde, Hunde, Kamele und Elefanten . . .

Was hatten wir erwartet? Wir hatten erwartet, einen Fürsten zu finden, der mächtiger war als die drei, die mit uns ritten. Wir hatten erwartet, den König der Könige zu finden, einen Herrscher ohnegleichen. Doch wir fanden einen Stall, eine Scheune, eine erbärmliche Hütte. Wir fanden zwei hungrige und erschöpfte junge Menschen. Einen armen Schreiner und seine Freundin – und das Kind, das sie gerade geboren hatte. Wir waren auf einmal sehr verlegen. Wußten nicht, was wir denken oder meinen sollten. Und wir merkten, daß wir sie auch verlegen machten – die da drinnen. Aber wir waren weit gereist. Und während das übrige Gefolge draußen wartete, gingen die drei Könige – Kaspar, Melchior und Balthasar – hinein in den engen Stall.

Durch die offene Tür und durch Ritzen in der Wand sahen wir, daß sie sich hinknieten und dem Kind Geschenke überreichten: Weihrauch und Myrrhe – Geschenke, wie sie Könige und Kaiser einander gewöhnlich überreichen.

Ich verstand gar nichts. Ich war nur ein jämmerlicher Narr und Gaukler. Das Ganze erschien mir so sinnlos. Ich sah die drei auf der Erde knien. Ich sah die Tiere, die sich um sie scharten. Ich sah die armen Eltern. Ich sah das Kind, das sie in eine Krippe gelegt hatten. Ich hörte, daß es weinte. Die Mutter versuchte, den Kleinen zu beruhigen. Aber der Knabe war untröstlich. Als seien ihm die Trauer und das Elend der ganzen Welt auferlegt. Und als sei das ein solches Gewicht, das er noch nicht zu tragen vermochte.

Ich weiß nicht, was über mich kam. Aber auf einmal war mir klar, daß auch ich da hinein mußte. Ich und die beiden anderen Gaukler. Denn jeder König hatte seinen eigenen Narren. Und da winkte ich meine Zunftgefährten und zog sie mit mir hinein in den Stall. Ich begreife nicht, woher ich den Mut nahm. Denn ich sah, wie die Augen meines Herrn blitzten. Aber ich hatte nichts anderes im Kopf als das Kind – das Kind, das weinte ...

Und dann legten wir los – wir drei Narren –, schlugen Rad und schlugen Purzelbäume und hielten neun Bälle auf einmal in der Luft, hinkten im Kreis und krähten wie übermütige Hähne. Und bald mußten unsere Herren lächeln. Der Vater des Kindes begann ebenfalls zu schmunzeln. Und sogar die Mutter des Kindes schob sich das Haar aus der Stirn – dankbar, mit einem Blick, den ich nie vergessen werde. Denn jetzt – allmählich hörte das Weinen auf. Das Kind wälzte sich auf die Seite – und schaute uns an. Ein Neugeborenes. Trotzdem hatte es ein Gesicht so wach und klar, daß wir erschraken.

Da knieten wir uns hin. Denn wir begriffen, daß der Ort heilig war. Daß das Kind heilig war. Daß es eine heilige Familie war. Daß die Könige fortan die Heiligen Drei Könige genannt werden würden. Da knieten auch wir – Die heiligen drei Narren. Und während wir vor der Krippe knieten, fuhren wir fort, die lächerlichsten Grimassen zu schneiden. Wir zwinkerten. Wir rümpften die Nase. Bis alle lachten. Bis der ganze Stall vor Lachen gluckste. Bis das Kind Trauer und Hunger und

Durst und Kälte vergaß. Bis es uns mit Augen ansah, die so strahlten, daß sogar die Luft um uns leuchtete.

Seitdem – weil ich jetzt mehr verstehe – füge ich gewöhnlich hinzu: Denn niemand soll gering denken über das Lachen. Lachen und Liebe werden immer zusammengehören. Deshalb getraue ich mir voller Stolz zu sagen: Dies war mein Geschenk, dies war die Gabe der heiligen drei Narren: Wir schenkten nicht Gold, Weihrauch und Myrrhe – aber wir schenkten dem Kind Freude.

*Diese Geschichte ist allen meinen Freunden und Nachbarn in Hølen gewidmet – einem kleinen Dorf im Bezirk Akershus –, wo sich die Einwohner jedes Jahr treffen, um den Heiligdreikönigstag zu feiern und zu zeigen, daß Weihnachten für diesmal vorüber ist. Wir versammeln uns auf dem Marktplatz, verkleidet als Hirten, Schafe, Kamele und Wüstenwanderer. Der große Weihnachtsbaum wird gelöscht – statt dessen entzünden wir Fackeln und Kerzen. In langer Prozession, mit Posaunen und Trompeten und mit dem Sternträger an der Spitze wandern wir als muntere Schar durch unser Dorf und besuchen jeden der Drei Könige an ihren vorübergehenden Aufenthaltsorten auf Höfen und Plätzen.*

*Aus dem Norwegischen von Lothar Schneider*

Gro Dahle

# Es gab einmal zwei Hunde, die zusammen Weihnachten feierten

Noch ein Weihnachten ohne Schnee. Der Himmel dunkel und ohne Engel. Die Nacht flach und ohne Sterne. Ein Nebel, so dicht wie der Bart des Weihnachtsmannes. Ein Fest unter der Straßenlaterne, wo sich die beiden Hunde treffen.

»Lange nicht gesehen«, sagte der weiße und schnüffelte oben, unten und in der Mitte.

»Hast du was Schönes zu Weihnachten gekriegt?« fragte der schwarze.

»Ein getrocknetes Schweineohr und eine Schachtel mit Keksen.«

»Du Glückspilz.«

»Und du?«

»Ich habe mir ein Stück vom Weihnachtskuchen geholt und bin ins Badezimmer eingesperrt worden.«

»Oje. Und gab's keine Hündin für dich?«

»Nein, gar nichts«, seufzte der schwarze Hund. »Wie ist's bei dir gelaufen?«

»Eigentlich ganz gut. Ich kann's dir gern erzählen.«

»Nein, danke«, erwiderte der schwarze und blickte auf den Kies nieder.

Manche haben einfach immer Glück. Manche haben ab und zu Glück. Und manche haben niemals Glück.

Nichts ist gerecht. Alles ist Zufall. Der Weltraum so ohne Ende in alle Richtungen. Dann wurden sie jeder in seine Richtung weitergezogen. Der weiße drehte sich um, bellte dreimal.

»Na, dann fröhliche Weihnachten!«

»Danke gleichfalls«, seufzte der schwarze und wünschte, er hätte etwas, an das er glauben könnte.

»Und wenn wir uns nicht mehr sehen sollten, dann wünsche ich dir viel Glück. Und wenn du sterben solltest, dann hoffe ich, daß es kurz und schmerzlos abläuft«, bellte der weiße, in einer blendenden Laune wie lange nicht mehr.

»Und wenn du wiedergeboren werden solltest, dann wäre es schön, wenn du eine Möwe wirst.«

So ging jeder seines Weges unter seinem Schwanz. Als Wimpel und Standarte. Und jeder hob sich selbst empor, Schritt für Schritt, den Weg entlang.

*Aus dem Norwegischen von Christel Hildebrandt*

# Margareta Ekström

## Raureif

War es ein Fehler gewesen, sie hierher mitzunehmen?
Er streckte sich im Bett, so daß es knarrte.

Auch in der Nacht hatte es Geräusche von sich gegeben, obwohl der alte Schreiner, der an Krebs gestorben war, versprochen hatte, daß es geräuschlos sein
würde.

Schön wird es werden. Und leise, hatte er gesagt und
gelächelt, verlegen wie ein junges Mädchen. Er konnte
sich das Gesicht des Schreiners jederzeit vor Augen
rufen. Es war derselbe Mann, der das Eckregal in der
Küche gemacht und Maß an Großvater genommen
hatte, für den Sarg. Das gleiche Werkzeug, der gleiche
Zollstock. Er zog ihn mit verschmitztem Gesichtsausdruck aus der Tasche. Es folgten ein paar Sägespäne,
fein wie Puder. Er war eingehüllt in einen Duft aus rei-
nem Schweiß und frischem Feuerholz. Nicht mehr
lange, und man ist tot, hatte er damals gesagt. Damals,
als er das Bett getischlert hatte. Es war so breit und so
lang, daß es an Ort und Stelle gebaut werden mußte. In
der alten Kammer, wo seine Eltern geschlafen und die
er lange Zeit gemieden hatte. Damals hatte er nichts
von Geräuschlosigkeit gesagt, jenes andere Mal, als er
Maß für den Sarg nahm.

Wäre es ... Hätte ich ... Wenn ich statt dessen ... (Er

haßte diese Formulierungen. Sie bildeten Strudel im Gehirn, als ob die Logik einen Wasserfall hinabstürzte.) Während er im Konditionalis dachte, bewegte sich die Welt im Präsens weiter. Seine Grammatik war für den Ofen. Galt das auch für ihn?

Das Bild von Krematoriumsklappen hinter den geschlossenen Augenlidern, reckte er sich noch einmal. Nein, er war kein vertrockneter Ast, kein fruchtloser Weinstock, kein Schwächling, wie sein Vater am Ende einer war. Die Muskeln spannten sich, er fühlte sich anschwellend, fruchtrund, das Haar glänzend und dicht, nicht eine weiße Strähne im dunklen Braun.

Die Hand strich übers Laken, das knittrige Leinenlaken, das er aus dem Schrank im oberen Flur herausgesucht hatte. Vergilbt und fast fadenscheinig in den Falten. Sehr angenehm und kühl während der ersten Stunde, dann etwas verknittert, weich und warm. Plötzlich erinnerte er sich: Sie war früh aufgestanden. Er hatte sagen wollen: »Bist du schon angezogen?«, mit enttäuschter Stimme. Aber er wußte nicht, ob er es gesagt hatte oder ob die Lippen sich wie im Traum bewegt und andere Laute sich herausgemogelt hatten. Vielleicht hatte er gemurmelt: »Setz den Kaffee auf.« Oder: »Pfui Teufel.« Man war nicht verantwortlich für das, was man im Schlaf sagte.

Sie wußte, daß er schwer wach wurde, und hätte es ihm nicht übelgenommen. Außerdem wußte sie, daß er im Schlaf sprach, lange unverständliche Litaneien, während er mit den Beinen strampelte und die Augen verdrehte. Es sah furchtbar aus. Woher sie das wußte? Sie machte meistens Licht, um ihn zu wecken. Aber erst lag sie da und schaute ihn an. Na ja, sollte sie ruhig. Sie waren jetzt fast zwei Jahre zusammen. Waren zusammen. Kannten sich. Liebten sich. Gingen miteinander, wie man in den Hinterhöfen damals, als er ein Kind war, sagte. Befreundet. Lebten zusammen. Nein, sie hatte ihre Wohnung behalten. Zusammensein war wahrscheinlich der beste Ausdruck. Sie waren fast zwei Jahre zusammen. Natürlich nicht jeden Tag oder jede Nacht. Manchmal ist man zusammen, und dann erzählt man sich alles. Dann wieder sieht man sich ein paar Stunden oder Tage nicht. Er hatte seine Dienstreisen. Sie fuhr nach Värmland zu dieser alten Tante und schrieb. Sie arbeitete freiberuflich.

Was geschah, wenn sie nicht zusammen waren? Nichts Besonderes. Das Übliche. Gab es etwas Ungewöhnliches, dann erzählten sie natürlich davon. Das gehörte zur Absprache.

»Ich bin mit einem sehr hübschen jungen Mann im Zug zusammen gefahren«, konnte sie etwa sagen. Keineswegs provozierend, als ob sie ihn testen wollte, sondern ganz entspannt, natürlich, gutmütig, als ob sie von einem hübschen Hund oder einer schönen Aussicht erzählte. »Er saß mir direkt gegenüber, bis Karlstad«, konnte sie sagen. »Ab und zu merkte ich, wie er mich anschaute, und es zuckte in den Mundwinkeln.«

Mehr nicht. Er hatte die Erfahrung gemacht, daß sie vertrauenswürdig war. Und daß sie die Augen offenhielt. Sie sah so viel. Mal waren es die Seidenschwänze in einem Baum im Sturepark. Dann wieder ein junger Mann auf dem Weg nach Karlstad.

Jetzt, heute, früh am Morgen, als ob sie nichts von dem Rotwein von ihrem späten Küchensouper gestern abend merkte, hatte sie den Raureif entdeckt. Sie mußte raus und spazierengehen. Vielleicht war sie mit dem Auto zum Rücken gefahren. Inzwischen wurde er nur noch »Rücken« genannt. Es war nur noch ein Rest übrig von dem mächtigen Geschieberücken. Und dieser Rest wand sich wie eine gekrümmte Kohlraupe über die Ebene. Dort kam alles zusammen, was mit Freizeit und Sport zu tun hatte: Fünfzigkilometerbahn und Joggingstrecke, Grillplätze und Rasthütten. Sie liebte einsame Spaziergänge. Keiner von ihnen zwang den anderen zu etwas, was er nicht wollte. Antiquariate waren ihr Ding, die Konzerthalle seins. Skilaufen mochten sie beide, aber nicht im gleichen Maß, sie mehr. Er war derjenige, der einen Hund anschaffen wollte, aber da machte sie einen Rückzieher. Er mochte Sex am liebsten am Morgen, sie am Abend oder, wenn sie zufällig gleichzeitig wach wurden, mitten in der Nacht. Aber das waren schließlich Nebensächlichkeiten.

Wieder schob sich die Hand vor und strich über ihre Betthälfte. Aber sie kam mit dem gleichen Bescheid zum schweren, warmen Körper zurück, der gerade dabei war aufzuwachen: Sie war nicht da.

Er stand auf und machte ein paar halbherzige Gymnastikübungen, beugte sich vor und zur Seite, machte einige Hopser, ohne sich zu verausgaben. Vermutlich sollte man es so nicht machen, der ganze Körper wußte, daß das nur Gesten waren, eilig, auf dem Weg ins Badezimmer. Trotzdem konnte er sich nicht ganz davon verabschieden. Seine frühere Frau hatte ihm das eingetrichtert: Gymnastik und Zahnstocher. So unbestreitbar nützlich, daß er es nicht fertigbrachte, ausgerechnet in diesen Fällen gegen ihr Andenken zu verstoßen. Da gab es anderes.

Nachdem das Duschwasser von dem braunen, langhaarigen Frottee aufgesaugt worden war, rieb er sich sorgfältig mit einer unparfumierten Hautcreme ein. Gerade eben erst war er unter die warmen Strahlen gestiegen, glänzend, wie eingeölt von Schlaf und Lust. Jetzt mußte etwas ersetzt werden, eine dünne Schicht, ein warmer Halo. Gerade noch kam er von innen, jetzt wurde er mühsam aus der Plastikflasche geschüttelt. Es dürfte so gegen neun Uhr sein, aber sie war noch nicht wieder zurück. Es kam kein Kaffeeduft aus der Küche.

Er lüftete und machte das Bett. Ab und zu lehnte er sich aus dem Fenster, um einen Blick auf die Landstraße hinter den grobstämmigen Eschen zu werfen. Wenn sie nun gestolpert war und sich das Bein gebrochen hatte?

Er trank einen Café au lait am Küchentisch und zündete den Adventskranz an, der jetzt in den Tagen zwischen den Jahren vier neue Kerzen bekommen hatte. Rote. Bestimmt würde sie bald kommen, darum deckte er die blauweißen Frühstückstassen auf und holte reichlich Brot heraus, Schrotbrot, Sauerteigbrot, Weißbrot, getoastet. Einen milden Käse auf dem Schneidebrett aus Porzellan. Quark direkt aus der Verpackung, obwohl es sein ästhetisches Empfinden störte. Zwieback im Korb, der eigentlich der untere Teil eines chinesischen Bambusgestells zum Dämpfen von Klößen war. Naturreiner Honig, Orangenmarmelade.

Er nippte am Kaffee, während er den Tisch zu Ende deckte. Die Stühle waren winterkalt, das Haus lag ebenerdig, die Kälte stieg die Stuhlbeine hoch wie durch Kapillaren und strahlte in die Sitzfläche aus. Er holte zwei Schaffelle aus dem Treppenverschlag, dem schiefen, engen Raum unter der Treppe zur oberen Etage, wo sich Jagdgewehr und leere Marmeladengläser drängten, die Sommerstühle und ein Mottensack mit seinem Studentenfrack und dem alten Hochzeitskleid seiner Mutter. »Freud« hatte er mit einem schwarzen Filzschreiber außen draufgeschrieben, als er von der Technischen Hochschule in Stockholm zurückkam, frisch examiniert und mit einer Psychiaterin verlobt. Er wollte ihr eine Freude machen, indem er auf eigene Faust ein bißchen Analyse betrieb.

Jetzt lag das Schaffell auf ihrem kalten Stuhl und wartete. Die Brotscheiben wurden langsam trocken; er nahm ein sauberes Küchenhandtuch und breitete es darüber. Einen Augenblick später war er draußen auf dem Hofplatz.

Beim Nachbarn, dem Förster, bellte der Hund. Normalerweise durfte er mit, wenn er auf die Jagd, ging und jetzt glaubte er sicher, es wäre wieder mal so weit. Schnell entfernte er sich, um keine falschen Hoffnungen zu wecken.

Die Ebereschen standen struppig schwarz vor den weißen Äckern; jede einzelne Beere lag in den Mägen der Elstern oder Krammetsvögel. Aber die Heckenrosen hingen voll koketter, lippenstiftroter Früchte, jede mit einem schneeweißen Häubchen versehen. Das mußte er ihr zeigen. Wenn sie nur zurückkam. Er schaute über die weiten Felder. Ein gelber Streifen Schilfrohr zeigte an, wo der Fluß verlief. Am Horizont, im Westen, hob sich der Fichtenwald dunkel ab. Dahinter begann der Rücken. Der Himmel war genauso farblos wie der Schnee, nur ein Wegweiser leuchtete wie eine Sonnenblume. Niemand lief draußen herum. Die Schafe des Bauern streckten ihre Köpfe über eine Schneewehe und glotzten kauend herüber.

Es hatte geschneit während der Nacht. Er sah Katzenspuren und Spuren der Försterfamilie mit Hund. Dort, wo der Hund den Schnee gelb und porös gepisst hatte, drehten die Spuren um. Aber etwas anderes führte weiter. Plötzlich erkannte er, daß er ihrer Spur folgte. Er hatte sie aufgespürt. Ihre schmalen Stiefel, von denen sie Fußschmerzen bekam, aber die sie hartnäckig trug. Jene Stiefel, die er am liebsten in den Müll schmeißen würde, um ihr ein paar fußfreundliche, lammfellgefütterte zu kaufen. Das war ihre Spur. Mit ausladenden Schritten war sie gegangen. Hatte sie es eilig, von ihm wegzukommen?

Er blieb stehen und überlegte, ob er rufen sollte. Aber ausgerechnet hier verlief der Weg näher am Fluß und das Wasser plätscherte in einer Rinne unter dem Eis. Seine Stimme würde nicht weit tragen.

Er schaute sich um. Die Felder. Umgefallene Holzzäune. Die Oxelallee, die nach Nirgendwo führte, weil der dunkelrote Kaplanshof im letzten Jahr abgebrannt war. Die zwei Bauernhöfe etwas weiter weg, die »das Dorf« genannt wurden, obwohl nur zwei Menschen dort wohnten und die waren Brüder. In nördlicher Richtung, inzwischen hatte der Weg nämlich eine Biegung gemacht, das Werksgelände mit Silo und Ziegelei, Gut, Kapelle und roten Arbeiterreihenhäusern. Weiter weg gruppierten sich einige dreigeschossige Häuserblocks um den Supermarkt und das Schwimmbad.

Der Verkehr auf der Landstraße belebte sich, je höher die Sonne hinter den beschlagenen Scheiben stieg. Aber niemand ging spazieren, weder mit ausladenden noch mit kurzen Schritten. Kein lebendiges Wesen weit und breit, nur die Spuren, die weiterführten.

Er überlegte, ob er den Kaffee abgestellt hatte. Und wenn sie jetzt die große Runde bis zur Abzweigung gegangen war und hinter seinem Rücken nach Hause kam und sich wunderte, wo zum Teufel er abgeblieben war? Der Raureif lag dick auf den Telefondrähten und

Stromleitungen. Die Birken sahen wie geklöppelt aus. Es knirschte unter seinen Schuhen. Hatte es bei ihr auch geknirscht?

Sie war nicht zur Abzweigung an der Landstraße abgebogen. Statt dessen war sie einem halb geräumten Weg gefolgt, der durch ein lichtes Laubholzwäldchen nach Tjärtorp führte. Der Teerhändler hatte dort Mitte des neunzehnten Jahrhunderts gewohnt. Danach war es als Sommerhaus genutzt worden. Jetzt wohnte dort ein Fernseh-Mensch, ein Star. Einer von denen, die man fast jede Woche auf dem Bildschirm sah und der so was wie eine Kulturpersönlichkeit war. Sein Steckenpferd war die Mundart, er machte Aufnahmen und fuhr durch die Gegend. Aber er trat auch in vielen anderen Zusammenhängen auf: Umwelt und körperliche Züchtigung, unabhängige Theatergruppen und Fluor, Hausfrauenrente und »Gebt uns die Luxustelegramme zurück«. Keine Debatte war ihm fremd, er wußte zu allem etwas zu sagen.

Er sei ein netter Kerl, sagte der Förster, der ihn in der Schlange bei der Bank und im Supermarkt getroffen hatte. Die anderen hatten Verständnis für seine Frau, die ihn verlassen hatte. Hier auf dem Land schaltete er einen Gang runter, könnte man sagen: Er fuhr Volvo, kam zum Maifeuer, trug seine Alkoholration aus dem Laden nach Hause und benahm sich wie die meisten hier. Das einzige, was ihn von den anderen unterschied, war, daß er letztes Jahr Weihnachten beim Landfrauenverein eine amüsante Rede gehalten hatte und vom Pfarrer vorgeschlagen worden war, im nächsten Jahr die Rede zum Mittsommernachtsfest auf dem Werksgelände zu halten.

Dorthin war sie abgebogen. Nach Tjärtorp. Dabei gehörte sie nicht zu den Neugierigen. Sie hatte zwar mal erzählt, daß sie einen Kurs zusammen besucht hatten, allgemeine Kunstgeschichte. Aber sie hatte nicht den Eindruck gemacht, als ob sie was mit ihm zu tun haben wollte, als sie erfahren hatte, daß sie Nachbarn waren. Im Gegenteil.

Es kribbelte in seinem Magen, als ob eine ungeduldige Schneiderin zwei Raffäden zusammenzog. Er sollte jetzt einfach umkehren und nach Hause gehen. Den Fernseher einschalten. In die Sauna gehen. Das Mittagessen vorbereiten. Es gab viel zu tun. Früher oder später würde sie schon zurückkommen. Sie war kein drastischer Mensch.

Kurz bevor der Weg aus dem lichten Waldstück herausführte, bildete er ein kleines Rondell. Vielleicht hatten die Waldarbeiter dort ihre Holzstapel gehabt. Es gab verschneite Spuren von Raupenfahrzeugen, Autos und vielleicht auch Pferden. Die Abdrücke waren undeutlich, halb verwischt. Er hatte nicht vor, ein Vergrößerungsglas zu benutzen. Er wollte nach Hause und die Sauna anstellen. Oder den Fernseher. Er konnte sich nicht entscheiden, so weit weg von den Schaltern.

Hier vom Rand des Wäldchens aus konnte man Tjärtorp sehen. Der Rauch stieg schmal und wollig wie ein Pfeifenreiniger direkt in das Grau des Himmels. Der Star war zu Hause.

Er machte auf dem Absatz kehrt, ostentativ, so daß eine kleine Kuhle im Schnee entstand. Da sah er mit dem linken Auge, sozusagen indirekt, etwas Blaues auf dem Weg. Es ragte aus dem Schnee, eine glänzende Kunstoffverpackung, auf die etwas gedruckt war.

Er stutzte, und eine Reihe Erinnerungsfetzen schossen ihm durch den Kopf, während er sich auf den Fersen zurückdrehte. Das war die bekannteste Marke, sicher. Aber es war doch verdammt noch mal zu kalt, um es draußen zu machen, an einem Tag wie diesem. Es war schließlich Raureif!

Die Verpackung starrte ihm entgegen. Das Stück, das aus dem Schnee herausragte, war kaum größer als ein Mauseohr. Es würde ihn zwei Sekunden kosten, dorthin zu gehen und festzustellen, ob es das war, was er glaubte. Aber was würde das beweisen? Hier konnte schließlich langgehen, stehen oder liegen, wer wollte, gegen einen Baumstamm gelehnt oder im Auto, warum nicht. Man konnte ohne weiteres hier wenden, mit dem Auto, daran hatte er doch gerade selber noch gedacht.

Er stand wie erstarrt da, der Film hatte sich aufgehängt. Plötzlich wurde er von einem zweifachen Gefühl ergriffen: einer Art wilder Freude und einem herben, traurigen Schmerz. Gleichzeitig. Wie eine Ohrfeige auf der einen Wange und einem Streicheln auf der anderen.

Die eigentümliche Freude überwog, er war fast aufgekratzt, als er sich halb laufend auf den Heimweg machte. Die schwarzen Waldstiefel dröhnten auf dem Schnee, er sah kleine Schneefederwolken emporstieben wie Hermesflügel. War er der Rachegeist oder der Apostel des Leichtsinns? Er könnte wütend werden und sie verlassen. Er könnte sich auch die Freiheit nehmen, das Gleiche zu tun. Und überhaupt, vielleicht war sie es ja gar nicht. Natürlich war sie es nicht. Das sähe ihr nicht ähnlich. (Und sähe es dem anderen, dem Star, ähnlich – was wußte er schon darüber? Und wer ähnelte was oder wem? Auch darüber wußte er nichts.)

Voll Ungewißheit trampelte er sich im Vorflur den Schnee von den Schuhen und rief ein deutliches »Hallo, mein Liebling!«

Jetzt hatte er sich verplappert. Man konnte nicht wütend sein nach so einer Begrüßung. Mißtrauisch dagegen schon. Schlau. Berechnend. Sollte er sagen, daß er einen ganz anderen Weg gegangen war? Ja, natürlich. Steckte er damit nicht schon mit ihnen unter einer Decke?

Niemand antwortete. Das Küchenhandtuch lag immer noch an der gleichen Stelle. Eine frisch geschlüpfte Winterfliege flog gegen die Scheibe; er ließ sie hinaus, sie pumpte ein paar Mal Luft und fiel wie ein Tintenklecks auf einen weißen Bogen Papier.

Er machte Kaffee heiß und holte die Zeitung. Er hatte den Spaziergang fast vergessen, so versunken war er in einen Artikel über fehlerhafte Wärmeisolierung in Holzhäusern – seine Doktorarbeit handelte von der Isolierungskapazität von Holzwänden bei extremen Temperaturschwankungen –, als sie plötzlich in der Küche stand. Die Augen glitzerten tiefblau, in ihren Stirnhaaren schmolzen ein paar Schneeflocken, die Wangen glühten.

»Ah, ein Kaffee tut jetzt gut!« sagte sie mit ihrer sanften, fast schnurrenden Stimme, und das breite Lächeln weckte sofort ein Lächeln in seinem Gesicht.

»Du bist aber weit gegangen!« sagte er und spürte schon wieder so ein sonderbares Ziehen in der Magenmuskulatur.

»Ja, aber nicht zu weit«, sagte sie und glitzerte noch ein bißchen mehr, um den abgestandenen Witz zu überspielen.

»Willst du es getoastet?« fragte er und merkte zu seiner Verwunderung, daß die Hand mit der Brotscheibe zitterte.

Sie stand vornübergebeugt im Flur und zog die schmalen Stiefel aus.

»Ja, danke«, sagte sie mit fremder Stimme, wegen der Anstrengung. »Zwei Scheiben. Ich bin schrecklich hungrig.«

Er fühlte sich auch hungrig, als er sie so dastehen sah. Ist sie wirklich hungrig, dachte er, oder sehr satt? Oder ist ihr Appetit bloß angeregt worden? Eigentlich dachte er das wohl nicht, es war eher wie ein Schalter, der umgelegt wurde, eine Bremse, die nachgab, Starkstrom, der eingeschaltet wurde, oder eine plötzliche Landhebung.

»War es schön?« fragte er und zeigte zum Stuhl, auf den er ihretwegen mit ein Fell gelegt hatte. Aber sie setzte sich ihm gegenüber an den Tisch, wie in seiner Stadtwohnung, und ihre Füße schoben sich unmerklich zwischen seine.

»Ja«, sagte sie mit Nachdruck. »Das war es wirklich. Obwohl ich mich fast verlaufen hätte. Ich kam an die Landstraße und war ganz sicher, daß ich rechts gehen müßte. Hast du nicht gestern gesagt, daß es einen Rundweg gibt, der hierher zurückführt? Das stimmt nicht.«

Er legte seinen besockten Fuß auf ihren Schoß. Ihre Augen bekamen einen bekümmerten Ausdruck, den er kannte. Sie fischten nach etwas in seinem Blick wie eine gierige Kinderhand in einer karamellverklebten Tasche.

Es wurde so still.

»Wollen wir den Kaffee hinterher trinken?« fragte er und spürte, wie sie das Bein ein wenig zur Seite schob, sodaß sein Fuß bequem zwischen ihre Schenkel rutschte, die Ferse auf dem Stuhlsitz abgestützt.

»Ja«, sagte sie leise und wischte sich schnell über den Mund, an dem einige Brotkrümel hängen geblieben waren, und erhob sich, gehorsam wie eine Bürohilfe, wenn die Kaffeepause zu Ende ist. Und sie sagte noch einmal »Ja« und sein grauer Zottelfuß schlug auf den Boden. Er streckte seine Arme nach ihr aus.

Der Film am zweiten Weihnachtsfeiertag war längst nicht so komisch, wie die Ansage versprochen hatte. Das sind die Filme aus den 30ern selten, ob das nun an der Geschwindigkeit liegt oder daran, daß sie schwarzweiß sind. Sie saßen auf dem niedrigen, blumengemusterten Sofa im Salon und gähnten. Dort, wo jetzt der Fernseher stand, hatten seine Eltern den alten Radioapparat aus dunklem Eichenfurnier gehabt, mit einer leuchtenden Europa-Karte, auf der die Radiostation, die man gerade hörte, wie ein roter Stecknadelkopf glühte. Etwas anderes als Stockholm, Berlin oder London hatte nie geleuchtet, so weit er sich erinnern konnte.

»Haben wir nichts ...«, begann sie, verbesserte sich aber schnell: »Hast du nichts Süßes im Haus?«

»Nein«, sagte er und küßte ihr Ohrläppchen. »Wir haben nichts Süßes im Haus.« Näher würde er einem Heiratsantrag nie kommen, und das wußten sie beide.

»Mal gucken«, sagte sie und stemmte sich schwerfällig aus dem Sofa hoch, »ob ich nicht was in der Manteltasche habe.«

Sie verschwand im dunklen Flur. Es schneite wieder. Die Lichter im Fenster erleuchteten ein kleines Stück der Welt dort draußen, die Flocken kamen und verschwanden, kamen und verschwanden in einem ungleichmäßigen, diagonalen Rhythmus.

»Sieh mal, was ich gefunden habe!« rief sie mit Schulmädchenstimme und hielt eine Tüte mit Karamellbonbons hoch. Er verknüpfte blitzartig ihr Hochstemmen aus dem Sofa mit ihrer übertrieben fröhlichen

Stimme und dachte: Möge sie mit zunehmendem Alter bloß nicht kindischer klingen; jetzt ist noch alles offen.

Sie sank neben ihm aufs Sofa, und jeder für sich schälten sie die Bonbons aus der dunkelblauen Verpackung mit dem Aufdruck und schoben sich ein Karamell zwischen die Lippen, die immer noch ganz empfindlich waren nach den morgendlichen Bissen.

Bedächtig faltete er das blaue Papier zentimeterweise zusammen, immer kleiner und kleiner, bis es ein kleines Rohr war, blau und glänzend wie das Hinterteil einer Libelle.

»Gut«, sagte er. »Wann hast du die gekauft?«

»Heute morgen. Habe ich nicht erzählt, daß ich bis zum Werksgelände gegangen bin, zum Kiosk an der Bushaltestelle?«

»Nein, hast du nicht erzählt. Nur, daß du weit gegangen bist.«

Sie könnte sie genauso gut vom Star bekommen haben, dachte er trotzig. Und was hat es zu bedeuten, daß es das gleiche Papier ist, das ich im Schnee gesehen habe? Und wie war sie dorthin gekommen, wenn sie zuerst zur Ziegelei gegangen war? Wer hatte sie in diesem Fall gefahren, und wer benutzte Kondome, und wer aß Karamellbonbons und ... So konnte es unmöglich weitergehen.

»Was machst du eigentlich, wenn wir nicht zusammen sind?« fragte sein Mund.

»Wie meinst du das? Machen? Eine ganze Menge. Wie meinst du das?«

»Ich meine: Woran denkst du?«

»An dich«, sagte sie leise. »Ich denke viel an dich.«

»Aber nicht die ganze Zeit?« fuhr er fort.

»Nein, nicht die ganze Zeit«, sagte sie mit einem Lachen.

Und er spürte, daß es immer seltener werden würde,
wenn er jetzt weiter fragte.

*Aus dem Schwedischen von Maike Dörries*

Jostein Gaarder

# Der Mann, der nicht sterben wollte

Ein Verrückter stürzt in ein Glasgeschäft und zerbricht
Kristall und Porzellan, so daß die Scherben im ganzen
großen Ladenlokal klirren. Die Angestellten versuchen, ihn zurückzuhalten, aber seine Wut ist viel zu
groß. Ehe die Polizei ihn überwältigen kann, hat er
einen Schaden von über hunderttausend Kronen angerichtet. Der Mann wird abgeführt, der Laden sieht aus
wie ein Schlachtfeld.

Aber alles hat schon früher an diesem Tag angefangen.
Der Berserker wurde zu seinem Betriebsarzt gerufen.
Und dort erfuhr er, daß er Krebs hatte. »Und leider«,
fügte der Arzt hinzu, »hat es schon ins Lymphsystem
gestreut.«
    Eine eindeutige Diagnose also. Was die Sache ein
wenig komplizierter machte, war, daß der Dreißig-
jährige nicht sterben wollte. Er war noch nicht so weit,
wie man sagt.
    Er weigerte sich, sich der Todespflege auszuliefern.
Er lebte gern und sah durchaus keinen einsichtigen
Grund, warum er sterben sollte. Ihm fehlte jegliche
Verhandlungsbereitschaft. Er wehrte sich mit aller
Macht.

Der Arzt, ein wahrer Humanist, hatte sofort Verständnis für die Anfechtungen seines Patienten. Aber sie machten auf ihn keinen weiteren Eindruck. Schließlich war er ein alter Profi. Er hatte schon häufiger mit ähnlichen Fällen zu tun gehabt. Dieser Patient war nicht der erste Mensch in der Geschichte, der sterben mußte. Und der letzte würde er auch nicht sein.

Diese weisen Überlegungen hatte er angestellt, während er den Mann nach den Handauflegungen und guten Wünschen, die bei solchen Anlässen angebracht sind, vor die Tür setzte.

»Das wird schon alles gutgehen, Sie werden sehen«, sagte der Arzt zum Abschied.

Der Patient hätte gern gewußt, was er mit »das« gemeint hatte.

Dachte er dabei an den eigentlichen Prozeß des Sterbens? Oder war er fromm und spielte darauf an, wie es dem Kranken im Jenseits ergehen würde?


Johnny Pedersen taumelt hinaus auf die Straße. Er kann die Geräusche der Stadt nicht auseinanderhalten. Alles ist ein einziger zusammenhängender Lärm, ein Trompetenstoß gegen sein Trommelfell.

Guten Morgen, Johnny! Du hast Krebs. Du bist mit der Aussicht vor die Tür gesetzt worden, daß du bestenfalls noch einige Monate zu leben hast. Herzlichen Glückwunsch!

Johnny hatte einen ausgeprägten Hang zu Schlußfolgerungen. Grundsätzlich stellte er logische Überlegungen an. Nicht alle todkranken Patienten sind mit dieser Eigenschaft belastet. Kranksein ist das eine. Etwas ganz anderes ist es, einzusehen, daß man sterben muß.

In einem halben Jahr, dachte der Unglückliche, in

hundert Tagen oder so gibt es mich nicht mehr. Die Stadt, in der ich jetzt lebe, wird noch immer existieren. Das Leben wird weitergehen wie vorher. Mein Haus steht dann noch an derselben Stelle. Meine Schuhe werden für eine oder zwei Kronen auf irgendeinem Flohmarkt verkauft. Und die Frau, mit der ich Tisch und Bett teile, sie steht vor dem Spiegel und trägt Wimperntusche auf. Aber ich – ich bin nicht mehr da.

Er mußte nicht nur von der Welt Abschied nehmen, sondern auch von sich selber.

Lebwohl, Johnny Pedersen, es war nett, dich kennenzulernen. Danke, daß ich du *sein* durfte, Johnny Pedersen, danke für die Leihgabe. Jetzt ziehe ich mich zurück, verstehst du. Und du – du verschwindest in der Geschichte.


Johnny Pedersen maß auf Strümpfen 1,85 m, und er war ein kräftiger Mann. In seiner Jugend hatte er mehrmals Meinungsverschiedenheiten mit seinen Fäusten entschieden. Im späteren Leben war ihm das im Suff auch weiterhin passiert. Er stand nicht gern mit dem Rücken zur Wand.

Johnny geht durch die Stadt und kocht vor Wut über das, was der Arzt gesagt hat. Einmal versetzt er einer Laterne einen Schlag. Aber danach schreit er vor Schmerz auf, und die Laterne steht noch immer da.

Dann haut er mit der Faust auf die Motorhaube eines parkenden Wagens in der 200 000-Kronen-Klasse. Der Schlag hinterläßt eine hübsche Beule. Aber ehe irgendwer darauf reagieren kann, ist Johnny schon unterwegs ins Glasgeschäft. Hier wird er Auslauf für seine Angst finden.

Johnny hat Angst, aber er ist deshalb nicht handlungsunfähig. Er pflanzt seine Verzweiflung in einen

Regalmeter nach dem anderen. Er sucht sich die Por-
zellanabteilung. Und das Porzellan versteht ihn besser
als der Arzt. Das Porzellan versteht, daß Johnny seinen Protest ernst meint. Eine teure Porzellanvase nach
der anderen nimmt Johnnys Angst in sich auf. Bald hat
er den ganzen Laden mit seinen Fäusten signiert.

Im Streifenwagen kommt Johnny wieder zur Ruhe. Er
hat eine Arbeit erledigt, die erledigt werden mußte,
und das gründlich. Er hat sich abreagiert, er hat den
Nachrichten dieses Vormittags ein Feedback verpaßt.
Johnny hat sich markiert. Er ist keiner, der sich aus
der Geschichte hinausschleicht, ohne die Welt auf seinen Abgang aufmerksam zu machen. Er wird nicht
sterben, ohne Spuren hinterlassen zu haben. Und damit ist der Fall erledigt.
Die Bullen lassen die Handschellen um Johnnys kräf-
tige Fäuste zuschnappen. Und der Mann neben ihm
sieht ein bißchen sauer aus – als sei sein eigenes
Wohnzimmer zu Klump geschlagen worden.
Aber die können mich doch unmöglich ins Gefängnis
sperren, überlegt Johnny.
Er hat etwas getan, was man lieber lassen sollte. Na
gut. Aber warum? Was er getan hat, ist nicht nur ver-
ständlich. Es war auch nötig.
Nein, Johnny muß nicht ins Gefängnis. Johnny muß
sterben. Johnny war schon zum Tode verurteilt worden, noch ehe er irgend etwas verbrochen hatte. Also
hat er auf seine Weise versucht, eine Art Gleichgewicht
zwischen Verbrechen und Strafe herbeizuführen.

Beim Verhör gibt Johnny alles zu. Er hat Kristall und
Porzellan für eine halbe Million Kronen zerschlagen.
Doch – das gibt er zu. Aber er will nicht verraten, was

ihn zu dieser Tat bewogen hat. Das will er keinem dahergelaufenen Polizisten auf die Nase binden. Johnny denkt weiter. Johnny hat einen Plan.

»Die Porzellanvasen«, sagt Johnny Pedersen, »die Porzellanvasen waren in den Regalen im Laden aufmarschiert. Und Tausende von Menschen sind schon an ihnen vorbeigegangen, ohne auch nur eine einzige auf den Boden fallen zu lassen. Vielleicht wird ab und zu einmal eine einzelne Vase umgestoßen. Von einer alten Dame, einem Parkinson-Patienten oder einem herumtobenden Kind. Aber dahinter steckt keine Absicht. Ist es da so seltsam, daß eines schönen Tages – sagen wir, nach fünfzig Jahren – ein Mensch kommt, ich meine, einer unter Zehntausenden, der eingreift und sich ganz bewußt über die Porzellanvasen hermacht? Diese Porzellanvasen haben mich provoziert, Herr Wachtmeister. Sie sind so verdammt dekorativ. Aber die Welt, die Welt ist nicht dekorativ. Die Welt ist brutal ...«

Johnny Pedersen wird wegen groben Unfugs angeklagt. Ihm wird ein Verteidiger angeboten, aber er will sich selber verteidigen.

»Der Fall ist ganz einfach«, sagt Johnny. »Ich hatte keine Wahl.«

»Sie brauchen aber trotzdem einen Verteidiger.«

»Diese Sache geht nur mich an. Mich ganz allein. Ich stehe hier wie auf einem öden Berggipfel zwischen Himmel und Erde. Aber ich habe einen Wunsch. Ich möchte, daß die Verhandlung noch vor Weihnachten stattfindet. Zu Weihnachten werde ich aller Wahrscheinlichkeit nach mit ganz anderen Dingen beschäftigt sein ...«

Johnny trat mit einem kühlen Selbstbewußtsein auf,

das vor dem Hintergrund seines unmotivierten Auftritts seine Umgebung erschreckte.

Offenbar hatten sie es mit einem Rambo zu tun, einem Proleten – und nicht mit einem Gefangenen aus Gewissensgründen.

Andererseits war er nicht betrunken gewesen.

Was hatte ihn also um den Verstand gebracht? Man stürmt doch nicht ganz ohne Grund in ein Kaufhaus und zerschlägt Porzellan für eine Million Kronen!

In Polizeikreisen begann man, dem Prozeß mit einer gewissen Erwartung entgegenzusehen.

Der Prozeß wird eröffnet. Es ist Johnnys Tag. Er stellt sich pünktlich ein, und er hat keinen Verteidiger.

Johnny Pedersen nennt seinen Namen, sein Geburtsdatum und seine Anschrift. Die Anklage wird verlesen, und Johnny bestätigt, daß sich alles so zugetragen hat. Das macht er nicht ohne einen gewissen Stolz. Er hat etwas getan, er hat sich markiert, er ist immerhin bemerkt worden. Er wird nicht mit gesenktem Kopf von dannen gehen. Aber er erklärt sich für unschuldig.

Der Staatsanwalt nimmt ihn ins Verhör.

»Sie sind also von der Straße in den Laden gegangen. Und dann – ja, dann haben Sie angefangen, teure Porzellanvasen zu zerschlagen?«

»Das ist richtig, Herr Staatsanwalt. Und ich finde, Sie sollten mir zugestehen, daß ich mit einer gewissen Gründlichkeit vorgegangen bin.«

»Sind Sie sich darüber im Klaren, daß sich der Schaden auf 850 000 Kronen beläuft?«

»Das ist mir mitgeteilt worden. Also, da sehen Sie . . .«
»Wie bitte?«

»Da sehen Sie, wie gründlich ich war und wie schnell ich gehandelt habe.«

»Sie ... das ist ein Fall von Mißachtung des Gerichts!«

»Von Porzellanvasen, Herr Staatsanwalt.«

»Aber warum? Sie sind nicht vorbestraft. Sie haben einen guten Arbeitsplatz. Sie sind ... naja, Sie sind eigentlich eine Stütze der Gesellschaft.«

»Tut mir leid, Sir. Diese Stütze ist wurmzerfressen.«

»Können Sie dem Gericht erklären, was Sie zu dieser Tat getrieben hat?«

»Ich will es versuchen«, sagt Johnny und blickt dem Staatsanwalt in die Augen. »Eine Stunde, ehe ich diese Porzellanvasen erledigt habe ..., da hatte ich erfahren, daß ich bald sterben muß. Ich habe nur noch einige Wochen zu leben. Sehen Sie diese kleine Pillendose? Sie enthält Morphium ...«

»Aber ...«

»Ich war wütend. Ich mußte mich an irgend etwas dafür rächen, daß ich sterben muß. Das Leben in dieser Stadt kann nicht einfach so weitergehen wie bisher.«

»Nun gut – ich gebe zu, daß diese Mitteilung mich den Fall in einem neuen Licht sehen läßt. Sagen Sie mir – möchten Sie, daß diese Verhandlung abgebrochen wird?«

»Durchaus nicht.«

»Vor dem Hintergrund dieser neuen Tatsachen wirken Sie auf mich ungeheuer ausgeglichen.«

»Das ist sicher wahr. Wenn man einige hundert Kristallschüsseln zerschlagen hat, wird man ausgeglichen. Dann wirkt der Tod nicht mehr so sinnlos. Dann geht die Rechnung schon eher auf. Ich kann Ihnen versichern, Herr Staatsanwalt, daß nicht eine einzige Porzellanvase umsonst zerschlagen worden ist.«

»Aber Sie müssen doch zugeben, daß es sinnlos ist,

Kristall und Porzellan für 850000 Kronen zu zerschlagen.«

»Porzellan zu zerschlagen, kann vor Sinn geradezu strotzen, Herr Staatsanwalt.«

»Das kann ich nicht akzeptieren. Wir – wir müssen alle sterben. Und wir können doch nicht alle deshalb Porzellanvasen zerschlagen.«

»Da sagen Sie etwas Wahres! Die meisten Menschen wandern so diszipliniert ins Jenseits, wie sie vorher Verkehrsregeln befolgt haben. Aber ich kann unmöglich der einzige sein. Es müssen noch viele andere auf denselben Gedanken gekommen sein.«

»Um so wichtiger ist es für die Gesellschaft, diese Form von Vandalismus zu unterbinden. Und auf jeden Fall sind Sie für den Schaden voll haftbar zu machen ...«

»Was das betrifft, so müssen Sie begreifen, daß ich nicht solvent bin. Ich bin pleite, Herr Staatsanwalt. Ich habe nur noch wenige Tage zu leben. Wenn Sie mit Ihrer Familie den Weihnachtsbaum schmücken, bin ich nicht mehr da. Und ich werde nie mehr zurückkommen.«

»Sie wollen also, ehe Sie verschwinden, noch soviel wie möglich zerstören?«

»Im Examen durchzufallen, Herr Staatsanwalt, arbeitslos zu werden oder von der Geliebten im Stich gelassen zu werden ...«

Zum ersten Mal legt der Angeklagte hier eine kurze Pause ein.

»... kann einen zur Verzweiflung treiben. Es gibt Menschen, die dann einen Mord oder auch Selbstmord begehen. Aber sterben zu müssen, kann einem genauso schrecklich vorkommen ... Man setzt nicht nur ein Examen in den Sand. Man verliert nicht nur einen

Freund. Man verliert sich selber. Und das war für mich ein explosives Erlebnis.«

»Und Sie meinen, daß die Gesellschaft mit solchen – ›Explosionen‹ – rechnen muß?«

»Das muß die Gesellschaft entscheiden. Ich bin gerade dabei, die Gesellschaft zu verlassen. Und die Wirklichkeit, Herr Staatsanwalt. Den ganzen Mistkram. Verstehen Sie, was ich sagen will? Dieses ... dieses Porzellanmassaker ist nur ein Vorgeschmack auf die Unwirklichkeit.«

»Was sagen Sie da?!«

»Aber, aber! Ich möchte, daß das Glasgeschäft und der gesamte juristische Apparat damit gewarnt sind. Bezeichnen Sie es als gute Lehre. Denn mir ist klar, daß sich solche Einfälle leicht verpflanzen können. Sie können eine Lawine auslösen. Ich bin ja – wie Sie ganz richtig angemerkt haben – nicht der einzige, der sterben muß. Aber ich bin der erste, der eingegriffen hat. Vielleicht eröffne ich damit den Reigen der Porzellanterroristen kommender Generationen.«

»Porzellanterroristen?«

»In hundert Jahren ist vielleicht keine einzige kleine Vase und kein winziger Krug mehr übrig, die noch zerschlagen werden könnten. Alle sind bereits aus Protest gegen den Tod vernichtet worden. Das Zeitalter des Porzellans ist dann vorbei ...«

Einige Jahre sind vergangen, seit Johnny Pedersen als ein Stück Angst in menschlicher Gestalt durch die Stadt wankte, seit er im Glasladen seine Muskeln anspannte und danach wegen groben Unfugs vor Gericht gestellt wurde.

Johnny wurde zu zwei Monaten Haft ohne Bewährung verurteilt. Nicht aufgrund von Wiederholungsgefahr, nicht, weil das Gericht kein Mitleid mit dem Angeklagten gehabt hätte, nicht, weil es seine Wut nicht verstehen könnte, sondern um kommenden Tätern kein Beispiel zu liefern.

Vier Wochen nach seiner Verhandlung verschied Johnny in einem Krankenhaus in der Stadt. Einige Tage später wurde er im städtischen Krematorium eingeäschert.

Ich selber spaziere oft über den Friedhof, auf dem Johnnys Urne unter einer Decke aus Gras und weißen Kleeblüten begraben liegt.

Hier ist es so friedlich. Fast schon zu friedlich für meinen Geschmack. In einer Urne unter dem Gras liegen Johnnys sterbliche Überreste. Alles, was noch von den angespannten Muskeln dieses starken Mannes übrig ist, ist schwarzer Staub.

Bisher habe ich diesen Staub als Natur betrachtet. Johnny wurde am Ende mit der Allnatur vereint.

Ich habe immer zu einem pantheistischen Weltbild geneigt. Wenn wir sterben, kehren wir zu dem Element zurück, aus dem wir einst gekommen sind. In gewisser Hinsicht kehren wir heim. Zu sterben bedeutet, zur Ruhe zu finden.

Wenn ich daran denke, was Johnny Pedersen empfunden haben muß, als er ins Glasgeschäft stürmte, begreife ich, daß ich bisher die Natur verharmlost habe. Die Natur befindet sich nicht in göttlicher Harmonie. Die Natur liegt im Streit mit sich selber.

*Aus dem Norwegischen von Gabriele Haefs*

Jonas Gardell

# Oma weint

Ein Weihnachtsspiel

Szene 1
(im Wohnzimmer)

PAPA: Na, schlecht sieht er ja nicht aus.

PUBERTIERENDER SOHN: Der steht schief.

PAPA: Ach was. Tannen sehen immer so aus.

PUBERTIERENDER SOHN: Nein, der steht schief.

MAMA: Jetzt streitet euch doch nicht!

FIA: Ich möchte die Kugeln daran hängen.

YNGVE: Nein, das mache ich!

FIA: Mama. Yngve läßt mich nicht die Kugeln anhängen!

MAMA: Yngve, jetzt mach hier keinen Ärger!

PAPA: Hört mit dem Krach auf, sonst dürft ihr beide nicht die Kugeln an den Baum hängen!

FIA UND YNGVE: ALTER ESEL!

PAPA: Das entscheidet die Sache, dieses Jahr gibt es überhaupt keine Kugeln.

MAMA: Aber, Karl, nun sei doch nicht so hart!

PAPA: Die müssen lernen, sich nicht so zu streiten.

PUBERTIERENDER SOHN: Jetzt steht er sogar noch schiefer.

PAPA (faucht): Das tut er überhaupt nicht.

PUBERTIERENDER SOHN: Der steht total schief!

PAPA: Kein bißchen. Wenn hier einer schief steht, dann du.

PUBERTIERENDER SOHN: Ich kann euch schwören, daß der bald umkippt.

PAPA: Jetzt hältst du den Mund! Ich will kein Wort mehr von dir hören!

FIA: Mama, Mama, Oma weint!

PAPA: Unsinn, ihr tränen nur ein bißchen die Augen, das kommt bei alten Leuten oft vor.

MAMA: Also, ich muß jetzt jedenfalls in die Küche und mich um den Schinken kümmern.

PUBERTIERENDER SOHN: Wann essen wir denn?

MAMA: Ich weiß nicht, schau doch mal im Fernsehprogramm nach!


Szene 2
(in der Küche)


MAMA (ruft): Das Essen ist fertig, bitte zu Tisch!

(außer der Großmutter läßt sich niemand blicken)

GROSSMUTTER (sauer, kommt mit ihrem Gehgerät): Ach, hier seid ihr also!

MAMA: Jetzt wird uns der Schinken aber schmecken, liebe Mama (ruft) Das Essen ist fertig, bitte zu Tisch!

YNGVE (in der Küchentür): Mama, du störst! Jetzt kommt die Micky-Maus-Sendung.

MAMA: Aber das schöne Essen!

YNGVE: Wir essen später, das mußt du doch einsehen. Übrigens weint Oma.

MAMA: Aber nein, sie hat nur ein bißchen Rauch von den Kerzen in die Augen bekommen.

Szene 3
(im Wohnzimmer)

FERNSEHANSAGERIN: Und jetzt möchten Donald Duck und seine Freunde allen ein wunderschönes Weihnachtsfest wünschen.

PAPA: Ist das Bild nicht ein bißchen unklar? (geht zum Fernseher und dreht daran herum)

YNGVE UND FIA: Hör auf, das Bild ist doch gut!

PAPA: Unsinn. Ich will doch bloß ... (das Bild ist verschwunden)

YNGVE, FIA UND DER PUBERTIERENDE SOHN: PAPA!

PAPA: Jajaja. (dreht weiter, ein neues Bild erscheint)

YNGVE, FIA UND DER PUBERTIERENDE SOHN: Hör auf, jetzt ist es doch gut.

PAPA: Sind die Farben nicht ein bißchen blaß?

YNGVE, FIA UND DER PUBERTIERENDE SOHN: Papa, du störst!

WEIHNACHTSMANN: Sag Mama!

PUPPE: Mama.

WEIHNACHTSMANN: Ho ho ho ho ho!

GROSSMUTTER (quengelig, kommt mit dem Gehgerät): Ach, hier seid ihr also.

YNGVE UND FIA: Oma, du versperrst uns den Blick!

FIA: Himmel, jetzt weint sie schon wieder.

PUBERTIERENDER SOHN: Die Tanne steht jetzt noch schiefer.

PAPA: Sei endlich still!

MOWGLI: Ameisen fressen?

BALU: Richtig schön im Sarg.

MAMA: Nein, ich muß mal nach dem Essen sehen. (geht)

PUBERTIERENDER SOHN: Ich garantiere euch, der fällt noch um. Der Christbaumständer ist zu klein.

PAPA: Jetzt bist du still! Hörst du?!
(Die Tanne kippt um)
PAPA: Ja, verdammt!
KOLIBRIS: Zum zum zum zum zum zum.
PUBERTIERENDER SOHN: Ich hab's ja gleich gesagt!
PAPA: Nichts hast du gesagt. Hilf mir lieber! (packt den
   Baum)
YNGVE UND FIA: Papa, du stehst im Weg. Kannst du das
   nicht später machen?
PAPA: Der Baum ist doch verdammt noch mal auf Oma
   gefallen.
FIA: Aber jetzt fängt »Ferdinand« an.
PAPA: Ja, wenn das so ist. (läßt den Baum los)
GROSSMUTTER: Uff!
FERDINAND (mit hoher Stimme): Ich möchte lieber an
   den Blumen riechen!
YNGVE: Papa, Papa, Oma weint!
PAPA: Wie würdest du wohl reagieren, wenn ein Weih-
   nachtsbaum auf dich fällt?
GROSSMUTTER: Uff!
PAPA: Und wenn du einen Strohengel im Mund hät-
   test?
MAMA (kommt aus der Küche, genervt): Ja, ich wollte
   nur sagen, daß das Kartoffelpüree jetzt kalt ist. Jetzt
   müßt ihr kaltes Kartoffelpüree essen. Das wollte ich
   nur sagen. (geht)
FERNSEHSPRECHER: . . . und er ist ja so glücklich!


Szene 4
(etwas später, in der Küche, die letzte Szene. Das Dis-
ney-Programm ist zu Ende, die Familie setzt sich zu
Tisch)

MAMA: Ach ja, jetzt wollt ihr also essen. Na, dann setzt euch doch, jetzt ist das Essen schön kalt. Hoffentlich seid ihr jetzt zufrieden, wo ihr mir den Abend so richtig verdorben habt. Ich meine, da stehe ich nun stundenlang in der Küche, und ich konnte letzte Nacht nicht schlafen, weil soviel zu tun war; aber macht es euch nur gemütlich, denkt nicht an mich, bedankt euch nicht. Warum sollte ihr euch bedanken? Wer hat sich denn jemals bei mir bedankt? Was für eine Idee! Haltet euch an euren Vater, seht mal, wie gierig der den Schinken in sich reinstopft! Ich kann nur daran denken, daß dieser Schinken einmal zu einem glücklichen Schwein gehört hat! Ich kann nur daran denken, daß dieser Schinken einmal zu einem glücklich herumspringenden und hüpfenden kleinen Schwein gehört hat, das zufrieden grunzte und mit der Schnauze im Boden herumwühlte! Ich kann nur daran denken, daß auch dieses Schwein eine Mutter hatte, die es in ihrem Schoß getragen hat. Und sicher hatte diese Schweinemutter große Träume für ihr Kind, große Hoffnungen, und auch viel Leid ...

FIA (bricht in Tränen aus): Ich will keinen Schinken! Ich will keinen Schinken! Ich will nur Gemüse!

MAMA: Ach, mein Essen ist wohl nicht mehr gut genug. Das ist ja reizend. Wie nett von Fia, gerade am Heiligen Abend ihrer Mutter ins Gesicht zu spucken!

GROSSMUTTER (sauer, kommt mit ihrem Gehgerät): Ach, hier seid ihr also!

PAPA: Nein, jetzt essen wir. Jetzt lassen wir uns vom Essen den Mund verschließen.

PUBERTIERENDER SOHN: Und wer kaut für Oma?

PAPA: Erzähl mir bloß nicht, daß sie schon wieder ihr Gebiß vergessen hat!

YNGVE: Also, ich mach's nicht. Diesmal ist Fia an der Reihe!

FIA: Bin ich überhaupt nicht. Und ich will ja auch gar keinen Schinken.

MAMA: Aber, aber, jetzt zankt euch nicht! (erhebt sich) Ich glaube, wir haben irgendwo noch ein bißchen Knäckebrot, das können wir einweichen.

PAPA (spuckt den Schinken aus): Ja verflucht! Der Schinken ist ja noch halbroh!

MAMA: Ja, mein Vorschlag war das nicht, den in der Mikrowelle zu machen!

PAPA: Und von wem kam der dann? Von mir vielleicht?

YNGVE, FIA, DER PUBERTIERENDE SOHN UND DIE MAMA: JA!

PAPA: Also, das ist wieder typisch für dich, daß du die ganze Familie gegen mich aufhetzt.

MAMA: Also, hör mal, wenn das hier ein Stück von Strindberg wäre, dann könntest du dich jetzt wirklich bald auf die Zwangsjacke gefaßt machen.

PAPA: Schon möglich, aber wenn es ein Stück von Norén wäre, dann wärst du nur als Asche in einer Urne auf dem Büfett dabei!

PUBERTIERENDER SOHN: Hört jetzt auf damit! Das ist doch nur Blödsinn. Ich meine, wenn das hier ein Stück von Gardell wäre, dann wäre ich schwul.

MAMA UND PAPA: Das *ist* ein Stück von Gardell.

PUBERTIERENDER SOHN: Shit!

MAMA, PAPA, YNGVE UND FIA: AHA!

FIA: Mama, Oma weint.

MAMA: Ja, muß man denn nicht weinen, wenn man so einen in der Familie hat?

*Aus dem Schwedischen von Gabriele Haefs*

Knut Hamsun

# Weihnachtliches Gelage

## Eine Episode aus Bæverdalen

Ein breiter Schlitten jagt über den Weg, die Glocken
bimmeln. Frost, Schnee und Sterne.

Im Schlitten sitzt ein junges Paar. Sie sprechen nicht
miteinander; sie achtet nicht auf ihn, wenn er etwas
sagt. Bei der Brücke, wo der Wind besonders hart
weht, fragt er, ob sie friere; mürrisch antwortet sie, sie
friere. Bei den großen Feldern sagt er:

»Ja, jetzt sind wir bald zu Hause.«

Sie waren bald zu Hause, die Lichter des Hofes
leuchteten ihnen schon entgegen. Auf dem Hofplatz
stand ein Mann, der Großknecht.

»Guten Abend, Brede«, grüßen die Fremden.

»Guten Abend«, antwortet der Knecht und will die
Zügel nehmen.

Die junge Frau steigt aus dem Schlitten, streift den
Handschuh ab und reicht dem Knecht die Hand. Sie
kennen sich schon. Ihre Hand ist kalt, seine heiß. Sie
sprechen nicht miteinander, er sagt lediglich:

»Martha, das sehe ich gleich.«

Sie geht mit ihrem Mann ins Haus, und Brede führt
die Pferde in den Stall.

Einige Minuten später betritt Brede die Küche und

setzt sich auf die lange Bank. Er ist ein junger, starker, hochgewachsener Mann. Lärm und Gelächter aus den Wohnstuben dringen bis zur Küche; alle hören, daß auf dem Hof gefeiert wird. Und die Mägde haben mit dem Abendessen alle Hände voll zu tun.

Die Tür öffnet sich, und Martha erscheint.

Sie begrüßt das ganze Gesinde und streichelt den Hund, dann wendet sie sich an Brede und bittet ihn, ihren einen Handschuh zu suchen, sicher hat sie ihn draußen beim Schlitten verloren. Dabei trifft das Licht der Lampe ihr Gesicht, sie ist kräftig, jung und blond. Brede blickt sie kurz an, dann geht er stumm aus dem Haus.

Bald darauf folgt ihm Martha. Sie findet Brede beim Schlitten.

»Kannst du den Handschuh finden?« fragt sie.

»Nein«, antwortet er.

Sie suchen beide weiter. Schließlich sagt sie:

»Du hast dich im letzten Jahr kaum verändert.«

»O doch«, antwortet er. »Es war ein langes Jahr.«

»Ja«, sie stimmt zu. »Es war ein langes Jahr. Und nie bist du in unsere Gegend gekommen.«

Sie können den Handschuh nicht finden. Sie bleiben bei der Treppe stehen. Er sagt:

»Du frierst, Martha. Du bist nicht dick genug angezogen.«

»Ist doch egal«, sagt sie langsam.

Ihr Mann kommt aus dem Haus. Er sieht munter und lustig aus, hat mehrere Glas Schnaps getrunken. Martha mustert ihn unwillig und geht hinein.

»Trink du doch auch ein Glas, Brede«, sagt ihr Mann gutmütig.

Beide gehen in die Küche, die Flasche wird geholt. Beim dritten Glas weigert sich Brede, noch mehr zu trinken, aber der Mann redet ihm weiter zu. Also trinkt er noch ein viertes Glas, dann springt er auf und verläßt die Küche.

Er geht hinunter in die Gesindestube. Zwei andere Knechte spielen beim Kerzenschein Karten. Es ist fast acht Uhr.

Brede setzt sich allein in eine Ecke. Er horcht auf Schritte im Gang.

Jetzt kommt jemand, um uns zum Essen zu rufen, denkt er. Und dann kommt Martha.

»Spielst du nicht?« fragt sie ihn.

»Nein«, antwortet er.

»Dann kannst du mir wohl kurz behilflich sein«, sagt sie.

Brede folgt ihr nach draußen.

»Was willst du?« fragt er.

Sie gibt keine Antwort. Im Gang ist es dunkel. Sie hat ihn an der Hand gefaßt, und er hört ihr Herz schlagen.

»Es ist so seltsam, dich wiederzusehen«, sagt sie.

Brede gibt keine Antwort. Sie fragt:

»Du machst dir wohl nichts mehr aus mir?«

»Nein«, antwortet er. »Geh wieder ins Haus, Martha.«

Eine Minute verstreicht, dann läßt sie plötzlich seine Hand los, stößt sie fort und sagt wütend:

»Ja, weg mit dir, laß mich vorbei!«

Verwirrt und ratlos bleibt er stehen. Er schaut auf den Hofplatz hinaus, aber sie ist bereits verschwunden.

Dann werden sie zum Essen gerufen. Brede geht in die Küche und setzt sich zu dem übrigen Gesinde an den Tisch. Nach einer Weile erscheint Marthas Mann abermals mit der Flasche. Sein Gesicht ist jetzt noch röter, noch lustiger, er schenkt allen ein, zuerst und zuletzt jedoch Brede. Auch Martha läßt sich in der Küche sehen, aber sie lacht nur laut und geht neben ihrem Mann her.

»Nun gib Brede doch noch einen Schluck«, sagt sie.

Der Mann schenkt ein. Brede trinkt ein Glas nach dem anderen, dann fragt er plötzlich:

»Warum soll ich eigentlich soviel trinken?«

»Trink«, sagt der Mann.

Wütend springt Brede auf, schnappt sich seine Mütze und stürzt davon.

»Hinterher!« ruft Martha.

Alles lacht. Martha verfolgt Brede, ihr Mann rennt lachend und johlend mit der Flasche hin und her. Immer mehr Festgäste kommen aus dem Haus, um sich den Auftritt anzusehen, auch Marthas Vater, der Hausherr, er schüttelt sich vor Lachen und hält sich den Wanst. Brede rennt zur Scheune hinunter, sieht, daß er verfolgt wird und klettert zielbewußt die Leiter hoch, höher und höher, bis er schließlich auf dem Dach der Scheune angekommen ist. Hier setzt er sich in den Schnee. Der Mond ist aufgegangen, der Abend ist blank und hell.

»Vorsicht, das kann gefährlich sein!« schreit Martha.

Brede gibt keine Antwort.

»Ist das denn nicht gefährlich?« ruft sie jetzt mit ängstlichem Gesicht.

Brede gibt keine Antwort. Der Mond scheint auf seinen kräftigen Körper, der auf dem Dach seinen Schatten wirft.

»Hinterher, Paul!« sagt Martha langsam und wütend.

Ihr Mann klettert die Leiter hoch. Er lacht und redet mit den Zuschauern, klettert, kommt auf der obersten Sprosse an, schaut über die Dachkante und nickt Brede zu.

»Brede«, sagt er.

»Was willst du von mir?« fragt Brede. »Ich werf' dich ihr auf den Kopf.«

Paul steigt auf das Dach.

»Ja, wirf mich ihr nur auf den Kopf, dazu bist du Manns genug«, sagt er. Er redet Brede gut zu, ist in jeder Hinsicht seiner Meinung, klopft ihm auf die Schulter. Er bietet ihm einen Schluck aus der Flasche an, und Brede trinkt, um ihm einen Gefallen zu tun.

Da sitzen sie nun. Die Festgäste kehren zu ihrem Festmahl zurück. Brede trinkt immer mehr, Paul umarmt ihn, sie stoßen auf gute Freundschaft an.

»Du hast Martha als erster gekannt«, Paul zwinkert mit den Augen und lacht. »Ihr seid ja fast miteinander aufgewachsen.«

Brede fragt mißtrauisch: »Was willst du jetzt eigentlich von mir hören? Frag sie doch selber.«

»Jetzt gib Brede doch etwas zu trinken«, ruft Martha von unten. »Willst du mich ins Verderben stürzen, willst du das?« fragt Brede.

Die Flasche wird geleert. Brede sitzt schwankend auf dem Dach. Unter ihm steht Martha und beobachtet alles.

»Schließlich ist nur einmal im Jahr Weihnachten«, sagt Paul mit einfältiger Miene und will wieder nach unten klettern.

»Warte noch!« ruft Brede ihm hinterher. »Ist die Flasche schon leer?« Er breitet die Arme aus und glotzt auf den Hofplatz hinunter. Er bewirft Paul mit Schnee und lacht aus vollem Hals.

Als Paul unten angekommen ist, sagt seine Frau:

»Und jetzt nimmst du die Leiter weg.«

Das hört Brede oben auf dem Dach, und er antwortet:

»Ja, nimm die Leiter nur weg. Ich springe runter.«

Er erhebt sich und macht sich für den Sprung bereit, tritt zurück und fällt auf das Dach. Träge und betrunken liegt er dann da und sieht zu, wie die Leiter weggenommen wird.

Auf dem Hof kehrt Ruhe ein, er schaut nach unten, kann keinen Menschen sehen und glaubt, er sei allein. Die Leiter wird wieder aufgestellt, aber Brede merkt das nicht, ihm fallen die Augen zu.

»Jetzt bringt endlich die Leiter«, murmelt er vor sich hin. Die Kälte tut ihre Wirkung, er schläft ein, dann fährt er plötzlich hoch. »Bring die Leiter, dann gebe ich dir etwas«, sagt er. »Ich habe etwas für dich.« Verwirrt und ungeheuer betrunken stemmt er sich vom Dach ab und läßt sich nach unten gleiten.

Ein Schrei ertönt, alles redet durcheinander, die Leute umringen ihn.

»Aber die Leiter steht doch da«, sagt Martha empört. »Ich habe sie zurückgebracht, da steht sie doch.«

Brede dreht sich im Schnee einige Male um sich selbst, dann erhebt er sich. Er hat sich die Stirn aufgeschlagen, er blutet, aber der Sturz hat ihn geweckt, verwundert lacht er und wischt sich mit fröhlicher Miene das Blut aus dem Gesicht. Er kann nicht stillstehen, er taumelt hin und her, und ein anderer Knecht packt ihn am Arm, um ihn zu stützen, seine Jacke öffnet sich über seiner Brust, und ein Handschuh fällt heraus.

Martha reißt die Augen auf, leidenschaftliche Freude jagt über ihr Gesicht, sie tritt näher an ihn heran, hebt den Handschuh auf und steckt ihn in die Tasche. »Er hatte meinen Handschuh«, sagt sie leise. »Er hatte ihn ja doch.«

Sie geht selber mit ins Haus, um Brede zu verbinden. Sein Rausch verfliegt langsam, sein harter Schädel ist bald geheilt. Er taumelt noch immer, seine Beine werden untersucht, und eins ist gebrochen. Martha fällt auf die Knie und bindet in aller Eile seine Schnürsenkel auf...

Zwei Jahre später wurde Martha Witwe, und noch ein Jahr darauf war Brede mit dem steifen Bein ihr Ehemann.

*Aus dem Norwegischen von Gabriele Haefs*

Lars Huldén

# Die Weihnachtsinsel

Den Namen hatten wir uns nur zum Spaß ausgedacht. Wir hatten von einer Weihnachtsinsel im Stillen Ozean gehört, und da wir nun gerade zufällig zu Weihnachten dort draußen waren, hatten wir den Einfall, unser Inselchen genauso zu nennen. Eigentlich hieß es nur Örarna oder Svartörarna, wenn man sich nach der Landkarte richtete. So heißt sie übrigens immer noch. Weihnachtsinsel hieß sie nur die paar Tage lang, die wir uns dort aufhielten und Aalraupen fischten. Mit von der Partie waren Bert, Kurt, Börje und ich. Mein Name ist Erik.

Es ist schon lange her, fast dreißig Jahre. Wir waren Burschen um die Zwanzig, die dachten, daß wir es einmal ausprobieren sollten, zu Weihnachten zum Fischen in die Schären hinauszufahren. Nun ja, den Heiligen Abend verbrachten wir zu Hause, damit der Haussegen nicht schief hing; am ersten Weihnachtsfeiertag aber machten wir uns auf den Weg. Man mußte eine Meile übers Eis gehen, so daß wir einige Stunden brauchten, bis wir am Ziel ankamen.

Nicht jeden Winter friert die Ostsee so weit und so frühzeitig zu, der Herbst jedoch war im November mit mehr als zwanzig Grad minus klirrend kalt gewesen. Somit war es nicht weiter verwunderlich.

Man sollte wissen, was man anziehen muß, wenn man aufs Eis hinaus will. Kommt ein ordentlicher Windstoß, vermischt mit Schneeregen aus Norden, dann ist der Tod für den, der dünn angezogen ist, nicht mehr weit. Im Winter zuvor wären beinahe einige Jungen aus dem Dorf auf einer Eisscholle erfroren. Sie konnten nicht mehr an Land gehen, sondern sie krochen bloß noch. Wir jedoch trugen über all dem Gestrickten und den anderen Kleidern Anoraks aus amerikanischer Ballonseide. So kamen wir ganz gut zurecht.

Zuerst mußten wir Holz hacken. Etwas lag zwar noch neben dem Herd, das aber mußten wir beim Verlassen der Hütte zurücklassen. Wir brauchten aber noch sehr viel mehr, weil wir nämlich drei, vier Tage bleiben wollten. Die anderen gingen deshalb mit den Äxten nach draußen, während ich das Feuer anmachte und es bewachte, als es richtig zu brennen anfing. Ich war kurz draußen und schlug in Ufernähe ein Loch ins Eis, damit wir Kaffeewasser hatten. Das war schnell erledigt, da das Eis noch nicht sehr dick war. Schnee lag nicht so viel, so daß es nichts zum Schmelzen gab.

Und wenn man schon einmal draußen in den Schären ist, dann muß es natürlich auch »Schärnkaffe« geben. Das gehört einfach dazu. So sonderlich salzig ist das Meerwasser hier oben in Kvarken nicht, aber man schmeckt es durch, und daher hat der Kaffee seinen guten Geschmack.

Die Hütte, in der wir wohnten, war eine gewöhnliche Fischerhütte oder Fischerkate, wie wir sagten. Mit langem a. Vier gezimmerte Wände mit einem Dach darüber, drei Fenstern und der Tür in der vierten Wand, dem Herd rechts von der Tür. An der Außenseite lag

118

eine Bretterdiele, genauso breit wie die Holzbalken, so stand man nicht gleich direkt im Wind oder Regen oder was sonst noch zufällig gerade vom Himmel fiel. Die Tür von außen in die Diele hinein befand sich in der Längsseite. Dort draußen standen mehrere Hütten gleicher Art, und sie stehen gewiß noch, glaube ich, obwohl es schon lange her ist, seitdem ich da war. Hütten dieser Art wurden wahrscheinlich Ende des letzten Jahrhunderts oder bis in unseres hinein gebaut. Früher waren die Katen primitiver, ohne Fenster, mit einer Feuerstelle mitten im Boden, und damit der Rauch abziehen konnte, war eine Luke im Dach. Wenn ich mich recht erinnere, gab es ganz vereinzelt noch einige davon.

Früher einmal herrschte auf Örarna im Sommer reges Treiben. Aber dann kamen die Motorboote auf, und es war kein Problem mehr, hinaus bis zu den äußersten Fanggründen und wieder zurück in den heimatlichen Hafen zu gelangen; dazu waren keine Zwischenstationen mehr nötig. Allmählich verfielen die Hütten, und eine nach der anderen stürzte in sich zusammen. Einige aber wurden instandgehalten, so daß sie noch an dem Weihnachten standen, von dem ich erzählen will. Zur Benutzung im Winter waren sie natürlich nicht gebaut worden.

Bevor es dunkel wurde, hatten wir unsere zweihundert Haken und Stöcke ausgelegt. Dann saßen wir drinnen um das Feuer herum, das wir ja fast rund um die Uhr in Gang halten mußten, da es bestimmt zehn Grad minus war, wenn nicht mehr. Wir legten reihum Holz nach. Eine Klappe gab es nicht, und das Schornsteinrohr ging gerade hoch. Man konnte den Himmel sehen, wenn man von unten hineinguckte.

Wir hatten keine Schlafsäcke, aber Schafsfelle dabei,

die wir zuerst vor dem Feuer anwärmten. Wir wärmten uns gegenseitig und trugen auch in der Nacht unsere Kleidung.

Ehe es an der Zeit war, in die Koje zu kriechen, gingen wir eine Weile hinaus, wie es sich gehörte. Ich blieb einen Augenblick lang allein stehen. Größere Stille habe ich kaum je erlebt. Es war sternenklar und vollkommen windstill. Die größten Sterne leuchteten wie ein Löwenmaul, waren aber weit, viel zu weit fort, um mir etwas anhaben zu können. Ich stand da, bis ich vor Kälte oder was auch immer es sein mochte, schlotterte, dann ging ich hinein zu den anderen. Der Mensch ist des Menschen Freude. Allein mit den Sternen ist man wirklich allein.

Am Morgen des nächsten Tages zogen wir zweiundfünfzig Aalraupen aus dem Wasser, ob du es glaubst oder nicht. Sie gefroren gleich zu Eisklumpen, so hatten wir mit der Konservierung keinerlei Probleme. Folglich ließ sich alles recht gut an. Am Nachmittag legten wir erneut aus und waren damit soeben fertig geworden, als wir Besuch bekamen.

Er hieß Gustav, unser Besucher. Ein Sonderling. Ein unruhiger Geist. Im Grunde war er wohl krank. Und er ist jetzt auch schon lange tot. Er wanderte gern in der Gegend umher. Mit schlenkernden Armen tauchte er mal hier, mal dort auf. Einige hatten Angst vor ihm, genauso wie vor anderen Dingen, die vom sonst üblichen Muster abwichen. Er war nicht älter als ungefähr fünfundzwanzig.

Wir neckten ihn ein wenig, als er ankam. »Ach, Gustav ist unterwegs mit den Sternsingern«, sagten wir. »Da soll er dann auch einen Schnaps kriegen.« Aber das sagten wir bloß. Wir kochten einige Aalraupen und aßen Brot und Butter dazu. Gustav blieb bei uns und durfte sich bald in das dritte Bett legen. Am Abend hatte er etwas erzählt davon, daß er vielleicht weiter wolle. »Wohin denn?« »Na, Mickelsinseln vielleicht.« »Du bist ja verrückt«, sagten wir. »Bis dahin ist es über eine Meile, und niemand weiß, ob das Eis hält. Nun bleibst du erst einmal hier bei uns. Es ist viel zu gefährlich, um allein hier draußen herumzulaufen.«

Ich merkte, daß er nicht eingeschlafen war. Da beschloß ich, selbst auch wach zu bleiben. Man wußte ja nie, ob er nicht trotzdem im Sinn hatte, sich auf den Weg zu machen. Und genauso war es. Zwischen elf und zwölf Uhr stand er leise auf und zog sich die Friesjacke an und schlich sich hinaus. Ich ließ vielleicht eine halbe Minute vergehen. Dann stand auch ich auf und ging ihm nach. »Gustav!« rief ich vor der Tür. »Wohin willst du mitten in der Nacht?« Er hatte bereits ein gutes Stück auf dem Eis zurückgelegt, aber als ich nach ihm rief, blieb er stehen und kam langsam zurück. »Ich dachte, ich guck' mal, wie es auf den Mickelsinseln ist«, sagte er. »Idiot!« sagte ich. »Hast du nicht gehört, daß wir gesagt haben, wie gefährlich das ist?« Naja, natürlich hatte er es gehört, er hatte aber nun einmal gerade solche Lust hinauszugehen.

Er kam wieder mit hinein und schlief bald ein. Ich lag noch ganz lange wach. Hat man ein Menschenleben gerettet, dann kann man schon Schwierigkeiten haben, gleich wieder zur Tagesordnung überzugehen und so zu sein wie immer. Das gerettete Leben tut sich da meistens leichter, vermute ich. Was konnte ihn dazu bewegt haben, andauernd umherzumarschieren? lag ich nachdenklich da. In seinem Heimatdorf schätzte man ihn nicht besonders. Womöglich war er auf der Suche nach neuen Menschen, in der Hoffnung sie würden ihn wie ihresgleichen behandeln. Wahrscheinlich begriff er nicht einmal, warum er das tat. Natürlich nicht. Er wanderte einfach umher, von Ort zu Ort. Und zeigte seine zerbrechliche Menschengestalt her. Einen tieferen Sinn mochte das wohl haben. Sehet, welch ein Mensch! Frau, siehe deinen Sohn! Ein Schatten bist du und so auch er. Alles Fleisch ist Heu. Die halbe Bibel fiel mir ein, während ich da lag. Der eine wie der andere kann zu den Menschen mit einer wichtigen Botschaft gesandt worden sein.

Wir blieben noch einige Tage, bevor wir saubermachten, etwas Holz neben dem Herd aufschichteten, ein paar Knäckebrote unterm Dach hängen ließen und uns auf den Weg nach Hause begaben. Wir hatten einen guten Fischfang gemacht, so daß jeder einen anständigen Anteil bekam, worauf es aber letztlich nicht ankam.

Gustav hatte keine Ruhe gehabt, länger als einen Tag zu bleiben. Dann mußten wir ihn nach Hause gehen lassen. Er mußte uns versprechen, sich nicht auf irgendwelche abenteuerlichen Strecken zu begeben. Ich stand oben auf dem Berg und hielt Obacht, daß er den richtigen Kurs einschlug und sich auch daran hielt.

So sah jenes Weihnachten aus. Und es war nicht das schlechteste, das man erleben konnte. Weitere Ausflüge dieser Art unternahmen wir nicht. Einige von uns emigrierten nach geraumer Zeit nach Kanada. Ungewiß ist, ob wir uns alle je im Leben noch einmal wiedersehen. Nein, das geht ja gar nicht, weil Gustav, wie schon gesagt, tot ist. So geht es zu auf dieser Welt.

*Aus dem Schwedischen von Dagmar Mißfeldt*

## Antti Hyry

# Der Weihnachtsbaum

In Särkijärvi bei Utajärvi wollten einmal ein Mann namens Matti und sein Sohn Pekka am Abend vor Weihnachten einen Weihnachtsbaum holen. Sie gingen am Waldessaum entlang, doch keine Tanne gefiel ihnen. Als sie an den Rand eines großes Sumpfes kamen, entdeckte Matti in der Nähe auf einem Inselchen eine Tanne, deren Krone, ein ebenmäßiger Kegel aus dichten Ästen, ihm geeignet erschien.

»Diese Spitze nehmen wir«, sagte Matti. »Sie ist dicht und dunkelgrün.« Auf dem Moor war es windig, und die kleinen Tannen am Waldessaum waren voller Schnee; auf den Wipfeln der hohen Tannen auf dem Inselchen hingegen lag kein Schnee. »Wenn ich auf den Baum klettere und die Spitze absäge, dann wächst ihm wieder eine neue oder zwei oder drei, und er lebt weiter bis ans Ende der Welt.«

»Die ist schön«, sagte Pekka. Er dachte darüber nach, wie der Tanne eine neue Spitze wachsen konnte, wenn die alte abgeschnitten war.

»Gib mir das Beil da«, sagte Matti, »damit schlage ich sie ab. Geh etwas aus dem Weg, wenn sie runterfällt.«

Matti ergriff die unteren Äste und kletterte hoch. Als er halb hinaufgeklettert war, hörte er von oben eine Stimme: »Schlag die Tanne nicht ab.«

Matti jedoch schaute nach einem passenden Platz am Stamm und dachte bei sich: »Was gibt es Besseres als einen sprechenden Weihnachtsbaum.« Während er sägte, versank das Sägeblatt im Stamm, so rasch, daß er beim vierten Mal Ausholen den Stamm durchtrennt hatte. Er griff nach den Ästen unter sich und kam hinunter, wobei er die Spitze sacht durch die Zweige gleiten ließ. Sie machten sich auf den Heimweg. Matti trug die Tanne und Pekka die Säge und das Beil.

Als sie die verschneiten Felder nahe ihres Hauses erreicht hatten, dämmerte es bereits. Der Lehrer hatte gesagt, daß die Trolle dann überall sein konnten, dachte Pekka. Das Haus stand auf einem kleinen Hügel, und das Wohnhaus war durch eine langgestreckte Stallung vor dem aus Norden über den See Särkijärvi ziehenden Wind geschützt. An der einen Hausecke stand eine große Tanne, deren Äste sich zunächst nach unten neigten und dann wieder nach oben bogen. Sie kamen auf den Hof. Matti kletterte auf den Dachboden des Stalles und warf sogleich den Ständer für den Weihnachtsbaum hinunter. Er stieg wieder hinunter, und sie befestigten vor der Treppe die Tanne im Ständer.

»Die hier ist so schön, daß man sie überhaupt nicht zu schmücken braucht«, sagte Matti. »Und so dicht, daß man nicht hindurchsehen kann.« Bei sich dachte er aber, woher die Stimme wohl gekommen sein mochte und ob es womöglich nur Einbildung, eine Täuschung war.

»Hast du die Worte gehört?« fragte er.

»Was gehört? Etwa daß man sie nicht zu schmücken braucht?«

»Na, halt die Tür auf, wir tragen sie in die Wohnstube«, sagte Matti.

Er schob den Ständer vorwärts und hielt dabei die Tanne an ihren mittleren Ästen fest. Als er mit der Tanne durch die Tür ging, hatte er eine Idee, woher die Stimme wohl gekommen war. Vielleicht steckte in der Tanne etwas, vielleicht ein Nest. Er wuchtete sie auch durch die Stubentür und stellte sie in die hinterste Ecke vor sein Bett. An der Wand der Stube neben dem Herd brannte Licht in einer Öllampe, die einen hellen, runden Strahlenwerfer besaß. Auch in der Deckenlampe war Licht. Die Bäuerin, Mattis Frau, kochte Weihnachtsbrei. Die Töchter legten die Teppiche mit der guten Seite nach oben auf den Fußboden.

»Hör mal, Matti«, sagte die Bäuerin, »gib den Kühen ein paar Fuder Heu, wenn du in den Stall gehst, und den Schafen ein paar Bündel grüne Zweige.«

»Hör mal, ich habe da eine Aufgabe für dich«, sagte die Bäuerin, und als Matti zum Herd ging, flüsterte sie leise in sein Ohr: »Wann soll denn der Weihnachtsmann kommen?«

Matti ging in den Stall und fütterte das Vieh, und er gab ihnen Wasser, Heu und dem Pferd etwas Brot. Er brachte eine Stütze an der Stalltür an und ging in die Stube. Da gerade niemand in der hellerleuchteten Stube war, trat Matti an die Tanne, betrachtete sie genau und fragte halblaut: »Warum hätte ich dich nicht abhauen sollen?« und schämte sich, daß er mit sich selbst gesprochen hatte.

»Ich bin der Geist der Tanne und wohne von dir aus gesehen im Eichhörnchennest hier zwischen den Zweigen. Wenn du diese Tanne nicht sofort wieder dahin bringst, wo du sie abgesägt hast, dann wird es dir schlecht ergehen.«

»Oho«, sagte Matti und schielte zur Tür, ob nicht zufällig gerade jemand kam, während er sprach, »nie zuvor habe ich einen Weihnachtsbaum gesehen, der reden kann. Mein Vater war Eemeli, und ich bin der Gemeindevorsteher und kann den ganzen Tannenbaum in diesen Backofen ins Feuer stecken. Wenn du etwas zu sagen hast, dann sag es wie ich, in ganz normalem Ton, und drohe mir nicht.«

»Dann hör zu, Matti Eemelissohn, hast du Lust, mich hier in meiner Wohnung zu besuchen?«

»Ja, wenn ich wieder zurück bin, wenn der Weihnachtsmann kommen soll und die Kinder nicht glauben, daß ich der Weihnachtsmann bin, obwohl sie mich ja kennen.«

»Faß bitte den Ast mit der kleinen Harzfurche an, dann verändern sich die Maße und du kannst kommen.«

Matti faßte dicht neben der Harzfurche den Ast an und bemerkte im selben Augenblick, daß er sich zwar in Eichhörnchengröße, aber noch immer wie er selbst aussehend in einem Eichhörnchennest befand. Im Nest saßen zwei ausgewachsene Eichhörnchen mit vier Jungen. Eines der großen Eichhörnchen sagte: »Herzlich willkommen. Aber eins mußt du dem Wirt versprechen.«

»Was denn?«

»Daß du bald, noch bevor die Nadeln vertrocknet sind, diese Spitze wieder zurück an ihren Platz bringst. Sonst wird nichts daraus, weder aus deinem noch aus unserem Leben.«

»Wenn sich die Dinge so verhalten, dann bringe ich sie zurück, aber erst am zweiten Weihnachtsfeiertag. Ich kann eine Schale Wasser unten drunter stellen, damit der Tannenbaum bis dahin frisch bleibt. Aber unter der Bedingung, daß ich euch ab und zu besuchen darf.«

»Gut. Abgemacht«, sagte das Eichhörnchen. Es reichte ihm seine Pfote mit den scharfen Krallen, und Matti nahm die kleine Tatze.

»Ich habe mich immer gefragt, wie eine Tanne von innen aussieht, die Jahresringe und das Innere der Wurzeln und auch der Nadeln und die Schleimschicht unter den Jahresringen und wie die dicken und feinen Äste durchkommen, wenn sie ganz auf sich gestellt im Wald stehen. Aber bist nicht du derjenige, der dafür zu sorgen hat?«

»Nein, dafür habe ich nicht zu sorgen. Doch ich kann mich in den verschiedensten Teilen der Tanne bewegen und mich in eine Tanne verwandeln. Wenn du willst, dann verwandle ich dich auch in eine Tanne, so daß du an derselben Stelle stehst und genauso aussiehst wie diese Tanne.«

»Mach das doch mal«, sagte Matti.

Das Eichhörnchen sagte: »Verwandle dich.« Und Matti spürte, wie er sich in eine Tanne verwandelte, so daß er überall in der Tanne war, im Stamm, in den Zweigen, in der Rinde und in den Nadeln. In Gestalt der Tanne stand er in der Ecke der Stube. Er spürte in sich, wie es in seiner Stube war: Es war warm, es roch nach Öllampe, und es duftete nach Reisbrei und Schinken, und er erkannte die Stube recht gut wieder. Seine Ehefrau bereitete am Herd die Kaltschale zu und sprach mit sich selbst: »Geht Matti zu Kustu, dann hätte ich für ihn eine kleine Aufgabe zu erledigen.« Die Kinder liefen zur Tür herein und wieder hinaus, fragten: »Wann gehen wir endlich in die Sauna, und wann kommt endlich der Weihnachtsmann?« Die Kinder schauten aus den Fenstern, und ihre Augen glänzten Mattis Meinung nach wie Moortümpel im Sumpf. Matti wurde unruhig, so daß die ganze Tanne zitterte, und er hoffte, er würde wieder zurück ins Nest verwandelt. Als er das Eichhörnchen wieder vor sich sah, fragte er es: »Was ist als Geist deine Aufgabe?«

»Das weiß ich nicht, mich gibt es einfach«, sagte das Eichhörnchen.

»Na, dann verwandle mich wieder zurück in die Diele, damit es niemand merkt, daß ich hier bei dir war, und ich komme noch auf die Sache zurück, von der eben die Rede war.«

Matti stellte plötzlich fest, daß er sich in der Diele befand und soeben in Begriff war hereinzukommen. Polternd betrat er in die Stube.

»Hör mal, Matti«, sagte die Bäuerin, »steck die Sachen in den Rucksack aus Birkenrinde und gehe in die Sauna.«

Matti betrachtete eine Weile in der Stube alles und tat dann, wie ihm geheißen war.

Der Abend vor Weihnachten kam. Als alle schlafen gegangen waren, stellte Matti eine Schüssel mit Wasser unter den Tannenbaum. Er blieb noch lange wach und dachte darüber nach, was er erlebt hatte. Am Heiligen Abend, als sich gerade niemand in der Stube aufhielt, goß er in die Schüssel Wasser nach.

Am zweiten Weihnachtsfeiertag spannte sein Sohn das Pferd an, da alle zu einer Spazierfahrt ausfahren wollten.

»Zieh den Pelz über«, sagte Mattis Ehefrau zu ihm.

»Ich komme nicht mit«, sagte Matti, »fahrt ihr nur.«

»Geht es dir nicht gut, oder warum kommst du nicht mit?«

»Ich komme einfach nicht mit«, sagte Matti. Schließlich fuhren die anderen los, und Matti blieb allein zurück.

Er trat an die Tanne und sagte: »Jetzt bringe ich dich

wieder zurück zum Baumstumpf.« Damit nahm er die Tanne und trug sie hinaus. Er zog sich seinen Arbeitskittel an, nahm die Fäustlinge, die Säge und kletterte auf die Tanne, die an der Hausecke auf dem Hof stand. Dort schätzte er die Stelle, an der der Stamm genauso dick war wie das Stammende des Weihnachtsbaums und sägte die Spitze ab. Er warf die Spitze hinunter, und sie fiel, durch die Äste gefedert, sachte auf die Schneedecke hinunter. Matti packte den Weihnachtsbaum am unteren Ende, und als er damit hinaufgeklettert war, flüsterte er ihm zu: »So war ich schon immer, nie kann ich das tun, was man mir aufgetragen hat.« Als er den Weihnachtsbaum nach oben gewuchtet hatte, brachte er ihn an der Stelle der vorherigen Baumkrone an und sagte: »Wachse fest!«

Die Spitze hielt auf wundersame Weise, und Matti stieg wieder hinunter. Als er wieder festen Boden unter den Füßen hatte, nahm er die andere Tannenspitze von der Schneewehe und brachte sie dorthin, wo er den Weihnachtsbaum geholt hatte. Auf dem Inselchen im Sumpf kletterte er auf die Tanne ohne Wipfel hinauf und setzte die Krone seiner Hoftanne der Sumpftanne als Spitze auf und sagte: »Fuge, schließe dich!«

Die Fuge wuchs zu. Matti stieg hinunter und sagte sich: »Gut gemacht.« Der Wind rauschte in den Zweigen, und in der Krone klang es anders als tiefer unten, doch ansonsten war nichts Besonderes festzustellen.

Manchmal, an einem Sonntag im Sommer, wenn Matti auf dem Hof umherging, der Wind sanft wehte und niemand zu Hause war und es schien, als wolle die Zeit nicht vergehen, dann kletterte Matti in die Tanne und umfaßte den Ast mit der Harzfuge. Er spürte, wie er sich im Eichhörnchennest befand, in dem große und kleine rotbraune Eichhörnchen saßen.

»Verwandle mich so, daß ich in jedem Teil der Tanne bin.«

Er war unter der Erde in den Wurzeln der Hoftanne und in ihrem Stamm, in ihren Ästen, Nadeln und den kleinen roten Blüten in der Luft, und spürte, wie die Luft alle Teile streifte. Er sah den Hof und die Gebäude und die Felder und die Wälder weiter entfernt. Die Sonne schien warm.

Als er wieder auf dem Hof umherging und auf den Treppenstufen zur Veranda saß, blickte er zum Weg hin und dachte: »Wo sie denn nur bleiben dort im Dorf, sie sind doch schon ein paar Stunden fort.«

*Aus dem Finnischen von Dagmar Mißfeldt*

# Margaret Johansen

## Ein Weihnachtsessen

Das Weihnachtsessen bei Dick war immer gemütlich.

Er besaß einen Bauernhof etwas abseits der Landstraße, schön gelegen, inmitten von Äckern und Wiesen. Früher hatte er ein Stück Wald bewirtschaftet, aber als er ein Bestattungsunternehmen erbte, hatte er die schwere Arbeit aufgegeben.

Wir machten eine richtig schöne Tour auf knirschendem Schnee. Es war kurz vor Einbruch der Dämmerung, und wir konnten die glühende Sonnenkugel am weißen Horizont schmelzen sehen, bis schließlich nur noch ein Hauch von Blau, Rosa und Gold zurückblieb.

Dicks Haus tauchte vor uns auf wie ein verwunschenes Waldschloß. Es war über Eck gebaut und jetzt durch einen Anbau ergänzt worden, der das Hufeisen um den Hofplatz vervollständigte.

Er hatte eine nette, patente Frau und zwei erwachsene Söhne.

Sie standen alle auf der Treppe und empfingen uns mit weißen Atemwölkchen vor den Mündern. Gastfreundlich und warmherzig wie immer. Dick klopfte mir begeistert auf den Rücken und schüttelte meiner Frau herzlich die Hand. Wir revanchierten uns, indem wir beteuerten, wie schön es war, wieder hier zu sein, und sie drängten uns hinein in den Flur und sperrten Winternacht und Kälte aus.

Während wir uns aus den dicken Sachen schälten, plauderte Dick über allerlei, das sich seit unserem letzten Besuch ereignet hatte. Seine Frau ging in die Küche und klapperte mit Töpfen und Schüsseln, die Jungs nahmen unser Gepäck und trugen es in die obere Etage.

»Ich habe mir gerade eine neue Kühlanlage angeschafft«, sagte Dick. Es gelang ihm nicht, seinen Stolz zu verheimlichen. »Ich kann dir sagen, die Zeiten haben sich geändert. Alles wird immer praktischer.«

»Wir hatten eine herrliche Tour hier herauf«, sagte ich.

»Auf einer schönen Schneedecke«, fügte meine Frau hinzu.

»Aha«, sagte Dick. Er sah ein kleines bißchen enttäuscht und verwirrt aus. »Natürlich, natürlich. Na, dann kommt mal herein und trinkt einen guten, heißen Punsch. Ich habe ganz vergessen, daß ihr ja durchgefroren und durstig sein müßt.«

Er holte das Gefäß mit dem dampfenden Getränk, das einen schweren Kräuterduft verbreitete und nach Weihnachten roch. Seine Frau kam herein und füllte unsere Gläser.

Wir prosteten uns zu.

Die Jungs kamen von oben herunter.

Dick nippte nur am Punsch und lächelte etwas verlegen, als er sagte, daß man in seiner Branche nie wissen könne, wann die Arbeit einen rief. Seine Frau hatte erhitzte Wangen vom Kochen, sie bat uns zu Tisch, rückte scharrend mit den Stühlen und wieselte hinaus in die Küche. Wir nahmen Platz am weihnachtlich geschmückten Eßtisch mit Unmengen von Kerzen, die all die kleinen Weihnachtsmänner in ein verzaubertes Licht tauchten.

Das Essen war überwältigend. Suppe mit glänzenden Fettaugen und gehackter Petersilie. Eierschiffchen schwammen darin herum wie eine kleine Armada. Schinkenbraten mit perfekter Kruste, und zum Dessert Multebeerencreme. Nach jedem Gang ein anständiger Schnaps.

Dick nippte auch weiterhin nur daran mit seinem kleinen entschuldigenden Lächeln und nickte jedem von uns zu, bevor er sein Glas absetzte. Gab zu verstehen, daß er mitfeierte.

Die erste überschwengliche Plauderei lag hinter uns, und es wurde spürbar, daß wir uns nicht täglich sahen, aber Dick und seine Familie waren redselig, weil sie so selten Gäste auf ihrem Hof hatten.

Wir wechselten hinüber ins Kaminzimmer mit einer lebhaften Gastgeberin, die nervös um uns herumwuselte und darauf achtete, daß wir auch ja einen guten Platz am Kamin bekamen und jeder von uns eine Tasse mit duftendem Kaffee erhielt. Die Keksschüssel machte die Runde, und wir lobten das Gebäck aus vollem Herzen. Unser Gastgeber war gerade dabei, Kognak und Likör einzuschenken, als das Telefon klingelte.

Er seufzte.

»Teufel auch. Nicht mal Weihnachten hat man seine Ruhe«, sagte er.

»Nein, das weißt du doch aus Erfahrung«, sagte seine Frau.

»Die Leute fressen sich zu Tode«, grinste der jüngere Sohn.

»Du sollst nicht so reden«, sagte die Mutter.

Wir schwiegen und schlürften angelegentlich den heißen Kaffee in uns hinein.

Dick verschwand nach oben und kam in einem Schafspelz zurück.

»Tja, ihr müßt mich wohl eine Weile entschuldigen. Macht es euch bequem, ich bin bald zurück.«

In seiner Stimme lag mehr als die übliche Herzlichkeit, und er rieb sich die Hände.

Seine Frau bot uns an, Kaffee nachzuschenken, und der ältere Sohn legt einen Birkenkloben in den Kamin. Es knisterte lustig, und ein warmer, flackernder Schein erhellte die Gesichter. Wir hörten, wie Dick versuchte, ein Auto anzulassen. Es hustete trocken. Einige Minuten verstrichen damit, daß der Motor sich ächzend räusperte, aber jedesmal wieder erstarb. Dick kam ins Haus gestapft und rief nach dem Ältesten.

»Hol mir bitte mal den Schlüssel für den Volvo. Ich kriege die Limousine nicht in Gang. Die Batterie hat die Kälte wohl nicht vertragen.«

Der Junge verschwand und kam kurz darauf mit den Autoschlüsseln zurück.

Wir klapperten mit unseren Kaffeetassen und kauten Schmalzgebäck, während wir uns bemühten, einen geselligen Eindruck zu machen.

Das Motorengeräusch vom Hof verriet uns, daß Dick losfuhr.

Der Sohn kam trampelnd von draußen herein und brachte einen Schwall Kälte mit in die Stube.

»Es sind keine Plastiksäcke mehr da, Mama«, sagte er. »Er hat den letzten mitgenommen.«

»Ich werde neue bestellen«, sagte die Mutter leichthin. »Noch einen Keks?«

Wir drehten die Gläser zwischen den Fingern.

Der ältere Sohn ließ sich in einen Sessel fallen und streckte die langen Beine zum Kamin hin aus.

»Ach ja, es hat doch alles seine Nachteile, sogar ein

florierendes Geschäft. Nicht mal Weihnachten kann man in Ruhe feiern.«

»Aber es bringt Knete.«

Das kam vom jüngeren Sohn. Er grinste breit.

Er hielt eine Flasche hoch und sah uns fragend an. Wir schüttelten den Kopf. Die anderen schenkten sich ein.

»Du solltest lieber vorsichtig damit sein«, sagte die Mutter zu dem Älteren, »vielleicht kommen heute nacht noch mehr Aufträge.«

»Ja, die Geschäftslage ist stabil.« Er hielt das Glas unter die Nase und sog den Kognakduft ein.

»Sogar in Kriegszeiten gibt es 'ne Menge zu tun«, ergänzte der Jüngere.

Ich bat dann doch um einen Kognak. Er tat gut.

Das Prasseln im Kamin wirkte beruhigend, und schon bald plauderten wir über dieses und jenes und ließen die gemütliche Weihnachtsstimmung wieder einkehren.

Wir hörten Motorengeräusch.

Der jüngere Sohn ging zum Fenster. Er winkte dem Vater draußen zu und nickte.

»Er braucht Hilfe«, sagte er.

»Damit hat es keine Not, wenn man solche starken, tüchtigen Söhne hat«, lächelte Dicks Frau und wollte mir den Rest aus der Kognakflasche einschenken.

»Den solltest du lieber für Dick aufheben.«

»Ach, ich habe noch genug da«, sagte sie leichthin. »Wie steht's mit dir, falls wir weitere Anrufe kriegen?«

Sie blickte zu ihrem Ältesten.

»Von mir aus geht das in Ordnung«, sagte er, »ich kann noch alles Mögliche kutschieren.«

Er lachte dröhnend.

Das Lachen hinterließ eine beklemmende Stille.

Ich räusperte mich und ging zum Fenster. Dick war damit beschäftigt, die Gurte vom Dachgepäckträger zu lösen, auf dem ein langer, schwarzer Plastiksack lag. Er war mit Schnee bestäubt, es sah aus wie Meersalz.

»Laß sie das nur selbst machen«, sagte die Dame des Hauses schnell, »die sind das gewöhnt. Das schaffen die schon alleine. Komm lieber her und entspann dich. Ich lege noch einen Kloben ins Feuer.«

Dick und sein Sohn hievten den Plastiksack vom Dachgepäckträger. Es fiel mir schwer, mich loszureißen. Ich sah, daß der Sack steifgefroren war und daß sie ihn schulterten und wie eine schwarze Statue in den Schuppen trugen. Drinnen ging das Licht an, und ich konnte sehen, daß die Fensterscheiben aus Milchglas waren. Ein fahler Lichtschein fiel hinaus auf den Schnee.

Ein Skelettfinger strich an meinem Rückgrat entlang, und ich ging zurück in die mollige Wärme des Kamins und streckte die Hände zum Feuer.

Sie traten lautstark in die Diele, und wir konnten hören, wie sie den Schnee abklopften und miteinander scherzten.

Meine Frau warf mir einen schnellen Blick zu.

»Ja, ja«, sagte Dick, als er hereinkam, »wenn es nur immer so kalt wäre, dann hätten wir uns die Ausgaben für den Kühlraum sparen können.«

Er ging auf den Kamin zu. Sein Schatten an der Wand war ein Riese.

»Wir müssen die Limousine so schnell wie möglich wieder flottkriegen«, sagte der ältere Sohn, »das hier ist nicht standesgemäß.«

Die Hausfrau lächelte sanft und versorgte ihren Gatten mit Kognak.

Er leerte das Glas, hustete zufrieden und sah seinen Sohn mit hochgezogenen Augenbrauen an.

»Ist schon okay«, nickte dieser, »ich kann den nächsten Transport übernehmen. Hab' kaum was von dem Zeug getrunken.«

»Es geht doch nichts über ein Familienunternehmen«, dröhnte Dick, »sowas solltet ihr euch auch zulegen.«

Meine Frau umklammerte ihre Kaffeetasse mit beiden Händen, und ihre Schultern hoben sich bis zu den Ohren.

Unsere Gastgeberin blickte zu ihr hinüber, die Augen wie Glasquallen.

»Er macht doch nur seinen Job«, sagte sie.

Wir fuhren zusammen, als ein Holzscheit verrutschte und die Funken wie ein kleines Feuerwerk gegen den Kaminhimmel stoben.

*Aus dem Norwegischen von Dagmar Lendt*

# Maria Jotuni

## Weihnacht im Ödwald

Es war ein seltsamer Winter. Kurz vor Weihnachten
war die Erde schwarz. Noch kein Schnee. Unaufhör-
licher Sprühregen und trübe, wolkenverhangene Tage,
die einem auf das Gemüt schlugen. Und der Wind zog
durch den Ödwald wie ein schwerer Seufzer.

Die aufgekeimte Roggensaat war hoch aufgeschos-
sen und schmächtig. Das verriet den Bewohnern des
Ödwaldes, daß ihnen ein schlechtes Jahr bevorstand.

Im Ödwald, in einer Häuslerkate, weit fort von anderen menschlichen Siedlungen, lebte der Bauer Jere mit
seiner Frau Anna. Sie waren beide schon in den Fünfzi-
gern. Sie hatten einmal zwei Kinder gehabt, einen
Sohn, der in dem kleinen See ertrunken, und eine
Tochter, die vor fünfzehn Jahren in Stellung gegangen
war. Von ihr hatte man seit nunmehr über zehn Jahren
nichts mehr gehört. Zuletzt hatte sie geschrieben, daß
sie nach Amerika auswandern wolle. Und auf ihrem
Wege dorthin war sie verschwunden.

Der Bauer Jere war in der letzten Zeit kränklich gewesen. Er war von einer Art inneren Krankheit befallen. Er hatte im Jahr zuvor den Arzt im Kirchdorf auf-
gesucht, wohin es etliche Meilen von ihrer Kate aus
waren. Er hatte eine geeignete Arznei erhalten, aber
die hatte die Krankheit auch nicht lindern können.

Und für die Schwerstarbeit waren sie gezwungen, fremde Hilfe in Anspruch zu nehmen, den nächsten Nachbarn zu bitten, den verrückten Matti, der einige Kilometer von ihnen entfernt allein in einer kleinen, elenden Hüte lebte.

So hatten sie ihr Dasein im Ödwald gefristet, Anna und Jere. Bis es im vorletzten Jahr die Tochter von Annas Schwester zu ihnen verschlug, das Waisenmädchen Eveliina, die im Armenhaus aufgewachsen war und dann versucht hatte, in Stellung zu gehen, ihre Stellung jedoch verloren hatte. Jetzt kam sie ihre Tante Anna besuchen. Sie war achtzehn Jahre alt und ein sauberes und stilles Mädchen.

Anna hätte niemals gewagt, Eveliina zu bitten, bei ihnen zu bleiben, da doch auch die eigene Tochter in Stellung gegangen war. Jere aber war damals krank gewesen und Anna hatte gehört, wie er zu Eveliina sagte: »Bleib einstweilen hier. Arbeite für dein Essen.« Und so blieb Eveliina.

Anfangs veränderte ihre Anwesenheit Annas und Jeres Leben, da sie nun zu dritt waren. Doch dann erkannte Anna, daß das Bleiben des Mädchens ein Fehler war.

Jere und Anna hatten nie zueinander gepaßt. Ihrer beider Leben bestand aus fortwährendem Streit und Zank und aus Anfechtungen durch die Sünde. Anna flößte der Ödwald mit seiner Einsamkeit Furcht ein. Sie war als junges Mädchen im Pfarrhaus des Kirchdorfes in Stellung gewesen und daran gewöhnt, Menschen um sich zu haben. Als aber der junge Herr des Pfarrhauses ihr nachstellte, hatte sie sich Jere aus dem Ödwald versprochen, der damals ein junger, kinderloser Witwer gewesen war. Und so zog sie auf der Flucht vor der Sünde hierher. Geradeso, als hätte es hier keine Sünde gegeben. Hier war diese dennoch gleichermaßen anwesend. Der Ödwald war eigentlich ihr ständiger Aufenthalt.

Jere war ein geiziger, sonderbarer und grauenerregender Mann, ein Einsiedler im Ödwald, in dessen Natur der Haß auf andere Menschen lag. Er war ständig sogar auf seine nächsten Angehörigen neidisch und ihnen feindselig gesonnen, und man konnte es ihm nie recht machen.

Als sie die Kinder gehabt hatten und Anna darüber glücklich gewesen war, da konnte Jere das nicht ertragen. Im Alter von fünf Jahren war der Sohn ertrunken, und im Alter von fünfzehn hatte sich die Tochter in die Welt aufgemacht. So gab Anna, die um ihr Los nicht zu beneiden war, dennoch für Jere weiterhin Anlaß zu Mißgunst.

Als Jere Anna zu sich in den Ödwald nahm, dachte Anna, daß Jere ein Mensch wie alle anderen auch sei, und stets konnte doch ein Mensch mit dem anderen auskommen. Jere aber war kein richtiger Mensch gewesen, er war gleichsam der Geist des Ödwaldes, vielleicht sogar der Teufel des Ödwaldes, düster und freudlos. Sein Herz war voll finsterer Bosheit.

Wenn es nach Jere gegangen wäre, dann hätte Anna wie ein Arbeitspferd schuften müssen, das aber nichts hätte abnutzen dürfen, weder den Stoff ihrer Kleider noch das Leder ihrer Schuhe. Im Winter bei Frost lugten ihre Zehen aus dem löcherigen Schuhwerk heraus. Doch sie bat Jere nicht mehr darum, sie ihr zu flicken. Er überließ alles ihr, seit die Kinder verschwunden waren. Sie aber grämte sich ständig über Jere.

»Du bist selbst der böse Geist«, sagte Jere zu ihr.

Anna fragte sich, warum er denn nicht anders sein konnte.

Wenn sie aber der böse Geist war, dann war auch das Leben die Hölle gewesen. Stück für Stück war ihre Seele verbrannt. Wochen des Schweigens, die die Seele ausdörrten und krank machten, die grundlosen Zänkereien, die in Schlägereien endeten, sie töteten alles Gute und erfüllten das Gemüt mit tollkühnen und sündhaften Gedanken. Zuweilen brach sie zornig das Schweigen, um Jere damit zu ärgern. Oft warf Jere sie in die Ofenecke oder prügelte sie mit Fäusten, schlug sie mit dem Lederriemen und trat sie, bis sie reglos dalag. Danach unterwarf sich Anna erneut widerstandslos dem Schweigen.

»Du bringst mich nicht um«, dachte sie. »Ich sterbe einen richtigen Tod. Den Lohn verdiene ich dann doch in der Kate des Teufels aus dem Ödwald.«

Als die Tochter in die Welt hinausgezogen war, dachte Anna, daß sie aus der Kate im Ödwald fliehen würde. Aber wohin aus dem Ödwald fliehen? Und was wäre, wenn die Tochter schutzbedürftig zurückkehrte und nach ihr suchte?

Hier mußte sie bleiben, und hier mußte sie sterben. Hier war sie glücklich gewesen, als die Kinder noch klein gewesen waren, auch wenn sie es damals nicht wußte.

Sie erinnerte sich noch wie gestern des Tages, an dem der Sohn ertrank. Es war ein heller und warmer Tag gewesen. Gerade war Getreideernte. Es war Sonnabend, und sie backte Brot. Der Mann war auf dem Feld, und sie erwartete ihn zum Essen. Sie schaute beim Brotteigkneten immer wieder einmal zum Fenster der Kate hinaus und sah den Jungen unter dem Vogelbeerbaum auf dem Hof spielen. Sah die blonden Haare und den gebeugten Rücken.

»Da ist der Junge gut aufgehoben«, dachte sie und

vergaß für einen Augenblick das Kind. Der Junge war dann mit einer Angelrute in der Hand zum Teich gelaufen. Und am Teich hatten sie ihn dann gefunden.

»Ein gieriges Maul weniger«, hatte der Vater gesagt, während er den Jungen ins Haus trug.

Danach hatte Anna das Gefühl, daß die Trauer keine richtige Trauer mehr war, so daß ihr Mann recht daran tat, wenn er sie schlug. Sie hatte es wegen des Todes ihres Sohnes nicht anders verdient.

Manchmal ging sie ans Ufer des Teiches und dachte, daß der Teich doch da war, um ins Wasser zu gehen. Was würde wohl Jere denken? Jere wäre froh darüber gewesen. Aber diese Freude wollte sie ihm nicht gönnen.

Mitunter dachte sie wieder, daß sie, wenn der Mann stürbe, sich einen neuen Mann nähme. Bloß wen? Mit dem verrückten Matti wäre sie ganz zufrieden. Matti könnte die Arbeit machen, sie bestimmen. Matti war kein böses Wort über die Lippen gekommen, Matti war gut, tausendmal besser als Jere.

Nein, ihn würde sie nicht nehmen. Das würde sie nicht tun. Sie hatte es sich nur zum Trost, Jere zum Trotz vorgestellt.

Jere war ihrer überdrüssig, das spürte sie, und der Mann wartete auf ihren Tod. Und seinen Gedanken nachhängend, legte Jere oft die Axt unter das Fußende seines Bettes. Anna räumte sie heimlich wieder fort.

»Laß sie dort liegen«, sagte Jere, »oder hast du Angst davor?«

»Wovor soll ich denn Angst haben.«

»Daß ich dich damit erschlage.«

»Ich weiß, daß du das nicht tust.«

»Dann laß sie da liegen.«

»Was hast du damit vor?«

»Was soll ein böser Mann damit schon vorhaben? Dich umbringen.«

»Wenn du mich umbringst, kommst du ins Gefängnis.«

»Das sieht doch keiner. Ich werfe dich danach in den Teich.«

»Ich erscheine dir aber als Geist, du kriegst ein schlechtes Gewissen und gestehst.«

»Unsinn. Oder ich bringe dich in die Sauna und verbrenne dich dort. Ich sage: ›Die Bäuerin hat hier Wäsche gewaschen, und als ich nach Hause kam, war von der Sauna bloß noch ein Kohlehaufen übrig‹.«

»Es gäbe mindestens einen, der das sehen würde.«

»Nein.«

»So schön sprichst du jetzt zu deiner Frau. Hier hast du wohl auch deine erste Frau umgebracht?«

»Hör auf damit!« brüllte Jere zurück. Er war schon wütend.

»Wer weiß denn, ob du nicht deine erste Ehefrau umgebracht hast, wenn du sie im Teich ertränkt oder in der Sauna erstickt hast.«

Jere sprang auf und prügelte auf Anna ein, schlug so heftig zu, daß Anna schwarz vor Augen wurde und Blut aus ihrer Nase rann. Sie streckte sich auf der Bank aus und konnte für kurze Zeit den Kopf nicht heben. Der Mann kam mit einem Messer in der Hand auf Anna zu. Anna dachte, daß jetzt ihr letztes Stündlein geschlagen habe. Soll er doch prügeln, soll er doch zuschlagen, einmal wird es auch damit ein Ende haben. Jere schlug nicht zu, reichte Anna nur das Messer mit den Worten: »Stich du jetzt zu.«

Anna streckte ihre Hand aus, um das Messer zu ergreifen, doch der Mann sagte: »Ich gebe es dir nicht, weil du dich doch nicht traust zuzustechen.«

»Das habe ich niemals vorgehabt.«

»Dann steh auf.«

»Ich kann nicht.«

»Steh auf, wenn ich es dir befehle.«

Jere geriet wieder in Wut, zerrte Anna hoch, schlug sie von neuem und ließ sie wie ein Häufchen Elend auf der Bank liegen.

Anna hörte dann im Holzschuppen, wie Holz gehackt wurde, und dachte, daß er sich beruhigen würde, wenn er erst einmal müde geworden war. Das Holzhacken aber wurde unterbrochen. Darüber wunderte sie sich. Sie sah nach. Jere war nicht mehr im Schuppen. Er war nach oben gegangen. Anna kletterte hinterher.

»Was machst du da?« fragte Anna.

»Ich hänge mich jetzt auf.«

»Mach keine Dummheiten, komm sofort runter. Ich stelle das Abendessen auf den Tisch. Es gibt auch Ofenkartoffeln.«

Sie wagte nicht, noch mehr zu sagen, um Jere nicht zu verärgern, sondern ging in die Kate zurück.

Jere kam bald nach.

Derartige Vorfälle waren auch schon früher vorgekommen. Manches Mal war es ihr gelungen, die Schnur abzureißen. Alles war reine Niedertracht. Wer aber konnte ermessen, wieviel Wahrheit darin lag? Und es hätte passieren können, daß Jere bei seinen heimtückischen Schauspielereien in ernsthafte Gefahr geraten wäre. Reumütig besann er sich eines Besseren.

Nach einem solchen Kampf begannen die schweigsamen Fastenwochen, während derer man kein Wort zu äußern und nichts zu fragen wagte. Am Ende war es schwer zu ertragen, es kamen üble Gedanken und unnatürliche Wünsche auf.

Jeres Krankheit war in letzter Zeit ein einziger Segen für sie gewesen. Jeres Schwäche gab Anna das Recht zu schalten und zu walten, der Anfall unterbrach das aufzehrende Schweigen.

So konnte Jere manchmal sagen:

»Wenn wir doch auch Kinder hätten. Vielleicht wäre das Leben anders.«

»Das wäre es wohl. Aber du hast ja die Tochter aus dem Haus getrieben.«

»Keins von deinen Kindern war ein Segen.«

»Wozu hast du sie, als sie klein waren, verflucht. Sei jetzt also still.«

»Es ist nur gut, daß keine mehr da sind. Aus ihnen wäre doch nichts geworden. Das Mädchen ist ja noch da, das bei den hohen Herren wohl ...«

»Nein. Tot ist die Arme.«

»Noch was. Ein liederliches Frauenzimmer ist das, daß sie noch nicht einmal nach Hause schreibt.«

»Sie hatte keine schlechten Manieren, als sie von hier fortging.«

»Ihrer Mutter sah sie ähnlich.«

»Bin ich denn so schlecht?«

Jere gab keine Antwort, und das verletzte Anna. Er hätte wenigstens einmal antworten können.

»Der Junge war deiner«, sagte sie dann.

»Gut war das, daß er im Teich ertrunken ist.«

»Du versündigst dich.«

»Wenn man eine schlechte Frau heiratet, dann möchte man jedenfalls lieber ins Wasser gehen.«

»Warum bist du nicht ins Wasser gegangen?«

»Ich gehe noch.«

»Das wagst du nicht.«

Dann bemerkte sie, daß es besser war, zu schweigen, damit Jere nicht wütend wurde und sie quälte, und sie sagte: »Trauen würdest du dich doch wohl, aber dann wärest du verrückt.« Und sie wandte sich schleunigst wieder ihren Pflichten zu.

Als dann Eveliina bei ihnen blieb, hatte sich das Leben sehr verändert. Die Zänkereien hörten am Anfang ganz auf. Aber dann wurde das Leben noch verwickelter als zuvor. Jere begann, Gefallen an dem Mädchen zu finden. Zuerst beobachtete er das Mädchen heimlich, dann in Annas Gegenwart und erfreute sich an ihr.

Das bedeutete nichts Gutes, das begriff Anna. Aber was tun? Wie sollte sie das Schlimmste verhindern? Darüber sprechen durfte sie weder, noch konnte sie es. Dadurch würde die Angelegenheit nur erschwert werden.

Eveliina warnen? Auch das war zwecklos. Das Mädchen war einfältig und dumm. Und Jere hatte nun einmal schon ein Auge auf sie geworfen. Jere hatte beschlossen, daß er sie zur Frau nehmen wolle, so bald Anna tot sei, das begriff sie.

Anna warnte ihn einmal: »Laß das Mädchen in Ruhe.«

»Wenn du nicht still bist, gehe ich von hier fort und werde Waldarbeiter.«

»Mit dem Mädchen?«

»Und wenn schon.«

»Nein.«

»Warum nicht?«

»Weil du weißt, daß du bald stirbst.«

»Wenn ich sterbe, kann ich auch woanders sterben.«

»An deinen inneren Krankheiten, die dich quälen, wirst du krepieren.«

»Das werden wir ja sehen, wer von uns beiden zuerst krepiert.«

146

Und eines Tages sah Anna dann, wie Jere im Schuppen sein Messer wetzte und die Schärfe der Klinge mit dem Finger prüfte. Dann versteckte er sein Messer im Ärmel. In der Kate aber fiel das Messer Anna vor die Füße. Anna hob es geschwind auf und gab es Jere wieder mit den Worten: »Schleif doch auch mein Messer. Wenn ich deine Jacke da flicke, kann ich damit nicht mehr die Naht auftrennen.«

»Schleif dein Messer selbst.«

»Nun ist man schon so alt geworden, daß man nicht mehr weiter kann. Möge doch bald der Tod kommen. Da ist auch ständig dieser Druck in der Brust. Meine Mutter selig klagte kurz vor ihrem Tod ebenfalls über die gleichen Beschwerden. So daß, wenn ich das nächste Jahr nicht mehr erlebe, das Stück Acker verpfändet werden müßte und diese Jacke würde überhaupt nicht mehr geflickt.«

»Das ist gut für mich«, sagte Jere, und seine Stimme klang sanft dabei.

Anna wußte jetzt, daß sie in Jere einen neuen Gedanken ausgelöst hatte, wie ein Versprechen, für dessen Ausführung sie nicht zuständig war. Wie sollte sie auch! Vom eigenen Willen des Menschen sollte sein Ende abhängen?

Diesmal entkam sie Jeres Schikanen.

Für etliche Wochen schien Jere sich beruhigt zu haben. Er wartet jetzt darauf, dachte Anna. Wie wütend wird er dann werden, wenn der Tod gar nicht kommt? Einmal im vergangenen Sommer, zur Zeit der Heuernte, als Anna in der Scheune Mittagsschlaf hielt, da hörte sie, wie Jere zu Eveliina sagte: »Sie stirbt bestimmt bald. Dich nehme ich dann zur Frau.«

»Der Bauer darf nicht immer so an mir zerren, die Bäuerin kann doch kommen!«

»Was kann die Alte schon wollen, wenn sie es sieht, soll sie doch.«

Anna erwachte und sagte: »Es wäre wohl schon höchste Zeit zu sterben.«

»Der Bauer wollte ...«, begann Eveliina zu erklären.

»Ich habe mit dem Mädchen nur einen Scherz gemacht«, sagte Jere.

»Ja, die Sorte Scherze, die kenne ich«, erwiderte Anna. »Geh, Eveliina.«

Als Eveliina fort war, sagte Anna: »Du stürzt das Mädchen ins Verderben.«

»Was geht das dich an?«

»Sie ist schließlich die Tochter meiner Schwester.«

»Hör auf, dich in meine Angelegenheiten einzumischen.«

»Das tu ich nicht.«

»Sei jetzt still.«

»Nein. Jetzt bin ich nicht mehr still, nein.«

»Aber du mußt.«

»Ich schreie es dir ins Gesicht, du stürzt das Mädchen ins Verderben«, rief Anna.

Jere stürzte sich auf sie und schlug ihr auf die Arme und Schultern, aber Anna wiederholte nur:

»Du stürzt das Mädchen ins Verderben, du stürzt das Mädchen ins Verderben. Es ist eine Schande.«

»Bist du jetzt still?«

»Du stürzt das Mädchen ins Verderben ...«

Jere packte sie bei der Gurgel und drückte sie ins Heu. Anna machte sich mit einem Ruck los und sagte: »Laß schon, du kannst mich erwürgen.«

»Ja.«

»Du kommst hinter Gitter.«

»Nein. Ich verbrenne dich.«

»Solange ich noch lebe, sage ich dir, du stürzt das Mädchen ins Verderben.«

Jere warf sie erneut zu Boden, stemmte sein Knie auf ihre Brust, drückte ihr den Hals zu, so daß sie zu ersticken drohte.

Zum Glück kam Eveliina zufällig zurück und schrie: »Bring sie nicht um.«

Jere lockerte seinen Griff um Annas Hals und ging fluchend davon.

»Hör auf mit diesem Spiel«, sagte Anna zu Eveliina.

»Der Bauer ...«

»Versuch, ihm aus dem Weg zu gehen.«

»Wie denn?«

»Du mußt woanders hingehen.«

»Wohin soll ich denn gehen?«

»Bald wird es zu spät sein.«

»Es ist schon zu spät.«

Dann erfuhr Anna, daß Eveliina ein Kind erwartete. Anna war immer vom Pech verfolgt gewesen, aber von so einer Schande wie dieser war sie bisher verschont geblieben. Das gab ihrem Leben eine neue Wendung.

Dann stand Weihnachten vor der Tür, Eveliina war in diesem Zustand und konnte jederzeit krank werden. Das Mädchen sah hilflos aus, und Anna begann, Mitleid für sie zu empfinden. Das hätte ja auch ihrem eigenen Kind widerfahren können.

Am Abend vor Weihnachten waren in der Kate alle nötigen Vorbereitungen für das Weihnachtsfest getroffen. Brot war gebacken, und ein Stück Schweinefleisch schmorte im Ofen. Das Petroleum war ausgegangen, und Matti mußte neues aus dem Kirchdorf holen, wobei er zugleich für sich einen Liter Schnaps und für Anna ein Viertel Kaffee mitbringen sollte.

Matti aber war noch nicht zurück, als am Heiligabend die Dämmerung einsetzte. Womöglich hatte er etwas im Dorf vergessen, oder vielleicht hatte ihn Wind aufgehalten. Der Wind wehte so stark, daß man hätte glauben können, der Schöpfer schleuderte seinen letzten Haß dieser Welt entgegen.

Abends auf dem Weg in den Stall blieb Anna auf dem Hof stehen und horchte auf das schwere Rauschen des Windes.

Jetzt funkelten die Sterne nicht. Tiefhängende Wolken schleppten sich über das Land. Und die Erde war schwarz.

Auf dem Hof hatte sie am Tage einen verirrten Sommervogel im Baum entdeckt. Dachte das arme Tier denn, daß der Winter noch nicht gekommen sei. Oder war es etwa gar kein richtiger Vogel? Brachte er vielleicht eine Botschaft? Prophezeite er den Tod? So erzählten es jedenfalls die Alten.

»Jetzt gibt es wohl keinen Schnee zu Weihnachten«, sagte sie in der Stube.

»Wenn das so weitergeht, steht uns sicher ein schlechtes Jahr bevor«, sagte Jere.

Anna war ganz verwundert, daß Jere ihr Antwort gab. Sie freute sich darüber.

Wenn ein schlechtes Jahr kommen würde, bedeutete das für sie nichts Gutes, das wußte Anna. Nicht, daß sie Mißernten und Frostschäden nicht gewohnt waren, den Hunger hatten sie kennengelernt, das alles hatten sie überstanden, aber schlimmer war, daß der Mangel an Brot ihr die Arbeitskraft raubte. Und da war diese andere Frau, die bald ein Kind zur Welt bringen würde. Eine mußte fort von hier. Und Jere würde von dieser anderen nicht lassen.

Als sie beim Abendessen darüber grübelte, wäre ihr fast ein Stück Brot im Hals steckengeblieben.

Sie hörte noch, wie Jere zu dem Mädchen sagte: »Hol Butter für dein Brot, jetzt ist doch Weihnachten.«

Wann hatte Jere zu ihr je so etwas gesagt? Niemals. Nicht einmal damals, als sie als Bäuerin hier eingezogen war.

Eine mußte fort von hier. Eine Schande war es, das Mädchen jetzt auf die Landstraße zu werfen, wo sie doch jetzt ein Kind erwartete. Aber einen anderen Ausweg gab es nicht.

»Es kommt ein schlechtes Jahr«, sagte sie. »Wie soll man hier dann über die Runden kommen, wenn wir noch mehr werden?«

»Einer kann doch betteln gehen«, sagte Jere.

»Irgendwo arbeiten gehen«, sagte Anna »Eveliina ist jünger, also kann sie gehen. Das Kind muß hierbleiben.«

»Das hast du nicht zu bestimmen.«

»Soll Eveliina doch selbst entscheiden.«

»Wohin soll ich denn noch gehen?«

»Willst du für immer und ewig hier bleiben?«

»Darüber wird jetzt nicht gesprochen«, sagte Jere.

»Darüber wird gesprochen«, sagte Anna. »Auch die Sünde hat schließlich eine Grenze.«

»Sei jetzt still.«

»Sag mir ins Gesicht, was du dir vorgenommen hast. Habe ich denn überhaupt keine Rechte mehr?«

»Ich werde dir schon deine Rechte zeigen«, drohte Jere.

»Fang nicht am Weihnachtsabend zu schlagen an.«

»Verfluchtes Weib.«

Jere bückte sich plötzlich, ergriff die Axt und schleuderte sie gegen Anna. Anna gelang es, ausweichen. Die Axt polterte in die Ofenecke und schlug dort ein Stück Holz ab.

»Beherrsch dich jetzt, Jere.«

»Nein.«

Jere versuchte, wieder nach der Axt zu greifen, doch Anna stieß sie mit dem Fußtritt unter die Bank.

Jere bekam Anna zu fassen. Sie rangen miteinander. Jere schlug Anna mit der Faust auf den Arm, gegen die Brust und wohin immer er traf. Anna war selbst verwundert über ihre Kraft und Geschicklichkeit, aber sie wußte jedoch, daß sie Jere am Ende und sehr bald unterlegen sein würde.

»Bist du verrückt, du Waldungeheuer? Hör schon auf.«

»Ich höre nicht auf, bevor ich dich erdrosselt habe.«

»Eveliina, komm zu Hilfe«, bat Anna.

Eveliina versuchte, Jeres Hand von Annas Hals fortzuziehen, und Anna versuchte, sich zu wehren, indem sie Jere in den Bauch schlug.

Der Kienspan verlosch im Ständer.

»Hör jetzt auf, Jere, jetzt geht es zu weit«, jammerte Anna.

Aber Jere ließ nicht von ihr ab. Er schlug zu, ohne darauf zu achten, wohin er traf.

Und als es den Frauen gelang, seine Hände festzuhalten, trat er um sich.

»Tritt nicht. Geh, Eveliina, geh weiter weg von ihm.«

Eveliina begann zu wimmern. Mit tränenerstickter, angstvoller Stimme bettelte sie:

»Bitte nicht, Herr, bitte nicht mehr schlagen.« Eveliina keuchte schwer.

»Geh weg, Eveliina«, beharrte Anna.

»Er bringt dich um.«

»Jetzt bekommst du, was du verdienst«, brüllte Jere mit vor Wut heiserer Stimme.

Anna durchfuhr der Gedanke, daß er jetzt ernst

machte. »Hat nun also mein letztes Stündlein geschlagen? Er bringt mich um.« Sie wunderte sich, daß sie gar keine Angst davor hatte, aber sie kämpfte mit ganzer Kraft dagegen.

Plötzlich riß Jere sich los. Die Frauen warfen sich wieder auf ihn. »Wer weiß, vielleicht kann ich mich noch retten, indem ich es hinauszögere«, schoß es Anna durch den Kopf. Wenn sie ihn nur festhalten könnten, bis er erschöpft wäre und wieder zur Vernunft käme. Oder wenn Anna die Flucht ergreifen könnte. Vielleicht war diese Dunkelheit die Rettung für ihre Flucht. Sie würde zu Mattis Hütte laufen und Matti um Hilfe bitten. Nein, das war nicht gut. Sie würde sich tief im Wald verstecken. Es war egal, wenn sie nur diesmal dem Tod entkommen würde. Wie bei einem Tier, das von Lebensgefahr bedroht ist, so wuchsen auch Annas Kräfte.

Jere hatte sich wieder losgemacht und bückte sich, um die Axt aufzuheben.

Jetzt schlägt er zu. Vielleicht tut es nicht sehr weh, durchfuhr es Anna, aber mit einem kräftigen und schnellen Griff riß sie Jere fort, so daß er die Axt nicht erreichte.

Es war still. Anna setzte ihren Fuß auf die Axt. Aber was war jetzt mit Jere, warum lockerte er seinen Griff? Anna fühlte, wie Jeres rechte Hand, mit der er ihren Arm festhielt, herabsank. Jeres Hand hob sich auch nicht mehr zum Schlag. Zudem keuchte er tatsächlich.

Aber vielleicht war es nur eine List, und er würde ihr gleich die Axt entreißen. Besser, man war auf der Hut, um dann zur Tür laufen zu können.

Er schlug nicht mehr zu. Sie hörte zwischen Jeres Schnaufen einen schnarrenden Jammerlaut.

»Was ist mit dir«, fragte Anna.

Jere holte mühsam Luft und stöhnte.

»Hast du Schmerzen?« Anna hörte an dem Geräusch, daß Jere Schmerzen hatte. »Eveliina, zünde den Kienspan an.«

Eveliina blies in die Glut, und der Kienspan fing Feuer. Und Anna sah, daß Jere zusammengekrümmt auf dem Boden kauerte und die Hand unterhalb des Herzens hielt. Er stöhnte laut und sank zu Boden.

»Jetzt hat er einen Anfall bekommen«, dachte Anna. Sie begriff, daß der Kampf fürs erste beendet war.

»Deine Krankheit hat dich jetzt erwischt«, vermutete sie. »Warum wütest du auch so, armer Mann.«

»Ach, das tut weh ...«

Anna legte einige Scheite auf die Glut und Birkenrinde darunter, damit sie Licht bekamen, falls es benötigt würde und der Kienspan ausginge. Jere wimmerte und auch Eveliina stöhnte und keuchte zwischendurch.

Anna ging zu Jere.

»Versuch, aufzustehen, ich helfe dir ins Bett.«

»Ich kann nicht«, sagte Jere.

»Hier ist ein Kopfkissen.« Anna schob ein Kopfkissen unter Jeres Kopf auf den Boden. Aber Jere begann, sich am Boden unruhig zu wälzen.

»Gib mir Arznei«, bat er.

Anna nahm die Arzneiflasche aus der Truhe und versuchte, im Licht der Herdflamme etwas davon in eine Kaffeetasse zu träufeln.

»Nimm alles«, brüllte Jere.

»Aber wenn es dir schadet«, zweifelte Anna.

»Nimm alles.«

»Du darfst aber nicht ...«

»Nimm alles, wenn ich es sage, mach schon, schneller«, rief er unter Qualen.

Jeres Stimme entwand sich als unnatürliches Geheul seiner Brust.

Wie gebannt goß Anna den Inhalt der Flasche in die Kaffeetasse und brachte sie Jere. Mit einem Schluck trank Jere die Tasse leer.

Kurze Zeit wimmerte Jere noch, dann wurde er ruhig. Nur ein gleichmäßiges Röcheln war zu hören. Er lag jetzt gerade auf dem Rücken ausgestreckt auf dem Boden.

»Jetzt schläft er ein, und dann steht er gesund wieder auf«, dachte Anna.

Und jetzt konnte ich gar nicht die Flucht ergreifen, und ich traue mich auch nicht mehr zu fliehen.

Möge kommen, was da wolle, sie nahm alles an wie aus der Hand des Schöpfers. Wenn ihr etwas zustieß, wenn sie den Morgen nicht mehr erlebte, dann war das nicht zu ändern. Irgendwann kam ohnehin der Tag, auf den kein Morgen mehr folgte.

Eveliina hatte sich auf die Bettkante gesetzt und keuchte noch immer. Anna fragte: »Was ist mit dir?«

»Ich weiß nicht.«

»Hast du Schmerzen?«

»Es tut weh.«

Dann bat Eveliina: »Bitte hilf mir, hilf mir.«

»Wie kann ich dir denn helfen? Leg dich ins Bett. Das ist sicher nichts Gefährliches.«

Das Röcheln des Mannes klang in ihren Ohren jetzt eigenartig.

»Wenn er da jetzt stirbt«, kam es ihr in den Sinn.

Das Röcheln wurde allmählich leiser.

Anna bückte sich weit zu ihm herunter und sagte: »Jere, hörst du mich?«

Aus Jeres Mund war Schaum ausgetreten, Anna wischte ihn mit ihrer Schürze ab.

»Der stirbt jetzt.«

Im flackernden Licht der Herdflamme sah sie das bleich gewordene, leblose Gesicht des Mannes, die seltsam aufragende Nase und den zurückgesunkenen Unterkiefer

»Er ist schon tot, er ist ja schon gestorben.«

Anna betastete die steife, erkaltende Hand und die hohle Wange.

»Tot. Jere ist tot.«

In der Stube herrschte die schwere Geräuschlosigkeit dieses Augenblicks, die sie vollständig lähmte. Oder war das nur ein Traum? Man mußte jetzt daraus aufwachen und zur Besinnung kommen. Aber alle ihre Gliedmaßen waren eigenartig schwer.

Jere war ihr so fremd, wie er dort lag. Fremd war er ihr immer gewesen, aber jetzt war er ihr fremder als je zuvor. Was für eine leere Hülle ist doch der Mensch, wenn seine Seele, sei sie auch sündig, fort ist.

Anna richtete sich auf. Sie schleppte sich von einer Ecke der Stube in die andere, als suche sie etwas. Eveliinas Jammerlaute drangen nicht bis zu ihr. Sie kamen aus weiter Ferne.

Sie mußte weinen. Ihre Brust war wie geborsten und zerrissen. Sie ging auf den Flur. Dort löste sich der Druck auf ihrer Brust mit einem langen, lauten Schluchzen, und eine Flut von Tränen, die jahrelang hinter ihren Augen verborgen gewesen war, stürzte jetzt ungehemmt hervor, ohne daß jemand sie sah, ohne daß sie jemanden kränkten.

Ihr wurde leichter ums Herz, und sie dachte ruhig: So war das Leben mit Jere gewesen. Schwer gewiß. Aber jetzt war es vorüber.

»Ich selbst bin vielleicht wertlos, aber ich werde noch gebraucht«, sagte sie sich dann.

Sie ging hinaus auf den Hof, um sich Abkühlung zu verschaffen.

Es hatte geschneit. Sanft umhüllte der Schnee das Land, bedeckte wieder die Felder und Wiesen. Sie ahnte die Bedeutung und den Segen des Geschenkes, das den Bewohnern des Ödwaldes nun zuteil geworden war.

Sie sank auf die Knie, nahm den weichen Schnee in die Hände und bedeckte damit ihre verweinten Augen.

Ihr war feierlich zumute, als sei sie beim Gebet in der Kirche.

Als sie wieder in die Stube eintrat, war vom Bett noch immer Eveliinas Stöhnen zu hören.

»Ich sterbe bestimmt«, jammerte Eveliina.

»Kein Grund zur Aufregung«, sagte Anna.

Anna setzte den Wasserkessel aufs Feuer. Und kaum hatte sie das getan, als sie das Schreien eines Kindes aus Eveliinas Bett hörte.

Sie eilte zu Hilfe, nahm das Neugeborene auf den Arm, wickelte es in ein Tuch und kümmerte sich dann um Eveliina.

»Alles Schlimme ist schon überstanden«, sagte sie.

Eveliina weinte vor Entkräftung.

»Es ist eine Sünde, wenn du weinst. Sieh doch nur diesen kleinen Bauern.« Sie zeigte Eveliina den Jungen.

Das brachte Eveliina erst recht zum Weinen.

»Hör jetzt auf zu weinen.«

Eveliina beruhigte sich.

»Es hat in der Nacht geschneit«, sagte Anna.

Anna wusch den Kleinen und wickelte ihn in saubere Laken und legte ihn neben die Mutter.

»So ein hübscher Junge, der wird dir noch viel Freude bringen.«

Und schon betrachtete Eveliina den Kleinen voller

Glück und lächelte ihn an. Aber als sie in die Stube blickte, den Körper des Bauern auf dem Boden liegen sah und sich an die nächtlichen Ereignisse erinnerte, verzogen sich ihre Mundwinkel wieder zum Weinen.

»Schau dir das Kind an«, sagte Anna.

»Man sollte dem Bauern die Hände auf die Brust legen«, sagte Eveliina.

Jetzt bemerkte Anna, daß Jeres rechter Arm noch zur Seite ausgestreckt lag, als wolle er nach ihr greifen. Sie bog den Arm vor die Brust und legte die Bibel zum Beschweren darauf. Dann breitete sie ein Laken über den Leichnam und sagte: »Wenn Matti doch jetzt käme, dann könnten wir den Hausherrn aus der Stube tragen.«

»Ich kann doch auch helfen.«

»Matti kommt ja bald. Es fängt schon an zu dämmern.«

Anna schaute aus dem Fenster. Im Osten war der helle Streif des heraufdämmernden Morgens zu sehen, und auf den Feldern glitzerte der Schnee.

Diese Felder gehörten jetzt ihr. Sie war jetzt für die Kate verantwortlich. Sie würde mehr Ackerland roden und Matti zu Hilfe holen. So würde sie das Land bestellen, während der Kleine da heranwüchse.

Ihr war festlich zumute. Auf dem Herd brannte eine weiße Flamme. Die Wärme der Stube ermüdete den Körper. Anna mußte sich auf die Bank setzen, um auszuruhen. Die Stube kam ihr unnatürlich groß vor. Dort in der Ferne lag der Körper ihres Bauern, weit entfernt, dort vor dem Türrahmen stand Eveliinas Bett. Sie verschränkte die Arme und ließ ihre Augen zufallen und schlief für eine kurze Zeit ein.

Als der Morgen graute, kam Matti mit seinen Sachen.

»Frohe Weihnachten«, sagte er.

»Frohe Weihnachten«, sagte Anna. »Wie geht's?«

»Es hat geschneit.«

»Es hat geschneit. Kommst du, um mir zu helfen?«

»Ja.«

»Du müßtest nach den Feiertagen einen Sarg machen.«

»Ja, mache ich. Wer ist gestorben?«

»Schau mal, wer.« Anna hob das Laken.

»Das ist ja der Bauer.«

»Ja, der Bauer.«

»Wenn er aber böse wird, wenn ich den Sarg gemacht habe?«

»Du machst ihn doch gut. Wer würde über gute Arbeit schon böse werden. Und schau doch, Matti, wer hier ist. Hier ist der richtige Bauer«, Anna zeigte Matti den kleinen Jungen.

»Das ist ja ein kleines Kind.«

»Das ist ein kleines Kind. Das ist jetzt der neue Bauer. Wie wäre es, wenn du kommen würdest, um für diesen neuen Bauern zu arbeiten? Die Äcker pflügen und die Felder bestellen.«

»Ja, gut.«

»Er kann das ja nicht selbst.«

»Nein, er kann das nicht. Aber ich kann das.«

»Du bist ein guter Mann, du kannst das. Und ich gebe dir Kleidung, Essen und Lohn und jeden Tag Kaffee, so daß du es gut haben wirst, wenn du für diesen neuen Bauern arbeitest.«

»Lacht er schon?«

»Noch nicht. Er spricht auch noch nicht. Laß nur ein wenig Zeit vergehen. Dann bekommst du einen guten Kameraden.«

»Ich komme.«

»Hol doch jetzt vom Dachboden des Holzschuppens

ein Brett herunter, dann tragen wir den alten Bauern fort. Dann holst du Wacholder für den Boden in der Stube. Schließlich ist Weihnachten.«

»Ja, es ist Weihnachten.«

Matti brachte ein Brett, und sie trugen den Bauern ins Vorratshaus. Anna setzte die Kaffeekanne aufs Feuer, fegte die Stube aus und streute Wacholder auf den Fußboden.

Als der Kaffee fertig war, brachte Anna den Kaffee Eveliina, die noch schlief.

Eveliina schämte sich so, daß ihre Lippen bebten.

»Schon wieder«, sagte Anna.

»Muß ich von hier fortgehen?«

»Nein, bleib du nur hier. Wir ziehen das Kind auf, bis es ein Mann wird, wenn wir können. So ein hübscher Junge. Daraus wird einmal ein richtiger Mann.« Sie berührte die Wange des Kleinen und sagte: »So einen würde doch niemand verstoßen, niemand. So einer ist doch ein Geschenk.«

Das Bedürfnis, das hilflose Bündel lieben zu dürfen, überwältigte ihr Herz mit aller Macht. Sie dachte an ihre eigenen Kinder. Sie waren ihr genommen worden. Diese beiden waren von nun an ihre nächsten Angehörigen. Sie wurde von ihnen gebraucht. Sie durfte sie lieben. Eine seltsame Wärme durchströmte ihren Körper, und ein tiefer Friede erfüllte ihr Herz.

Sie war glücklich. Sie legte zärtlich und beschützend die Hand auf den Kopf des kleinen Menschenkindes und segnete es.

Weihnachten war gekommen, der erste große Festtag ihres Lebens in der einsamen Kätnerei im Ödwald.

*Aus dem Finnischen von*
*Joachim Gerdes & Dagmar Mißfeldt*

# Halldór Laxness

# Ein Weihnachtsgedicht

Ich gehe durch die Straßen und sehe Menschen mit Paketen, Tausende und Abertausende: Mütter und Mädchen, Greise und junge Burschen, selbst ganz kleine Kinder; und alle schleppen irgendwelche Traglasten. Ich habe sogar Leute gesehen, die Klaviere und Eßtische herumkarrten! Welch ein endloser Strom von Menschen. Und welch eine unglaubliche Menge von Päckchen. Alle Leute sind in Eile, hasten, laufen, sind überaus beschäftigt, erwartungsvoll, fröhlich, lächeln, singen unter ihren Lasten: Einige wenige sind verkniffen und wütend und fluchen.

Heute wird der Weihnachtshammel geschlachtet.

Meine Gedanken wandern weit nach Westen, weit nach Norden. Das Land dort ist von dunklen Wolken verdeckt und steigt jäh aus dem Meer auf. Dort toben eisige Stürme, doch die Menschen sind gutherzig und bedächtig. Dort wohnt die kleine Maria, die zu mir sagte, als ich Abschied nahm: Du hast es gut, daß du ins Ausland reisen kannst, denn dort ist immer Sonnenschein, und dort ist immer Weihnachten.

Es nieselt, die Straßen sind naß und kalt vom Schneematsch. Und den lieben langen Tag sind die Leute gelaufen und gerannt und gehastet und gestolpert und gestürzt, und sie haben gelacht und geschrien und sogar gesungen unter der Last ihrer Pakete.

Nur ich schlendere in aller Ruhe umher; blau vor Kälte, mit leeren Händen und ohne Geld wate ich durch den Matsch. Und die wenigen, die von mir Notiz nehmen, verdrießt es, sehen zu müssen, wie kalt mich all diese bevorstehende Pracht läßt, wie unbeeindruckt ich bin von all diesen konfus machenden, interessanten Dingen, diesen herrlichen Märchen von Päckchen und Paketen, diesem himmlischen Weihnachtsfest, das jetzt naht mit all seinen gewürzten Speisen und seinem Tand.

Ich bin so manche Stunde daheim in meiner Kammer oder in einer Kneipe gesessen und habe mir den Kopf zerbrochen über das Wort, das ich einer Frau hier in der Stadt schreiben sollte, anläßlich des Weihnachtsfestes, dem herrlichsten Mädchen in der Stadt. Und endlich habe ich das richtige Wort gefunden; denn es gibt nur ein einziges richtiges Wort. Doch das würde meine Armut preisgeben.

Satt sitze ich in meiner Kneipe am Tisch und denke nach. Niemand soll wissen, wie arm ich bin. Niemand soll wissen, daß ich arm bin. Niemand soll mich zur Zielscheibe seines Mitleids machen können. Ich hasse das Mitleid, so wie ich den Teufel hasse, der alles Elende erschafft. Also bewahre ich das eine richtige Wort in meinem Herzen, das Wort, das weder ausgesprochen noch bekannt werden darf:

Was nützen meine Wünsche, die Wünsche eines armen Ausländers?

Gott segne das herrlichste Mädchen in der Stadt.

Ich sah eine uralte Frau. Sie konnte die Straße nicht überqueren, weil sie so alt war. Vorbei rollten die Wagen, alle brausten mit erbarmungsloser Geschwindigkeit wie eine endlose Karawane dahin; niemand half der alten Frau über die Straße, niemand beachtete sie. Sie stand da, gebückt und gebrechlich und zitterte. Sie wartete auf eine günstige Gelegenheit, reagierte jedoch so langsam, daß sie die Gelegenheit nicht ergreifen konnte, wenn sie sich bot. Die Ärmste. Sie war so alt.

Könnten Sie mir nicht über die Straße helfen? sagte sie schließlich.

Doch, ich werde Ihr Päckchen tragen und Sie führen.

Ich bin so schwach geworden, sagte die alte Frau, als müsse sie sich dafür entschuldigen. Aber ich wollte unbedingt in die Stadt und ein paar Spielsachen kaufen, um dem kleinen Hans eine Freude machen zu können an Weihnachten.

Ich führte sie über die Straße.

Vergelt's Gott! sagte sie und ging. Ich blickte ihr nach, bis sie in der Menschenmenge verschwand. Du lieber Himmel, wie alt sie war. Ich muß noch heute an sie denken.

Ich ging kerzengerade weiter.

Ich ging hinaus in den Park, der jetzt von Schnee bedeckt ist; es war am Heiligen Abend. Ich setzte mich auf eine Bank unter einem der Bäume. Da kam ein kleiner Spatz angeflogen und ließ sich neben einem Pflaumenstein nieder, den ein Passant auf den Gehweg gespuckt hatte. Der Spatz ging daran, die Reste des Fruchtfleisches, die noch an dem Pflaumenstein hingen, wegzupicken, er drehte ihn um und pickte auf der anderen Seite, er pickte und pickte und dazwischen sah er zum Himmel hinauf. Da kam es mir so vor, als hörte ich aus den Wolken Musik und Stimmen. Vielleicht war es Einbildung, aber dennoch fragte ich: Hat Gott mir diesen Vogel geschickt?

Ich starrte auf den Sperling, bis ich nichts mehr sah vor Tränen.

Das war am Heiligen Abend.

Hungrig und frierend spazierte ich den ganzen Tag lang draußen im Nieselregen herum. Die Leute waren schön und festlich gekleidet, die Kinder sangen. Alle waren Kinder des Lebens und verstanden einander.

Niemand sah mich. Es war, als spazierte ich in die Ewigkeit hinaus. Ich erinnere mich daran, als ich ein kleiner Junge war und zum ersten Mal in die Stadt kam. Niemand kannte mich, und ich kannte niemanden. Mir kam es so vor, als sei ich nicht mehr ich selber. Das kam daher, daß mich niemand kannte.

Wüßten die Menschen, mit welcher Gewissenhaftigkeit ich mir diese wenigen Kronen eingeteilt habe, die ich vor zwei Wochen bekam, würde ich zum Gespött der ganzen Stadt. Selbst ein Bettler würde lächeln.

Aber ich wollte die Hälfte für Weihnachten aufheben, und das ist mir gelungen, weil ich an manchen Tagen nichts gegessen habe.

Am Nachmittag des Heiligen Abends setze ich mich in meiner Kammer hin. Ich habe seit dem frühen Morgen nichts mehr gegessen. Und ich will bis zum späten Abend nichts essen. Auf diesen Abend habe ich mich zwei Wochen lang gefreut. Vierzehn Nächte lang habe ich davon geträumt. Ich will am besten Tisch in meiner Kneipe sitzen und Braten essen. Ich nehme an, daß währenddessen die Kirchenglocken in der Stadt läuten. Dann werde ich glücklich in meinem Herzen. Und ich will süßen Wein bestellen. Ich will vom höchsten Glück des Lebens träumen.

Ich will an daheim denken, von den Heiligen Abenden zu Hause träumen, von den Lichtern, die dort in meiner Kindheit unter der Dachschräge brannten und jetzt erloschen sind, von dem Bibeltext, der am Heiligen Abend vorgelesen wurde, von der Stimme meines Vaters, von allem, was mir in Gedanken das Schönste und Liebste ist. In Gedanken die schönsten Lieder singen, die ich gehört habe, die alten Kirchenlieder, die meine Kinderstimme einst an diesem Abend sang, hell, andächtig vor Glaubensgewißheit, inbrünstig und fiebernd vor Begeisterung, Inspiration, Heiligkeit.

Ich komme überglücklich nach Hause. Und die Uhren draußen in der Stadt schlagen zwölf Uhr Mitternacht, während ich meine Augen zum Schlaf schließe, ein Bruder der ganzen Welt, alle dieser Tausende, die ich nicht kenne. Am Morgen schreibe ich das Gedicht über Jesus von Nazareth, den König der Juden.

Stille auf der Straße, das Fest hat begonnen. In Tausenden von Wohnungen sitzen Familien an der Festtafel. In Millionen von Wohnungen starren begeisterte Kinder auf die Lichterpracht. Weihnachten.

Ich kämme mein Haar und mache mir die Nägel sauber. Wie ein Weihnachtsgast, höflich und feierlich, will ich mich in dem kleinen Gasthaus zu Tisch setzen.

Strömender Regen. Die Straßenlaternen werfen einen matten Lichtschein auf den glänzenden Asphalt. Ein paar fröhliche Männer gehen mit ihren schönen Frauen zu einer Gesellschaft. Sie ziehen die Mäntel fester an sich und sehen mich nicht. Ich bin auch auf dem Weg zu einer Gesellschaft. Ich gehe zu einem Fest mit meinen Erinnerungen.

Die Straße ist leer. Kein Wagen, kein Rad. Kein Lärm. Wasser.

Der Regen fällt auf den schwarzglänzenden Asphalt, platscht, fließt in die Rinnsteine hinab, flutet, strömt. Der Lichtschein der Straßenlaternen ist freudlos und matt: Ich sehe meine undeutliche Silhouette im wasserglänzenden Asphalt, meinen Schatten, der im Dunkel verschwindet.

Zwei aufgeputzte Damen gehen lachend quer über die Straße. Ich blicke ihnen nach wie einem Gespenst. Elegante Festsäle warten auf sie, Musik, befrackte Herren mit Zylinder in der Hand, Künstler, die ihre Schönheit bewundern, Dichter, die Lobeshymnen auf sie singen. Ich gehe auch zu einem Fest, ja, ich eile im Laufschritt. Sei mir gegrüßt, meine Stammkneipe in der Nebenstraße.

Am Heiligen Abend sind alle Gaststätten geschlossen. An Weihnachten bleibt einem hungrigen Armen, einem einsamen Ausländer, der keine Freunde hat, alles verschlossen.

Die Tür meiner Kneipe bewegt sich nicht, obwohl ich anklopfe. Dunkelheit in allen Fenstern. Nun gehe ich hier allein auf der Straße, weil ich niemanden kenne, dem ich meine Armut offenbaren will.

In jedem Haus wird gefeiert, überall satte, fröhliche Menschen. Hier geht ein Mensch, der im Augenblick nur noch daran denken kann, daß es ihn gibt und daß er leidet, ein unglücklicher Ausländer. Was nützt es, daß er sich wünscht, er wäre daheim, denn er hat keine Eltern mehr, und sein Hof im Tal ist schon seit langem verödet. Und alle sind gestorben, und alles ist gestorben für ihn, außer den Erinnerungen, die ihn weinen machen. Aber keiner soll ihn zur Zielscheibe seines Mitleids machen können, und wenn er beerdigt wird, soll man sagen können: Er war kein Bettler und hat nie bei anderen Zuflucht gesucht. Er bewahrte in seinem Herzen das eine richtige Wort, ließ es aber ungesagt.

Sie verachten mich, herrlichstes Mädchen in der Stadt, ich aber liebe Sie, sagte er. Gott segne Sie.

Das Leben ist wunderbar, sagen diese Dummköpfe, diese blinden und halbblinden Narren, die glauben, das Leben sei dazu da, daß sie an Festtafeln sitzen und sich von Gesang und Gläserklang und dem Lachen koketter Mädchen erregen lassen.

Ich hasse Leute, die Gesang, Gläserklang und dummes Lachen in die Gewölbe der Säle aufsteigen lassen, um das Jammern und Seufzen der Knechte des Himmelreichs draußen auf der Straße zu übertönen, derer, die ihren Anteil nicht bekommen, sondern sich hilflos, verlassen und einsam in ihren Qualen winden.

Weh euch, ihr Auserwählten, die ihr die paradiesische Seligkeit des Himmelreichs genießt, während gleichzeitig auf der Erde unter euren Füßen Unglück, Schmerz und Kummer herrschen!

Unten am Dock habe ich ein offenes Wirtshaus entdeckt. Dort herrscht großer Andrang, Seeleute, die verschiedene Sprachen sprechen.

Ich dränge mich in die Menge am Eingang und versuche, mich von ihr treiben zu lassen, ich stecke Rippenstöße ein, man tritt mir auf die Zehen, es wird in unzähligen Sprachen geflucht, gerufen, gesungen, gekreischt.

Männer, welch seltsame Geschöpfe, Tiere voller Gegensätze, rotgekleidet, blaugekleidet, mit Schals, mit Halstüchern, mit Hüten oder Mützen oder barhäuptig, vor allem aber schmutzige Männer, dreckige Männer. Wütende und ängstliche Männer, hünenhafte Männer, Schwächlinge, Chinesen und Eskimos, betrunkene und verrückte Männer.

Drängelt nicht so! Wollt ihr mich umbringen! Doch keiner versteht, was ich sage.

Endlich gelange ich hinein. Die Männer stehen dicht nebeneinander, Enge und Unordnung, Lärm und

Getöse wie in einem Vogelfelsen, nirgendwo ein Sitzplatz. Die Männer trinken dort, wo sie stehen, trinken in großen Zügen, prosten sich zu. Betrunkene Engländer singen mitten in der Menge Kirchenlieder, Deutsche singen patriotische Lieder; einige streiten sich in einer Sprache, die ich nicht verstehe.

Der Kellner ist ein Riese, schwarzhaarig und unfreundlich. Solche Männer tragen Waffen und benützen sie im Zweifelsfall auch. Ich bitte um etwas zu essen, doch hier gibt es nur alkoholische Getränke; er hält mir eine Flasche hin und verlangt sofortige Bezahlung, und ich bezahle. Dann will er die Flasche wiederhaben, und ich muß sie eilends austrinken, in einem Zug. Welch eine Seligkeit, betäubender Genuß, Vergessen.

Ich stehe wieder draußen auf der Straße. Mein Kopf ist schwer, meine Augen sehen nicht. Ich kann nicht denken und nichts verstehen, ich habe mich von mir selbst gelöst, bin irgendwo in unendlicher Ferne. Meine Füße tragen meinen toten Körper weiter, ohne das Gleichgewicht zu halten. Schließlich falle ich auf die Straße in den Matsch, den Dreck, bleibe eine Weile liegen, stehe mühsam wieder auf und schwanke weiter.

Ich bin krank und will sterben. Gott laß mich sterben.

Ich höre mich selbst irgendwoher aus der Ferne rufen: Ich komme aus Island und will sterben!

Menschen gehen durch die Straßen, an mir vorbei und neben mir, sie kommen mir entgegen und gehen hinter mir her, schwarze Schatten in der grauen Dunkelheit. Dort ist das Meer, und ich schiebe mich an den Häusern entlang darauf zu. Der Regen strömt nieder. Mir kommt es so merkwürdig vor, daß es schon seit einer Ewigkeit immer regnet. Schnell nähere ich mich dem Meer. Was für ein Genuß muß es für einen kranken und hungrigen Menschen sein, sich in das ruhige, tiefe Meer zu stürzen. Ich will sterben, rufe ich wieder. Ein großes, schwarze Etwas gleitet aus der Dunkelheit auf mich zu. Aus der Ferne merke ich, wie mich die Angst vor diesem Ungetüm mit ausgefransten Flügeln überkommt. Aus der Ferne spüre ich, daß dies der Teufel selbst ist. Ich versuche auszuweichen, doch es ist zu spät. Er hat mir seine Krallen ins Gesicht geschlagen und zieht mich nun immer weiter, der Himmel gebe es, daß er mich ins Meer zieht.

Ich habe starke Schmerzen im Gesicht. Von einer weit weg brennenden Straßenlaterne fallen mir Lichtstrahlen in die Augen. Ich bin völlig durchnäßt, es regnet immer noch, ich liege da, und ein Mädchen beugt sich über mich.

Bin ich ins Wasser gefallen? frage ich.

Was für ein Wasser? sagt das Mädchen.

Das Meer, meine ich.

Hier ist weit und breit kein Meer.

War das der Teufel selber?

Was?

Wer hat mir die Krallen ins Gesicht geschlagen?

Niemand. Man hat dich geschlagen. Ich werde dir das Blut abwischen mit meinem Tuch.

Wer bist du?

Katrin.

Warum liege ich hier?

Du warst betrunken; es kam ein Mann und hat dich geschlagen.

Ich war nicht betrunken, ich war krank. Aber jetzt kann ich aufstehen.

Sie half mir auf die Beine, und ich mußte mich übergeben, zuerst erbrach ich den giftigen Wein, dann spie ich Galle; ich schwitzte.

Du erbrichst nur Wein, sagte das Mädchen.

Ich habe heute noch nichts gegessen.

Du bist wohl Ausländer?

Ja.

Soll ich dir etwas zu essen besorgen?

Ich kann selber bezahlen.

Da wäre ich nicht so sicher, sagte das Mädchen, ich glaube, er hat dir dein Geld weggenommen.

Wer?

Der, der dich geschlagen hat.

Als ich in meine Tasche faßte, merkte ich, daß sie leer war.

Ich werde dich zu mir nach Hause bringen. Wenn du willst.

Wer bist du?

Katrin – ein Mädchen von der Straße.

Eine Hure?

Ja, nur eine Hure.

Weshalb hatte ich dieses Wort gesagt? War ich denn nicht der Bruder der ganzen Welt, all dieser Tausende, die ich nicht kenne? Ich bekam einen Kloß in den Hals und brachte kein Wort heraus, um sie um Verzeihung zu bitten.

Das ist das Gedicht über Jesus von Nazareth, den König der Juden.

*Aus dem Isländischen von Hubert Seelow*

# Herman Lindqvist

# Tropischer Tannenbaum

Ungefähr dann, wenn zu Hause in Schweden die letzten Krebsschalen fortgeworfen werden, beginnt es bei den Schweden in der Diaspora in den Weihnachtswurzeln zu zucken. Ihr werdet verstehen, daß es für diejenigen hinter dem Ural und Himalaya, ja bisweilen bloß jenseits der Pyrenäen, der sorgfältigen Planung bedarf, wenn man ein Weihnachtsfest verleben will, daß so schwedisch ist wie möglich.

Das ist Ehrensache, aber auch Prestigesache unter uns Auslandsschweden, in Besonderheit für die, die Familie und Kinder haben. Allen Unbilden zum Trotz – wie zum Beispiel einer Temperatur von 40 Grad Hitze oder daß nicht nur Schinken allein eine verbotene Speise ist, sondern daß einem auch der Schnaps jahrelange Gefängnisstrafe einbringen kann –, trotz solcher Bagatellen muß alles herbeigezaubert werden, so daß man am Heiligen Abend beisammensitzt und strahlt wie alle anderen Schweden auch. Dem das Fest am besten gelingt, besitzt den höchsten Status unter Kollegen und Landsleuten im Ausland.

Es gibt Länder und Städte, wo die einheimischen Kaufleute Männer mit Flexibilität und Erfindungsgabe sind, die begreifen, wie man gutes Geld verdienen kann. So verhielt es sich in Beirut, bevor das ganze

171

Chaos ausbrach. Dort gab es ganze Basarviertel voller rühriger Phönizier, die vor Eifer darauf brannten, Tag und Nacht das zu beschaffen, was die Kunden haben wollten. Was es nicht in Beiruts Basaren gibt, das existiert in der Sinnenwelt überhaupt nicht.

Folglich konnte man dort zu Weihnachten sowohl Schinken als auch eingelaugten Stockfisch, Schnaps und Hering kaufen. Das einzige, was sie nicht fertig zubereitet hatten, war Heringssalat, aber etwas mußte man schließlich auch selbst machen.

Ein großes Problem außerhalb Skandinaviens stellt der Weihnachtsbaum dar. Ihr glaubt natürlich, ich mache Witze, doch nicht alle Menschen haben einen Tannenbaum. Ja, was schlimmer ist, die große Mehrheit der Erdbevölkerung hat noch nicht einmal etwas von einem Weihnachtsbaum gehört, und die davon gehört haben, denen würde nicht einmal im Traum einfallen, so einen Baum bei sich zu Hause aufzustellen.

Es gibt tatsächlich Leute, die der Idee sowohl verwundert als auch sehr kritisch gegenüberstehen, auf einmal einen großen Baum ins Haus zu schleppen und im Wohnzimmer aufzustellen, bloß um nach wenigen Wochen denselben Baum wieder hinauszuwerfen, wenn auch in bedeutend verwelkterem Zustand.

Vor vielen Jahren gab es im Botanischen Garten von Madrid einen sehr geschäftstüchtigen Mann. Er bemerkte, daß die Nordländer jedesmal in der Weihnachtszeit auftauchten und um seine edlen, aus dem Norden importierten Bäume strichen und daß diesen Nordländern, je näher Weihnachten rückte, immer größere Verzweiflung und Habgier in den Blick trat. Sie strichen um die Tannen wie die Kunden mit Hausverbot vor Mittsommer um das staatliche Alkoholgeschäft.

Dieser liebevolle Pfleger von Pflanzen und Bäumen, der sehr gut wußte, wie er sich eine goldene Nase verdienen konnte, ist mittlerweile in größere und ewigere Gärten befördert worden. Doch zuvor hatte er die Idee, seine Tannenbäume zu vermieten. Tage vor Weihnachten grub er sie aus und pflanzte sie in Blumenkübel. Die Nordländer mit Wunderkerzen in den Augen kamen in Strömen, aufgelöst vor Dankbarkeit drückten sie dem Mann dicke Bündel Geldscheine in die Hand. Die Tannen durften zu den schwedischen Familien mit nach Hause kommen. Die, die sonst nur in dem schönen Madridpark rumgestanden und nordisch düster gesäuselt hätten, bekamen nun Lieder zu hören und Szenen zu sehen, die sie sich nie hätten träumen lassen, aber auf die sie vielleicht ebensogut hätten verzichten können. Sie durften typisch schwedische Weihnachten verleben.

Sobald die Feiertage vorüber waren, kamen die Tannen zurück, wurden vorsichtig wieder eingegraben, und alle waren zufrieden. Nun waren die Tannen viel zu groß geworden und so hoch, daß sie die meisten der Geschehnisse im Park überblicken können, und das kann ich euch sagen, ist eine ganze Menge, wie nach dem alten Franco seinerzeit die Guardia Civil geschickt wurde, um dem schnell ein Ende zu setzen. Jetzt komme ich aber wirklich vom Thema ab.

Es gibt Auslandsschweden mit Sonderkontakten und viel Bargeld, die sich ihre Tannenbäume aus der Heimat einfliegen lassen.

Es gibt aber auch andere, die nicht über soviel Geld verfügen und die diese steigende Panik herannahen spüren, je näher man Weihnachten kommt und je lauter die Kinder die Frage wiederholen: »Wir kriegen doch auch einen Tannenbaum, PAPA?!!!« Und man registriert den höhnisch grinsenden und zweifelnden Blick der Ehefrau, die spöttisch fragt, wo man den denn beschaffen soll. An dem Ort, an dem man gerade wohnt, wie zum Beispiel im Zentrum Bangkoks.

Sagen wir, dieser Vater ist schwedischer Auslandskorrespondent, angestellt bei einer großen Stockholmer Abendzeitung. Er kann dann fünf Tage vor Weihnachten die Hände über den Kopf zusammenschlagen und sagen: »Ruhe, immer mit der Ruhe. Natürlich werden wir einen Tannenbaum haben. Wir haben IMMER einen Weihnachtsbaum. Auch dieses Jahr. Bis Weihnachten ist es noch lange hin ... Weihnachten haben wir hier im Zimmer einen Tannenbaum stehen ... das ist so sicher wie ... wie nur was.«

Die Tage vergehen, nein, sie fliegen dahin. Jenes Weihnachten nahte nicht, tipp-tapp-tipp-tapp, auf leisen Weihnachtswichtelsohlen, nein, es kam mit großem Getöse wie eine Schweißflamme in Raketengeschwindigkeit. Am Morgen des Heiligen Abend, nach einer schlaflosen Nacht, machte sich der Vater schweren Schrittes auf den Weg. Jetzt oder nie.

Die Sonne stieg immer höher. Die tropischen Gärten dufteten. Er wanderte seine stille Strecke entlang eines Weges, gesäumt von blühendem Palisander, Bourgainvillea und Feuerbäumen. Die Schlangen zischelten im Gras. Rauch stieg von den buddhistischen Altären bei den Gartenpforten auf, und all das war so weit von schwedischen Weihnachten entfernt, wie man es sich nur vorstellen konnte.

Wo eine Tanne auftreiben? Eine schwedische Tanne?

Er konnte an Weihnachten nicht ohne den versprochenen Tannenbaum nach Hause zu den strahlenden Kinderaugen zurückkehren.

Der Blumenhändler hatte eine Art neuseeländische Kiefer. Nichts gegen neuseeländische Kiefer, aber eine Kiefer aus Neuseeland sieht NICHT wie eine schwedische Tanne aus. Wie sehr man sich auch anstrengt. Und niemand hatte sich eine schwedische Tanne so dringend gewünscht, wie gerade dieser Familienvater, der in dem Geschäft bedrückt zwischen den Kiefern auf und ab ging.

Ja, er war so bedrückt, daß er nicht darauf achtete, wohin er trat. Er trampelte geradewegs in einen Blumenkübel, schnitt sich den Fuß auf und wurde schleunigst und blutend um die Ecke in die nächste Ärztestation verfrachtet, wo ihm sowohl eine Tetanusspritze als auch ein Stich in den Fuß verabreicht wurde.

Noch bedrückter hinkte er wieder hinaus auf die Straße, hinein in ein Taxi zum Abtransport zu dem guten Freund vor Ort, der ein kühles und zwielichtiges Etablissement besaß, ein Lokal, in das man vielleicht nicht unbedingt mit seiner freikirchlichen Tante gehen sollte. Insbesondere nicht am Heiligen Abend. Nun war guter Rat mehr als teuer, nun sprengte er den Rahmen aller Kredite.

Der Freund erfaßte die Ausmaße des Problems unmittelbar. Diese Person war der Prototyp für eine Sorte Menschen, die in den großen Metropolen dieser Welt leben und die man »men of plenty fix« zu bezeichnen pflegt, das heißt Burschen, die eine bestimmte Sache schon deichseln werden. Er hatte, mit Verlaub gesagt, schon schlimmere und kompliziertere Dinge als diese Angelegenheit gedeichselt. Es war im Grunde seine Spezialität, etwas zu beschaffen, was niemand anders beschaffen konnte oder zu beschaffen wagte.

Der jetzt, wie ihr euch erinnert, am Fuß bepflasterte, äußerst bedrückte Familienvater bestellte etwas Kaltes und Langes. Auf wundersame Weise wurden nun bedeutend beweglichere und phantasiereichere Kräfte als er in Gang gesetzt, während er da saß und auf das Beste hoffte.

Es dauerte nur eine Stunde.

Hereintraten die, ja, man kann sie wohl die Helfershelfer des guten Freundes nennen, und sie schleppten einen Blumenkübel, in dem ein Weihnachtsbaum stand, vielleicht kein echt schwedischer, aber doch ein europäischer, eine Eurotanne deutschen Ursprungs. Sie war geschmückt. An ihr waren Kerzen befestigt, und auf einer kleinen Karte am Fuß der Tanne stand zu lesen, daß ein in Bangkok und in allen Weltmetropolen sehr bekanntes Hotel seinen Gästen fröhliche Weihnachten wünschte.

Ja, liebe Leser. So ist das Leben. Wer keine Fragen stellt, bekommt auch keine peinlichen Antworten. Der Familienvater stellte keine Fragen. Er ließ bloß die Karte verschwinden, und triumphierend wurden er, sein bandagierter Fuß und die Tanne im Topf nach Hause zur wartenden Familie und der Kinderschar befördert. Samt zu der sich wundernden Ehefrau, die, wie es Art der Ehefrauen ist, eine Menge Fragen stellte.

Doch wie wir wissen, soll Weihnachten seine Geheimnisse haben. Es gibt davon vielleicht größere und weitaus mehr, als wir ahnen, und oft kompliziertere, als wir uns vorstellen können. Aber die Geheimnisse von Weihnachten beschäftigen einen eben.

Fröhliche Weihnachten allen zusammen!

*Aus dem Schwedischen von Dagmar Mißfeldt*

Sari Malkamäki

# Das letzte Weihnachtsfest

»Na, Valma, jetzt kommen deine Verwandten dich abholen.«

Der Altenpfleger latschte in dem kleinen Zimmer herum. Oma saß mit ernster Miene auf ihrem Bett; ein Scheitel halbierte das schwarze Haar wie ein mit Kreide gezogener Strich. Der Altenpfleger nahm Oma bei der Hand und zog sie vorsichtig hoch. Oma entdeckte mich, als ich an den Türrahmen gelehnt dastand.

»Bist du allein gekommen?«

»Nein, Papa sitzt im Auto, und Mama is' ins Verwaltungsbüro gegangen.«

»Ich weiß doch mit meiner Medizin selbst Bescheid.« Omas Blick schweifte im Zimmer umher.

»Na, Valma freut sich jetzt, daß sich jemand um sie kümmert. Hier werden nich' alle über die Feiertage abgeholt.« Der Altenpfleger trug Omas braune Reisetasche mit beiden Händen vor sich her.

»Hier ist das Wichtigste, falls Sie das suchen.«

Mama kam mit ihren hallenden Winterstiefeln den Gang entlang. Man half Oma, ihren Mantel anzuziehen und ihre Wollmütze aufzusetzen. In der Eingangshalle war niemand zu sehen.

»Wir haben alle in die Mittagsruhe geschickt, damit

die Leute, die hierbleiben müssen, keinen Frust kriegen«, flüsterte der Altenpfleger Mama zu, und Mama
nickte.

In der Eingangstür sah ich zufällig auf Omas Füße.

»Die Hausschuhe noch.«

Die Hausschuhe waren gelb und braun kariert und
hatten große Troddeln. An Omas mageren Füßen sahen sie unnatürlich groß aus.

»Herrje, was seh' ich denn da«, jammerte der Altenpfleger.

Ich drückte meine Nase an der Glastür platt, als sie
Oma wieder zurückbrachten, um ihr die Winterschuhe
anzuziehen. Papa guckte aus dem Anglia und startete
den Motor. Die Abgase flatterten am Auto aus dem
Auspuff wie ein Schwanz. Ich öffnete einen Spaltbreit
die Autotür und atmete die kalte Luft ein.

Oma kam auf den Beifahrersitz. Sie drückte ihre Tasche mit beiden Händen an sich und sprach auf der
ganzen Fahrt kein einziges Wort, bis wir in die Straße
zu unserem Haus einbogen.

»Das Haus da, das kenn' ich.«

»Natürlich kennst du das Haus, Oma, das is' doch unser Haus«, zischelte Mama in Omas Nacken. Ich kratzte
mit den Fingernägeln den Reif vom Seitenfenster, die
Landschaft glitt in schmalen Streifen vorüber.


»Das Schlimmste ist, daß man schon im voraus weiß,
wie alles abläuft«, seufzte Mama und tunkte einen
Pfefferkuchen in den Kaffee. Die Tür zum Wohnzimmer stand offen, und Oma lag auf dem Sofa. In
Reichweite hatte sie ein Glas Wasser, die Handtasche
und ein Kofferradio stehen. Es wurde gerade mit
heller Stimme »Maria durch ein' Dornwald ging« gesungen.

»Dies wird wohl ihr letztes Weihnachtsfest sein«, ent-
fuhr es Papa ernst, und er sah mich an.

»Das weiß Liisa auch.«

Ich nickte verständig. Dies war das zweite Mal,
daß Oma Weihnachten bei uns verbrachte, an das
erste Mal konnte ich mich kaum noch erinnern. Ich
war damals fünf. Oma war eigentlich meine Uroma,
aber ihre eigenen Kinder waren schon tot. Mama war
ihr Enkelkind, eines von sechs. Oma wurde an den
großen Feiertagen der Reihe nach von einem
zum anderen gereicht, sonst wohnte sie im Altersheim. Auch dort wurde sie dann reihum besucht.
Mama führte eine Liste darüber, wer an der Reihe war,
und während der Telefongespräche stritt sie sich
immer mit ihren Schwestern und Brüdern, wenn
sie eine Ausrede hatten. Sie wohnten alle weiter weg.
Nun waren wir dran, Oma über die Feiertage zu nehmen.

»Wir wollen versuchen, das Beste daraus zu machen, damit Oma eine möglichst schöne Erinnerung
daran hat.« Mama schien von ihren eigenen Worten bewegt zu sein. Ich wußte noch, wie gestreßt sie die
ganze Woche gewesen war.

»Wann kommt denn der Weihnachtsmann?«

Mit der Handtasche unterm Arm schwankte Oma im
Rahmen der Küchentür. Mama verschüttete Kaffee aus
ihrer Tasse.

»Ach, du bist auch schon aufgestanden, hier is'
schon heißer Kaffee.« Mama begann klappernd, noch
ein Gedeck auf den Tisch zu stellen.

»Oma, glaubst du immer noch an den Weihnachtsmann?« fragte Papa munter.

Oma starrte ihn so lange an, bis sich rote Flecken auf
Papas Gesicht zeigten.

»Nachts, wenn ich schlafe, ja«, sagte sie schnell zu mir, wie damals, als ich klein war.

Das Sofa wurde aufgeklappt, daraus entstand Omas Bett. Mama und Papa begannen ab acht Uhr zu gähnen, sich zu recken und lautstark Anstalten zu machen, ins Bett zu gehen.

»Hier wird jetzt früh geschlafen und nich' mehr lange aufgeblieben«, kommandierte Mama halblaut. »Lies noch was im Bett, wenn du nich' gleich einschlafen kannst.«

Neben meinem Bett türmte ich einen Stoß Micky-Maus-Hefte und ein Butterbrot auf. Als ich etwas gelesen und gegessen hatte, war ich immer noch völlig wach. Das Bett lag voller Krümel. Papas Schnarchen war durch die Wand zu hören.

Ich schlich zur Wohnzimmertür und schob sie einen Spaltbreit auf, Oma saß kerzengerade auf dem Sofa und guckte vor sich hin. Sie sah gespenstisch aus. Ich sprang zurück in mein Bett und zog die Decke über den Kopf.

Eine Weile wälzte ich mich noch hin und her, aber schließlich pennte ich doch ein. Als ich aufwachte, waren aus dem Wohnzimmer gedämpfte Stimmen zu hören, einzelne Worte konnte ich nicht verstehen, aber zwischendurch krachte es wie bei einem Kampf. Unter der Wohnzimmertür schimmerte Licht hervor.

Oma saß noch immer in derselben Haltung da, der Fernseher lief, und auf dem Bildschirm lagen drei Männer mit Hut und mit Knarren in der Hand auf der Lauer. Oma bemerkte mich und winkte mir, damit ich mich zu ihr setzte.

»Die haben gerade 'ne Schlägerei am Laufen«, erklärte sie mir.

Im Schein des Fernsehers sah ich, daß ihr am Kinn ein langes Haar gewachsen war. Oma wirkte jetzt insgesamt irgendwie klarer als am Tag.

»Der Verrückte da hat hinter der Tür Nitroglyzerin in 'ner Flasche, und der hält sie ganz an die Tischkante, um den Geiseln Angst zu machen«, erklärte Oma begeistert.

Ich hatte sie noch nie so viel auf einmal sprechen hören. Ich nickte, als hätte ich verstanden, worum es ging.

»Das gibt'n großen Knall, wenn das Glyzerin auf den Boden tropft. So'n Knall kannst du dir gar nich' vorstellen, wenn du den Krieg nich' mitgemacht hast.«

Oma langte nach ihrer Handtasche und knipste sie auf. Sie durchwühlte sie eine Zeitlang und zog ein Band heraus, das zum Vorschein kam, wie aus dem Hut eines Zauberers.

»War doch gut, daß Severi im Krieg abgehauen is', der wär' nich' mal bis zur Front gekommen.«

Oma beugte sich zu mir, als sie über das Band strich.

»Das hat er Aino geschickt und auch Geld für die Arznei, als er erfahren hatte, daß Aino krank war. Aber Papier is' geduldig, so daß Aino schon eingeschlafen war.«

Das Haar an ihrem Kinn begann auf und ab zu zittern.

»Die behaupten, daß er in Amerika 'ne neue Frau gehabt hat, aber das glaub' ich nich'. Zurück wär' er gekommen, aber wegen seiner Gesundheit ging das nich'. Is' doch kein Wunder, wenn man den Bock zum Gärtner macht.«

Oma nahm mein Handgelenk und drückte es.

»Aber den mußte man laufen lassen; 'nen Menschen

kann man nicht mit Gewalt halten, auch wenn das Herz einem bricht.«

Oma begann zu husten, ich gab ihr das Glas Wasser, und sie schlürfte etwas davon. Im Fernseher war die Lage inzwischen geklärt, und dem Verrückten wurden Handschellen angelegt.

»Wir haben mit Eemili Alakylä immer Nessie geguckt, als irgendso 'ne ältere Nachtschwester Dienst hatte, wenn die eingedöst sind, dann merken die nix mehr.«

Oma kicherte ein zahnloses Lachen.

»Obwohl das ja nich' mein Liebling is', sondern das is' dieser Dr. Rossi.«


Papa stand in der Ecke vom Schlafzimmer, trug seinen Wintermantel verkehrt herum und hatte eine Maske vorm Gesicht. Die alte Pelzmütze reichte bis über den Rand der Maske.

»Na, wie sieht das aus?« Papas Stimme hörte sich an, wie hinter dem Garagentor.

»Das geht doch so«, flüsterte Mama und ging hüstelnd ins Wohnzimmer.

»Daß Kauno gerade jetzt den Zusammenstoß haben mußte und er das Auto nun reparieren muß, wo wir doch auf den Weihnachtsmann warten«, hörte ich sie erklären. Ich ahnte, wie Oma auf dem Sofa sitzen würde: Den Rücken kerzengerade, starrte sie vor sich hin.

Mama lugte schnell zur Tür hinein.

»Wenn doch nicht immer solche Verzögerungen dazwischen kämen,« verzog sie das Gesicht. »Liisa, sortier du noch die Päckchen und achte darauf, daß Omas zuerst kommen.«

Ich begann die Pakete aus dem Wäschekorb zu klauben. Ich verteilte alles auf vier Haufen. Einer davon war kleiner als die anderen. Den starrten wir an.

»Was soll das denn, sie bekommt ja viel weniger«, schnaufte Mama.

Papa riß sich die Maske vom Gesicht, das vor Schweiß glänzte.

»Warum haste ihr auch die Hausschuhe un' das Nachthemd schon gestern gegeben, das war doch totaler Quatsch!«

»Kein Streit jetzt, laßt uns lieber nach noch 'nem Geschenk für Oma suchen,« sagte Mama ganz besonders ruhig und sah sich um.

»Jetzt denken wir uns alle zusammen etwas aus, Liisa, überleg doch auch mal.«

Im Wohnzimmer hustete Oma kurz auf. Mama lief zur Tür.

»Du hörst wohl schon unser Geraschel, komm doch bald mal gucken«, sagte sie zu Oma.

»Die Kreuzstichstickerei«, fiel mir ein. »Die haben wir im Handarbeitsunterricht gemacht, aber aus Aschenputtels Rock gucken noch Fäden 'raus ...«

»Das macht nix.« Mamas Hand beschrieb einen großen Bogen. »Hol's her und pack's ein.«

»Es ist kein Papier mehr da.«

»Dann tuste's eben in 'ne Papiertüte. Aber wir müssen uns noch was einfallen lassen.«

Ihre Stirn in Falten gelegt, dachten sie nach, ich holte aus dem Schrank die Handarbeit und aus der Küche die Papiertüte. In den unteren Klassen bekommt man auf der Weihnachtsfeier immer eine eigene Weihnachtstüte, wenn das Krippenspiel aufgeführt, die Lieder gesungen und wenn irgend jemand vor Aufregung auf das Weihnachtswichtelkostüm gebrochen hatte. Die Tüte war immer eine Enttäuschung: lederige Äpfel, trockenes Lakritz und eine Weihnachtskarte für fünf Pfennig. Ich nahm eine andere Tüte, stopfte ein paar Mandarinen hinein, steckte dazu noch etwas Konfekt, und vom Kühlschrank nahm ich eine Weihnachtsmannkerze, die dieses Weihnachten sowieso niemand angezündet hätte. »Oma« schrieb ich mit Tusche darauf. Nun waren es noch zwei zusätzliche Geschenke.

Papa stand schon in Paradestellung im Flur. Mama linste in die Tüten und warf sie in den Korb. Wir marschierten geschlossen ins Wohnzimmer. Oma saß mit den Händen im Schoß da, die ein kleines, zerknülltes Paket hielten. Das Fenster hinter Oma reflektierte die ganze Szenerie wie in einem Spiegel. Der Sekundenzeiger der Uhr bewegte sich rückwärts.

»Soweit hätten wir's geschafft«, fing Papa an, erinnerte sich aber, welche Rolle er spielen sollte und beugte sich tiefer.

»Verstell deine Stimme mehr, sonst rät sie's doch«, zischte Mama aus einem Mundwinkel. Oma beachtete die beiden gar nicht, sondern betrachtete mich mit einem Lächeln, und zum ersten Mal hatte ich das Gefühl, daß sie wußte, wer ich war.

»Dies Kind sieht wirklich genauso aus wie Aino«, sagte Oma mit der klaren Stimme eines jungen Mädchens.


Am zweiten Weihnachtsfeiertag ließ der Frost nach. Oma wurde zurückgebracht, sie saß wieder ohne ein Wort zu sagen auf dem Beifahrersitz. Als wir beim Altersheim vorfuhren, sah ich, an die Fensterscheibe der Eingangshalle gelehnt, einen alten Mann. Als wir Oma aus dem Auto halfen, machte der Mann eine Handbewegung und trottete auf die Tür zu. Ich war nicht mit hineingegangen, ich saß im Auto und kramte in meiner

Tasche. Das seidene Haarband war von Omas Streicheln schon so abgenutzt, so daß es ziemlich durch-
löchert war.

Auf dem Rückweg versagten die Bremsen des Anglia.
Mama meinte, daß wir Schwein gehabt hätten, daß es
nicht schon auf der Hinfahrt passiert sei, Papa brachte
sie mit einem wütenden Blick zum Schweigen und
kroch unter das Auto. Ich schlüpfte von der Hinter-
bank hinaus. Autos brausten vorbei, niemand hielt an.

Mama und Papa nervten sich vor Müdigkeit, ich
preßte meine Fausthandschuhe in den Schnee und
feuchtete meinen Mund an. Ich schleppte mich zur Bö-
schung, warf mich mit dem Rücken in den Schnee und
ruderte mit meinen Armen hoch und runter.

»Kauno, jetzt sag mal ehrlich, ob wir sicher damit
fahren können«, beharrte Mama.

»Noch dreißig Kilometer zurück im Schnecken-
tempo, und wenn der Teufel nebenher läuft«, fluchte
Papa.

Sie sprangen ins Auto, Papa wendete, und das Auto
kroch davon. Ich überlegte, wie lange es wohl dauern
würde, bis sie feststellten, daß ich am Straßenrand liegengeblieben war. Mir war klar, daß ich es nicht bis
fünf Uhr vor den Fernseher schaffen würde. Ich lag da
und schaute in den Himmel, der war sternenlos und
dunkel. Aber als ich lang genug hinsah, erschien es mir
beinah, als würde Billy Smarts Weihnachtszirkus an
einem Seil über den Himmel schweben. Irgendwo da
hoch oben, ganz ohne Sicherheitsnetz.

*Aus dem Finnischen von Dagmar Mißfeldt*

Gerd Rindel

# Klaras Stern

Oben auf einem Hügel liegt ein Haus. Es ist ein niedriges Steinhaus mit weißgekalkten Mauern und hohem Dachfirst. Hinter dem Haus liegt der Wald und bietet manchmal Schutz vor dem Wind.

Aber heute läßt sich der Wind nicht abhalten, er fegt um die Hausecken und wirbelt den frischgefallenen Schnee zu Säulen aus weißer Kälte hoch.

Der Schnee dringt durch die Fensterspalten.

Nein. Nicht mehr. Das ist lange her. Heutzutage ist das Haus gut isoliert, und die Fenster haben Thermoscheiben. Es ist eines von diesen Häusern, bei deren Anblick die Leute aus Kopenhagen langsamer fahren und davon träumen, sich in ein Häuschen auf dem Lande zurückzuziehen.

Im Haus steht eine Ausklappbank mit der aufgemalten Jahreszahl 1874. Hier wurden Kinder geboren, hier starben die Alten. Aber das ist so lange her. Heute passiert das alles im Krankenhaus. Nur die Ausklappbank steht noch immer auf ihrem alten Platz unter dem Fenster, das auf den Wald hinausblickt.

Die erste, die in der Ausklappbank geboren wurde, war Klara, die Tochter des Tagelöhners. Später heiratete sie Mads Bæk.

Heute denkt nur noch selten jemand an Klara. Aber

manchmal scheint es doch zu passieren. Und zwar meistens abends, wenn der Kaufmann Hans Bæk am Eßtisch sitzt und die Mehrwertsteuer berechnet. Spät am Abend fährt er sich dann mit der Hand durch die Haare und blickt sich müde im Zimmer um. Es gibt immer so viel, was er nicht schafft. Da ist zum Beispiel der scheußliche große Nagel, der unter dem Schrank in der Wand steckt. Wie oft hat er den schon herausziehen wollen! Aber bisher ist nichts daraus geworden. Ansonsten ist das Haus zu klein, obwohl er schon einen Anbau vorgenommen hat. Und dann spielt Kaufmann Bæk mit dem Gedanken, es zu verkaufen und sich etwas Größeres zu suchen.

Bisweilen streift sein Blick die Ausklappbank und das Jahr 1874. Und dann ist der Gedanke an Klara gar nicht mehr weit weg. Es ist lange her, denkt er. Lange her. Aber mehr passiert nicht. Er hat viel zu tun. Sein Laden läuft bestens. Er macht sich wieder an seine Buchführung.

An Klara denkt er nicht.


Und auch Clarissa denkt nicht an Klara.

Sie ist dreizehn Jahre alt und liegt mit ihrer Decke in der Ausklappbank. Besonders bequem ist das nicht, aber krank im eigenen Zimmer zu liegen ist einfach traurig.

Clarissa hat eine Halsentzündung. Es ist ganz klar, daß sie hier in der Ausklappbank Weihnachten feiern wird.

Clarissa ist allein. Es ist so still im Haus. Sie hat ein wenig geschlafen. Ihr Gesicht glüht vor Fieber. Und jetzt ist schon Nachmittag. Draußen setzt die Dämmerung ein, und in den Zimmerecken wachsen die Schatten.

Aber Clarissa will kein Licht machen. Es ist so schön, im Halbdunkel ein wenig vor sich hin zu träumen. Von Jacob. Der ist fünfzehn und geht in die neunte Klasse. Er hat Clarissa früher nie angesehen oder mit ihr gesprochen. In den letzten zwei Monaten hat sich das geändert. Jetzt sind sie schon zweimal zusammen mit dem Rad von der Schule nach Hause gefahren. Clarissa träumt. Das kann doch nicht schlimm sein, es weiß doch niemand.

Wenn bloß ihr Hals nicht so wehtun würde. Sie nimmt den Spiegel vom Nebentisch und reißt den Schnabel auf, um sich die Katastrophe anzusehen. Aber es ist zu dunkel. Und egal ist es auch. Sie weiß doch genau, wie schlecht es ihr geht.

Sie läßt den Spiegel auf die Decke sinken und entdeckt den Zettel auf dem Tisch. Um ganz ehrlich zu sein: Sie hat ihn schon gesehen, als sie nach dem Spiegel Ausschau hielt. Aber besonders interessant ist der Zettel nicht, sie kann sich schon denken, was darauf steht.

Clarissa nimmt den Zettel:

»Liebe Clarissa ...«

Allein schon dieser blödsinnige Name! Wie sind sie bloß auf den verfallen? Sie heißt nach irgendeiner Frau aus ferner Vergangenheit. Irgendwann hat es eine Clarissa oder sowas Ähnliches gegeben. Sie kann sich an den Namen nicht genau erinnern, jedenfalls ist Clarissa angeblich eine modernisierte Form dieses Namens.

»Liebe Clarissa. Ich bin jetzt erst mal im Laden. Morgen ist doch Heiligabend. Du weißt, wieviel heute zu tun ist. Ich komme sobald wie möglich nach Hause. Liebe Grüße, Mutter.«

So ist es jedes Jahr am 23. Dezember.

Die Schatten werden tiefer.

Clarissa nimmt wieder den Spiegel und mustert ihr Gesicht. Hier im Halbdunkel sieht es eigentlich ganz hübsch aus. Die Augen sind grau, an denen gibt es nichts auszusetzen. Die Nase ist zu breit, aber von der Seite sieht man das nicht. Bloß sieht man dann den dunklen Flecken auf der linken Wange, den ein wenig zu groß ausgefallenen Leberfleck. Sie achtet immer darauf, daß sie Jacob auch ja die rechte Seite zuwendet.

Die Schatten werden tiefer. Im Wald hinter dem Haus läßt der Frost die düsteren Bäume leise knacken. Der Schnee wirbelt durch die Luft.

Die Baumwipfel rauschen.


Die Baumwipfel rauschten.

Der Wind ließ immer wieder Schnee aufstieben. Klara versuchte, den Schneewirbeln auszuweichen, aber ab und zu versank sie doch bis zu den Knöcheln darin. Über ihrem Kopf schüttelte sich ein Ast, und der Schnee rieselte auf ihre Haare und ihre Wimpern herab. Klara wischte ihn weg und hüllte sich fester in ihren Schal.

Zu Hause würde sie eine Kerze anzünden, ganz still davor sitzen und daran denken, daß am nächsten Tag der Heilige Abend war. Vielleicht ... vielleicht würde ihr Vater dann abends mit einem Korb am Arm vom Gut kommen. Klara stellte sich das vor. Wie er den Korb auf den Tisch der guten Stube stellte, sich den Schnee abwischte und wie Klara und ihre kleinen Geschwister den Deckel vom Korb nahmen. Und der Korb war gefüllt mit Brot und Fleisch und vielleicht auch etwas Butter. Und dann gab es noch eine Flasche Schnaps, und dann ... nein ... vielleicht kam der Vater überhaupt nicht nach Hause. Vielleicht blieb er auf dem Gut und trank zusammen mit den anderen Tagelöhnern bis zum Weihnachtsmorgen.

Vielleicht wäre es das Beste so.

Jetzt würde es bald dunkel sein, aber Klara hatte ihren Korb schon mit Reisig gefüllt. Sie konnte mit gutem Gewissen nach Hause gehen, ehe es stockdunkel wurde. Also machte sie sich auf den Rückweg. Zwischen den düsteren Baumstämmen floß der Bach. Sie konnte das gleichmäßige Plätschern des Wassers hören. Nur ganz selten war der Bach zugefroren.

Der Reisigkorb war schwer. Klara nahm ihn in die andere Hand.

Vielleicht würde ihr Mads begegnen. Mads aus dem Bækhaus. Mads war fast fünfzehn, zwei Jahre älter als Klara. Übrigens war das seltsam: Früher hatte er sie immer aufgezogen, hatte sich hinter einem Baum versteckt, um ihr einen Schrecken einzujagen. Und er hatte immer eine Rotznase. Damals hatte sie ihn blöd gefunden. Aber jetzt half er ihr ab und zu beim Reisigsammeln. Und er putzte sich immer die Nase. Mads Bæk war eigentlich ziemlich tüchtig. Und hübsch. Seltsam, daß man seine Meinung dermaßen ändern konnte. Sie wäre Mads jetzt gern begegnet.

Klara verließ den festgetrampelten Weg und ging zwischen den Bäumen weiter. Der Schnee war hier tief, sie sank ein, ihre Holzschuhe füllten sich mit Schnee, und ihr Rocksaum wurde naß und schwer.

Eigentlich brauchte sie ja nicht zwischen den Bäumen weiterzugehen, aber Klara suchte etwas, sie wußte nicht, was, irgend etwas, um es sich zu Hause ein bißchen schön zu machen. Ihre Mutter hatte ja doch keine Zeit dafür.

In der Stadt gab es Weihnachtsbäume. Auf dem Gut

hatten sie angeblich auch einen, einen großen, der im Wohnzimmer stand und bis an die Decke reichte. Mit Kerzen!

Bei Klara zu Hause war das natürlich nicht möglich. Auch bei Mads Bæk gab es keinen Weihnachtsbaum. Kein Tagelöhnerkind hatte einen. Aber Klara wollte das Zimmer trotzdem ein bißchen schmücken, damit man sehen konnte, daß Weihnachten war. Vielleicht konnte sie hier im Wald zwischen den Bäumen etwas Geeignetes finden.

Klara blickte zum Himmel hoch. Inzwischen kamen nach und nach die blassen Sterne zum Vorschein. Sterne waren schon etwas Besonderes! Angeblich wurden Sterne auch an die Weihnachtsbäume gehängt. Aber auch ohne Weihnachtsbaum konnte ein Stern doch ein Zimmer schmücken!

Allerdings waren die Sterne am Himmel, auf dem Waldboden waren keine zu finden.

Und doch sah Klara die Bäume jetzt mit neuen Augen. Normalerweise sahen Bäume im Halbdunkel aus wie Tiere und Trolle oder andere geheimnisvolle Geschöpfe. Aber nun nahmen sie neue Formen an. Sie sahen aus wie Sterne.

Und hier lag ein großer Baum, den ein Herbststurm umgerissen hatte, und streckte die Wurzeln in die Luft. So eine Wurzel hatte wirklich ungeheuer viele Verzweigungen. Wie ein Stern. Klara zog ihren Dolch aus der Tasche und schnitt ein Stück von der Wurzel ab. Es sah wirklich aus wie ein Stern. Nur saß in der Mitte ein merkwürdiger spiralenförmiger Ausläufer. Der paßte nicht zu einem Stern, aber sie konnte ihn zu Hause sicher abschneiden. Vielleicht müßte sie den Stern überhaupt ein bißchen zurechtschnitzen. Sie würde schon sehen.

Klara legte die Wurzel in ihren Reisigkorb. Jetzt mußte sie sich beeilen, wenn sie zu Hause die Petroleumlampe anzünden wollte, ehe es ganz dunkel war.

Klara hüllte sich dichter in ihren Schal. Dann ging sie zum Weg zurück.

Die Baumwipfel rauschten.

Clarissa horcht auf die Stille und auf ihr eigenes pochendes Herz. Plötzlich scheint ein kalter Hauch durchs Zimmer zu wehen. Nein, das kommt ihr nicht nur so vor. Hier passiert wirklich etwas. Die Tür zum Wald ächzt in ihren Angeln. Ob das schon Mutter ist? Clarissa horcht. Schritte kann sie nicht hören.

Nur die Tür klappert für einen Moment. Und dann wird sie leise geschlossen, und der kalte Hauch ist verschwunden.

Clarissa hat den Spiegel in der Hand. Jetzt sieht sie nicht mehr ihr Gesicht, sondern das Zimmer hinter ihr, die offene Tür zur Diele.

Ein flackerndes Licht. Jemand kommt herein. Aber sie sieht nur die Lampe. Die Lampe, die sich ungleichmäßig bewegt, getragen von einer unsichtbaren Hand.

Clarissa starrt in den Spiegel. Ihre Wangen glühen vor Fieber. Jetzt sieht sie noch mehr. Die Lampe ist nicht einfach nur ein einsam auf- und abhüpfender Lichtfleck. Sie strahlt ihr weiches Licht in das fast dunkle Zimmer, und im Lampenschein sieht Clarissa ein Mädchengesicht, umkränzt von nassen Haaren, in denen noch immer einige nicht geschmolzene Schneeflocken sitzen.

Lautlos legt Clarissa den Spiegel weg. Langsam dreht sie sich um.

Das Mädchen steht mitten im Zimmer. Sie trägt einen Schal um die Schultern und ein fast bodenlanges Kleid, von dem der schmelzende Schnee tropft. Sie hebt die Lampe und blickt sich suchend um. Das Licht fällt in Clarissas Gesicht.

Das Mädchen mustert sie mit ernstem Blick. Clarissa möchte ihr etwas sagen, bringt aber nichts heraus. Das Mädchen scheint durch sie hindurchzublicken.

Jetzt läßt sie das Licht über die Wände gleiten. Über den Wandschrank, dann darunter. Danach bewegt sie die Lampe nicht mehr. Dort, unter dem Schrank, mitten im Lichtstrahl, steckt der große häßliche Nagel, den der Vater noch immer nicht herausgezogen hat.

»Da soll er hängen«, das Mädchen lächelt. Dann stellt sie die Lampe auf den Tisch und legt etwas daneben. Eine Baumwurzel.

Sie setzt sich an den Tisch. Sie nimmt die Wurzel in die Hand und dreht und wendet sie. Dann hängt sie den Schal über die Rücklehne und zieht den Dolch aus der Tasche. Sie hat ihn offenbar irgendwo zwischen den Falten ihres Kleides versteckt.

Sie beginnt, an der Wurzel herumzuschnitzen. Schneidet alle kleinen Auswüchse ab, bis die Wurzelspitzen glatt sind. Und sie scheint restlos in ihre Arbeit vertieft zu sein.

Das Licht fällt auf ihre linke Wange. Dort hat sie einen dunklen Flecken, einen etwas zu groß geratenen Leberfleck.

Clarissas Hand jagt an ihre linke Wange.

Die Wurzel ändert in den Händen des Mädchens ihr Aussehen. Sie sieht fast aus wie ein Stern, findet Clarissa.

»Wie heißt du?« fragt sie.

»Klara!« antwortet die andere, ohne aufzublicken.

Clarissa läßt ihren Kopf zurück auf ihr Kissen sinken und schließt die Augen. Es ist so ein schönes Gefühl, daß Klara dort am Tisch sitzt. Als ob sie zusammengehörten. Dann blickt sie wieder zu Klara hinüber.

Klara hat den Dolch beiseitegelegt. Jetzt streicht sie mit dem Zeigefinger über ihren Wurzelstern. In der Mitte ragt noch eine seltsam spiralförmige Wurzelspitze hervor.

»Jetzt weiß ich's«, sagt Klara. »Die wird nicht abgeschnitten. Darauf kommt eine Kerze.«

Mit dem Stern in der Hand steht sie auf und geht zum Wandschrank. Dann bückt sie sich und befestigt den Stern an dem großen Nagel.

Klara tritt einen Schritt zurück und betrachtet ihr Werk. Sie lächelt zufrieden. Sie öffnet den Wandschrank und nimmt eine grauweiße Kerze heraus. Die ist ein bißchen schief. Clarissa hat noch nie solche Kerzen gesehen, wußte nicht, daß welche im Schrank liegen. Die Kerzen, die Kaufmann Bæk in seinem Laden verkauft, sehen anders aus.

Klara zündet die Kerze an der Petroleumlampe an. Dann träufelt sie ein wenig geschmolzenen Talg auf die Spiralwurzel und steckt dann die Kerze darauf.

»Die ist ein leuchtender Stern«, sagt Klara froh. »Die werde ich aufbewahren und jedes Jahr zu Weihnachen hervorholen. Ich werde sie auf dem Dachboden verstecken. Auf dem Gesims unter der Dachluke. Dann kann sie zu den anderen Sternen am Himmel hochblicken, während sie auf das nächste Weihnachtsfest wartet.«

Clarissa und Klara blickten in die Flamme. Sie brennt so ruhig. Als ob es keine Zeit gebe.

Draußen wirbelt der Schnee.

Im Wald hinter dem Haus rauschen die Bäume.

Stimmen. Clarissa hört Stimmen. Und nun auch Schritte vor der Tür.

Klara blickt in die Flamme. Ihre grauen Augen scheinen weit weg zu sein.

Die Tür wird geöffnet, und ein kalter Windstoß fegt ins Zimmer. Die Kerze flackert. Die Schatten tanzen über die Wände. Die schiefe grauweiße Kerze erlischt.

Clarissa liegt ganz still in der Dunkelheit.

In der Diele werden die Lampen eingeschaltet. Clarissas Mutter ist wieder da. Und auch der Vater ist bei ihr. Sie reden vom Essen, es ist spät, aber so ist es ja jedes Jahr.

»Du liegst ja ganz im Dunkeln«, sagt Clarissas Mutter. Sie macht Licht, kommt herüber und legt Clarissa die Hand auf die Stirn.

»Dir geht es gar nicht gut«, sagt sie.

»Doch«, sagt Clarissa leise. »Mir geht es gut.«

Ihre Mutter mustert sie besorgt. Dann geht sie in die Küche und macht sich ans Abendessen.

Clarissas Vater kommt ins Zimmer. Er läßt sich in einen Sessel fallen und streift die Schuhe ab. Er fährt sich mit der Hand durch die Haare.

Er starrt die Wand an. Den häßlichen großen Nagel.

»Nein, jetzt reicht es wirklich«, sagt er plötzlich. Er springt auf und macht sich in der Abstellkammer zu schaffen.

Clarissa sieht, wie ihr Vater wieder ins Wohnzimmer kommt. In der Hand hält er eine große Zange und geht damit zur Wand mit dem Nagel.

Er packt den Nagel mit der Zange. Spannt die Muskeln an. Jetzt will er den Nagel herausziehen.

»Nein!« ruft Clarissa. »Nein, das darfst du nicht!«

Ihr Vater dreht sich um.

»Was darf ich nicht?«

»Du darfst den Nagel nicht herausziehen. Der gehört zu Klaras Stern!«

»Klaras Stern?« fragt ihr Vater und sieht Clarissa verständnislos an. »Wir kennen doch überhaupt keine Klara.«

»Wirklich nicht«, fügt Clarissas Mutter hinzu. »Falls es hier nicht um deine Ururgroßmutter geht.« Dann lacht sie.

»Was für ein Unfug!« sagt der Vater und macht sich wieder über den Nagel her.

»Nein!« ruft Clarissa. »Da soll doch Klaras Stern hängen! Der liegt oben auf dem Dachboden. Unter der Dachluke. Du kannst ja selbst nachsehen.«

»Das kommt sicher vom Fieber«, sagt Clarissas Mutter. »Aber würdest du trotzdem mal nachschauen? Dann beruhigt sie sich immerhin. Und du mußt ja doch den Christbaumschmuck holen gehen.«

Clarissas Vater schüttelt ärgerlich den Kopf. Dann geht er zur Bodentreppe.

Clarissa liegt in der Ausklappbank und kann oben seine Schritte hören. Dann ist alles still. Jetzt steht er sicher unter der Dachluke.

Und dann ist er wieder da.

»Ich konnte nur eine alte Baumwurzel finden«, sagt er und reicht sie Clarissas Mutter.

Die hält sie in der Hand und betrachtet sie.

»Komisch«, sagt sie. »Wieso ist Clarissa plötzlich auf diese Idee gekommen? Aber es stimmt schon. Sie sieht aus wie ein Stern. Und es hat wohl mal eine Kerze darin gesessen. Hier siehst du noch die Wachsreste.«

»Die soll am Nagel hängen«, sagt Clarissa. »Mit einer Kerze.«

Clarissas Mutter nimmt eine Kerze aus dem Wandschrank. Dann träufelt sie ein wenig Wachs in die Spiralwurzel. Sie hängt den Stern mit der brennenden Kerze an die Wurzel.

Clarissas Eltern stehen in der Küche. Sie besprechen den Umsatz dieses Tages.

Clarissa steigt leise aus dem Bett und knipst das Deckenlicht aus. Dann kriecht sie wieder unter die Decke.

Die kleine Flamme brennt still und ruhig. Als ob sie nie erloschen gewesen wäre.

Und Clarissa und Klara gehören zusammen.

*Aus dem Dänischen von Gabriele Haefs*

Johan Ludvig Runeberg

# Ein Weihnachtsabend
# in der Lotsenhütte

Eine zu eifrig fortgesetzte Jagd in den Schären und hernach auftretender Gegenwind und Sturm hinderten
uns zu unser aller großen Verdruß daran, unserer Absicht folgend, noch vor dem Heiligen Abend heim in
die Stadt zu kommen. Ganz im Gegenteil wurden wir
den gesamten Abend über hinaus auf die offene See geworfen in eine Situation, die mit einer schlechteren
Schaluppe als sie uns zur Verfügung stand, entsetzlich
und höchst unerquicklich verlaufen wäre, wenn es
nicht einer der Mannschaft verstanden hätte, unsere
Enttäuschung durch seine Munterkeit und seine Geschichten leidlich zu mildern.

Dieser Mann war Ausländer und Kapitän eines Schif-
fes, das ihm selbst gehörte und mit dem er in unserem
Hafen überwinterte. Er ließ es sich weniger als anderen angelegen sein, Weihnachten auf dem Festland feiern zu dürfen. Er hatte zudem keine Anverwandten,
die ihn bei der Grütze und Torte vermissen würden.
Außerdem war er, was bei uns nicht der Fall war, gegen
alles, was man Wind, Kälte und Wasser nennen konnte,
schlichtweg unempfindlich, und da er am Steuer seiner eigenen Schaluppe saß, hatte er es wohl kaum der
Mühe für wert erachtet, in Deckung zu gehen, noch

nicht einmal dann, wenn er bei jeder Woge Gefahr lief, den Mond zu streifen.

Mittlerweile gestaltete sich unser Segeltörn keineswegs angenehm. Wir kreuzten und machten einen Schlag von einer dreiviertel Meile, ohne den heftigen Bugwellen viel abzuringen, die unaufhörlich den Segeln zusetzten. Allmählich gaben wir alle Hoffnung auf, das Festland zu erreichen und beschlossen, für die Nacht auf der Insel Lotsholmen, einer steilen tannenbewachsenen Klippe draußen im Meer, festzumachen und uns bei den Lotsen, die dort ihre Hütte hatten, ein Dach über dem Kopf zu suchen. Schon aus der Ferne sahen wir den Schein von Feuer in ihrem Fenster, und der muntere Kapitän ließ die Schaluppe vor günstigem Wind dorthin treiben.

»Ohne Übertreibung, edle Herren«, rief er nun aus, wobei er einen ordentlichen Schluck kalten Punsches trank, »kann man wohl sagen, daß wir jetzt guten Wind haben. Und ein ebensolcher ereilte mich, wenn nicht ein weitaus stärkerer, als ich bloß vier, fünf Jahre alt und noch dazu allein auf See war. Ich habe noch nicht erwähnt, daß die Dinge sich bei mir umgekehrt verhalten, als es gewöhnlich der Fall bei Menschenkindern zu sein pflegt; ich weiß nämlich besser, wohin das Leben mich führt, als woher ich komme. Kurz und gut: Als ich knapp fünf Jahre alt war – und so soll es gewesen sein, so sagte man mir, vor ungefähr dreißig Jahren –, befand ich mich eines Nachts draußen auf dem weiten Meer so wie jetzt, nur mit dem Unterschied, daß ich damals Wind und Wellen ausgeliefert war und zwei ungereffte Segel oben hatte, daß ich damals steif vor Kälte war und nun warm bis in die Zehenspitzen bin. Ich erinnere mich kaum der Umstände bei dieser meiner ersten Expedition, doch woran ich mich entsinne, ist, daß ich allein zurückgelassen wurde auf einer Klippe in der wilden See und denen nachreisen wollte, die mich verlassen hatten. Es war pechschwarze Nacht so wie jetzt, und bei dem Versuch zu rudern, wurden mir von der ersten Welle die Ruder aus der Hand geschlagen. Wie lange ich in dieser Lage umhertrieb, weiß ich nicht, sicher aber ist, daß ich am Ende an gute Leute geriet. Folglich weiß ich, wie die Herren sehen, kaum mehr als Adam, ob ich Eltern gehabt habe oder nicht. Diejenigen, die mich aufgezogen und in die Welt gesetzt haben, waren Schmuggler von Profession, wenn nicht begüterte Bauern. Ich wuchs unter ihnen auf und beteiligte mich an ihrem Gewerbe, bis mir ein Bart zu sprießen begann, da zog ich mit einem Handelsseemann hinaus und wurde ein anständiger Kerl. – Sieh an, Bootshaken raus, fang den Anprall ab! – Ich glaube, der Böse zeigt mir den Weg hier durch die Steine.«

Die Schaluppe lag mit flatternden Segeln in einer Bucht, gebildet aus vorgeschobenen Klippen; man begann, seine steif gewordenen Glieder zu strecken, man gähnte und rieb sich die Kälte aus dem Leib. Der Kapitän und zwei Jungmänner blieben in der Schaluppe zurück und waren damit beschäftigt; wir anderen begaben uns wankend in die warme Hütte.

Dort ging es sehr weihnachtlich zu. Ein gewaltiges Feuer aus Kiefernholz prasselte auf der breiten Feuerstelle und erleuchtete den Raum, wo eine große verzweigte Kerze nebst etlichen einfachen brannte. Die Wände waren mit Netzen und anderem Fischereigerätschaften verhängt, und die Ecken der Hütte blinkten vor weißer Ziegen und Zicklein, die sich dort geschart hatten.

Die Bewohner der Hütte bestanden aus einer sehr alten Frau, die am Tisch saß und in ihrem Gebetbuch zu singen schien, aus einem Mann mittleren Alters nebst seiner Ehefrau und fünf Kindern, von denen vier ein entsetzliches Konzert auf tönernen Flöten veranstalteten, wozu das fünfte und älteste mit einer schrillen Trompete aus Holz akkompagnierte.

Bei unserem Eintreten erhob sich der Vater, stampfte in Richtung der lärmenden Kinder nachdrücklich auf den Fußboden und nickte uns freundlich und ungezwungen zu.

Die alte Frau legte ihr Buch auf den Tisch, nahm die Brille ab und fixierte uns scharf. »Woher seid ihr, gute Leute?« wollte sie wissen. »Habt ihr an Weihnachten weder Haus noch Hof, oder liegen Schiff und Ware im Hafen? Aber dann habt ihr nicht nach einem Lotsen geschossen, verdammichnochmal, wie ihr es tun solltet.«

Bei diesen Worten spuckte sie sich auf die runzeligen Finger, drückte die eine Kerze aus, stand auf und leuchtete uns direkt ins Gesicht. »Hoho«, fuhr sie nun fort, »aber da muß der Hase besonders weiß sein, wenn man ihn an Weihnachten jagen will. Dann wollen wir doch mal sehen, was wir euch allen zu essen vorsetzen können. Strömlinge gibt es hier, Gott sei Dank, und Anna kann versuchen, die Ziegen etwas besser zu zwicken; mit Grützekochen wird sich aber heute mitten in der Nacht niemand mehr abgeben.«

Sowohl die alte Frau als auch die anderen beiden waren in dieser Hinsicht rasch zufriedengestellt. Wir zogen unsere dicken Wintermäntel aus, wärmten uns und tranken auf unser Willkommen eine Tasse Punsch, den wir gern unseren Wirtsleuten anboten und der noch lieber von ihnen angenommen wurde. Bald fühlten wir uns in der warmen Hütte wie Zuhause. Die alte

Frau wollte uns ein Nachtlager richten und drängte, schleunigst die Ziegen zu melken, da ein Vorfall ihre Tätigkeit unterbrach und Folgen nach sich zog, die wir nicht vorauszusehen vermocht hatten.

Der Kapitän, der bei der Schaluppe geblieben war, hatte schließlich dort alles in bester Ordnung gefunden, die Segel gerefft, das Boot festgemacht, die Sachen hoch zur Hütte geschickt und war gerüstet, die Nacht an Land zu verbringen. Bevor er mit seiner Büchse in die Wärme ging, erinnerte er sich jedoch dessen, was wir vergessen hatten, einen Schuß abzugeben. Der Knall dieses Schusses war es, der eine umwälzende Veränderung der Situation herbeiführte.

Die alte Frau hörte das Krachen und warf achtlos ein Kopfkissen aus Eiderdaunen fort, das sie just in Händen hielt. »Habt ihr gehört«, sagte sie mit erschütterter Stimme, »habt ihr nicht den Schuß gehört? So möge sich Gott der Juno erbarmen, die nicht in Norwegen überwintern konnte, sondern sich so früh im Jahr gegen den Blindengrund schlagen will. Laß das Boot zu Wasser, Junge, und halte an Nordwest, damit du Wind hast! Wir werden nach den Kindern sehen, sorg dich nicht um sie. Beeil dich nur!«

Für jüngere Ohren als die der alten Frau war es nicht schwer, sogleich ihren Irrtum zu entdecken. Der sogenannte Junge, ihr vierzigjähriger Sohn, unterbrach lächelnd ihre Erinnerungen und sagte halb verlegen und halb mitleidig: »Ständig spukte es in euren Ohren, liebe Mutter, und einen Schuß sollt ihr hören, wenn eine Fliege auf eurem Grab stampft, wenn ihr euch dort eines Tages zur Ruhe begebt. Aber vermute ich richtig, dann war es ein Hasenschreckschuß, den einer der Herren hier am Strand losließ, und kein Knall aus der sechspfündigen Bordkanone der Juno.«

»Hoho«, sagte die alte Frau, »immer wollen die Jungen klüger sein; aber ich bin nicht verrückt, auch nicht von verrückten Eltern geboren worden. Gott stehe mir bei, aber der Heilige Abend, der für andere ein Freudenfest ist, ist für mich ein Abend der Trauer. Ich kann doch nicht dafür, und was könnte ich arme alte Frau tun? Aber setzt euch ans Feuer, ihr fremden, guten Leute, so will ich euch erzählen von der Tat einer schwachen Frau und dem Lohn, den sie dafür bekam.«

Wir kamen dem Anerbieten der alten Frau nach, während unsere Besatzung gemeinsam mit der jungen Gastgeberin uns das Abendessen bereitete und das kalte Fleisch aufwärmte, das wir bei uns hatten. Die alte Frau jedoch begann:

»Es liegt jetzt schon lange zurück, als sich viele von euch, gute Freunde, entsinnen können, wenn ich mir eure Antlitze recht betrachte, da ich eines Heiligen Abends, gleich diesem hier, allein in dieser Hütte war. Ich sage »allein«, da meine zwei Jungen, die um mich herliefen, selbst mehr Hilfe brauchten, als daß sie mir eine Hilfe sein konnten. Die See war rauh, genauso wie jetzt, und obwohl es jetzt in der Bodenluke pfeift, so ist doch dieser Wind bloß ein laues Lüftchen gegen den Sturm von damals. Wir erwarteten kein Segelfrachtschiff zurück, und mein Mann war deshalb mit seinen Kameraden in die Stadt gefahren, um am Morgen des Heiligen Abends in die Kirche zu gehen und sich vielleicht abends dort besser zu amüsieren, als sie es vielleicht hier hätten tun können. Damals war ich aber röter im Gesicht als heute, und ein Herz schlug in meiner Brust, das gut für eine Frau taugte. Ich las im Gebetbuch, so wie ich es tat, als ihr hereinkamt, und die Kinder hatten vor kurzem Abendbrot bekommen und spielten mit ihren Spielsachen, die sie als Weihnachtsgeschenk erhalten hatten. Der Ältere, er war zehn damals und ist jetzt alt und weiß, segelte mit einem Schiff aus Baumrinde über den Fußboden; der Jüngere hatte unser Fischbrett als Boot bekommen und freute sich darüber und über eine Schnüre Glasperlen mit einem goldenen Herzen, die mein Mann mir schenkte und die ich für den Abend dem Jungen umgehängt hatte. So war es, als wir plötzlich draußen auf See einen Schuß hörten. Gott möge mir verzeihen, daß ich Unrecht tat; aber ich glaubte, kein Unrecht zu tun. Ich nahm den Älteren mit, um die Fockschot zu setzen, machten ein Boot los und segelten hinaus. Der Jüngere kam mit uns an den Strand, ich trug ihm auf, wieder in die Hütte zurückzugehen; aber er blieb stehen und rief weinend nach mir, bis bald darauf der Wind und das Meeresrauschen sein Schreien übertönten. Als ich in Höhe der blinden Klippe war, sah ich Feuer auf dem Segelfrachtschiff, das in der Dunkelheit geradewegs nordwärts auf die Brandung zusteuerte, als wäre es nie zuvor in unserem Hafen gewesen. Ich kam rechtzeitig hinzu, zog das Ruder an Lee, und das Schiff stach empor wie ein Lachs mit Sandbank und Brandung an der Seite, und so wurde mir, obwohl ich eine Frau war, die Freude zuteil, das große Schiff des alten Herrn Adolf unbeschadet in den Hafen zu führen. Und dieses Abends hätte ich mich mit Freuden erinnert, solange ich lebe, wenn ich zu Hause alles so vorgefunden hätte, wie es hätte sein sollen. Es war vier Uhr am Morgen, da ich in diese Hütte zurückkehrte; ich dachte, mir Ruhe gönnen zu dürfen, doch diese Ruhe war schlimmer als alle Anstrengung zuvor. Der kleinere der Jungen war verschwunden. Mit einer Fackel in der Hand suchte ich die ganze Nacht auf unseren Klippen nach ihm, Ich rief seinen Namen lauter als der Sturm; jedoch mein Suchen und Rufen waren vergeblich, als geschehen sie auf dem Meeresgrund. Bei Tagesanbruch entdeckte ich einen bloßen Pfahl, an dem unser anderes Boot vertäut war, Boot und Jungen hatte ich seither nicht mehr gesehen, das Boot war Gold wert, doch der Junge war mir teurer als das Leben.«

Bei diesen Worten verstummte die alte Frau und brach in Tränen aus. Der Kapitän war während ihrer Erzählung eingetreten; er aber schien sie kaum verfolgt zu haben. Statt dessen fixierte er die Wände, das Dach, alles in der Hütte, aber ganz besonders ein altes Fischbrett, das bei der Feuerstelle an der Wand hing und in der Mitte geradezu fast zerritzt war, obgleich sonstiger Zierrat auf beiden Seiten recht gut erhalten war.

Als die alte Frau zu sprechen aufgehört hatte, erhob er sich jäh, trat zu ihr, riß Rock und Weste auf und holte eine Schnüre Glasperlen hervor, die er ihr auf den Schoß legte.

Die alte Frau betrachtete sie eine Weile, hob ihren Blick und schaute den Kapitän verwundert an. Geschwind stand sie auf, schlang die Arme um seinen Hals und schluchzte, ohne ein Wort von sich zu geben. Als sie darauf ihr Antlitz erhob, strahlte darin bis tief in ihre Falten die Freude.

»Und wie dein Vater, wenn er noch leben würde!« hob sie jetzt an. »Allein viel schöner als er. Gott beschütze dich, du Wildfang, wer hat dir denn gesagt, du sollst allein in See stechen? War es Wetter für dich? Ich aber war ein Schaf, daß ich dich nicht am Poller festgebunden habe, dann wärst du wohl zu Hause geblieben. Gott sei Dank! Nun kann ich in Ruhe sterben, und niemand wird an meinem Grab fragen, was ich mit meinem Kind gemacht habe.«

Unser aller Überraschung kann man sich leicht vorstellen. Jedoch wurde dieser Weihnachtsabend, der
für uns so traurig zu werden drohte, fröhlicher als
manch anderer.

*Aus dem Schwedischen von Dagmar Mißfeldt*

Raija Siekkinen

# Kurz vor Weihnachten

Es war noch sehr früh am Morgen, und sie erwachte mit dem Gefühl, als sei gerade jemand vom Bett neben ihr aufgestanden und leise zur Tür hinausgegangen. Sie richtete sich auf, um einen Blick auf das andere Bett zu werfen, doch es war wie immer: Auf der Bettdecke lag ein Buch, das sie bis zum Einschlafen gelesen hatte. Zwischen den beiden Kopfkissen stand ein weißer Becher, aus dem sie beim Lesen Kaffee getrunken hatte; an dessen Boden hatte sich ein schwarzer Rand gebildet. Da war der Aschenbecher, er war leer; und da war der dünne schwarze Strumpf, den sie sich in der Nacht um den Kopf gewickelt hatte, um ihre Augen abzudecken, so daß sie von den über die Wände und die Zimmerdecke gleitenden Lichtern, die die dünnen, schwarzen Äste und die wogende Ungleichmäßigkeit der feuchten Fensterscheiben mit sich führten, nicht gestört wurde. Die Katze schlief auf der Decke, und ohne wach zu werden, drehte sie sich um die eigene Achse, von Schlaf umschlossen. Dann schlief sie wieder ein. Beim Aufwachen stellte sich dasselbe Gefühl vom frühen Morgen wieder ein: Jemand sei aufgestanden, habe die Decke zurückgeschlagen, sich leise im anderen Zimmer angezogen, sei durch das Zimmer gegangen, habe vorsichtig die Tür geschlossen.

Sie stand vom Bett auf und ging zum Fenster. Neuer Schnee war auf den alten gefallen, die Spuren der Katze verliefen über den Hof wie ein Band; auf einem Baum saß ein schmaler Vogel, und im Strauch saßen Vögel reglos und spreizten die Federn, und jetzt wußte sie, daß Frost herrschte. Fußabdrücke waren auf dem Hof nicht zu sehen, der Schnee auf der Treppe zu ihrer Wohnung lag unberührt.

Sie stand mitten im Zimmer, das ihr recht groß erschien. Ob es kalt ist? dachte sie. Es machte zwar keinen kalten Eindruck, dennoch legte sie im Ofen von dem Brennholz nach, das auf dem Boden lag. Durch die Öffnung des Rauchabzuges ging säuselnd ein Luftzug, und das Wissen um das Feuer ließ das Zimmer kleiner erscheinen. Sie stellte sich vor den Spiegel und betrachtete ihr Gesicht; darin fehlte nichts, was nicht schon vorher darin vorhanden war, es kam ihr aber verändert und leerer vor. Habe ich geweint? fragte sie sich. Nein, die Augen sind geschwollen. Und sie kochte sich Kaffee, trank ihn und aß ein Butterbrot; während sie so dasaß, erwachte die Katze, kam sich streckend zur Tür herein und aß von ihrem Teller, der neben dem Herd stand.

»Katze, miez, miez«, lockte sie sie, und die Katze blickte sie an und schleckte Milch. Als sie zu Ende gegessen hatte, nahm sie das Tier auf den Schoß und streichelte es, und es schaute sie aus ihren grünen Augen an und wollte fort.

»Kätzchen«, sagte sie, doch die Katze sprang auf den Boden und begann, sich die Pfoten zu lecken, und fuhr sich mit einer Pfote übers Ohr, und als sie sich dem Tier näherte, um es zu streicheln, da wich es ihr aus und putzte sich den Rücken und sah sie an wie jemand, der sich gestört fühlte. Sie ließ in der Kaffeetasse die Hälfte des starken, schwarzen Kaffees stehen, er kühlte rasch ab, und auf seiner Oberfläche bildete sich ein Film wie auf einer Öllache. Die Scheibe Brot, von der sie abgebissen hatte, wurde hart, und der Käse darauf bog sich am Rand und weinte bald Fetttropfen. Sie wusch sich, zog sich an und ging hinaus. Die Katze blieb vor dem warmen Ofen liegen und öffnete die Augen einen Spalt weit, als die Tür geöffnet wurde; sie wälzte sich dann auf den Rücken, legte sich auf die Seite und schlief ein.

Sie lief durch die Straßen der Stadt, die dünner Schnee bedeckte. Sie betrachte die Fußspuren im Schnee und dachte: Hier sind Menschen gegangen. Spuren kamen ihr entgegen oder gingen in dieselbe Richtung wie jetzt sie; überall waren Menschen, und sie blickte sie alle an, als suchte sie den, der an jenem Morgen ihre Wohnung verlassen hatte, doch einen solchen Menschen entdeckte sie nicht.

An einer Straßenecke kam ihr ein Bekannter entgegen, der sogleich betonte, er sei in Eile.

»Ich fahre in den Norden, um dort Weihnachten zu verbringen.«

»Ich gratuliere«, sagte da der Bekannte, zog seinen Handschuh aus und gab ihr die Hand.

»Danke.«

»Fröhliche Weihnachten, wenn wir uns vorher nicht mehr sehen sollten.«

»Danke, gleichfalls«, sagte sie, und als der Bekannte schon die Straße entlangging, stand sie noch immer da und schaute ihm nach, die gereichte Hand nackt in der Kälte.

Der Bekannte verschwand an der nächsten Straßenecke, und sie setzte ihren Weg fort.

Sie lief die Straße entlang und schaute sich die

Schaufenster der Geschäfte und die Waren hinter den Glasscheiben an, und wenn sie etwas sah, dann fragte sie sich: Brauche ich das? und antwortete: Nein! und ging weiter. Es war genauso wie damals, als sie einen Besuch im Krankenhaus gemacht hatte, in dem ihre Schwester im siebenten Stock gerade ein Kind bekommen hatte und ihre Mutter im achten Stock bald sterben würde und sie als Gast dazwischen; sie befand sich auf der Seite der Welt, die sich die Menschen konstruiert hatten, und der man sich fügen mußte, so daß man auch die Straßen nur in der von ihnen vorgegebenen Richtung entlanglaufen konnte.

Sie kam an einem Spiegelgeschäft vorüber, sah sich plötzlich selbst in vielen Spiegeln und dachte: Habe ich geweint? Ich bin doch draußen unter Menschen! Und sie erinnerte sich an den Bekannten, der sie beglückwünscht hatte und dachte: Weinen nicht diejenigen, die man beglückwünscht? »Ich weine nicht, ich gehe weiter.«

Sie ging weiter, kam zu einem Restaurant, erinnerte sich, daß sie dort oft Gerichte gegessen hatte, die ihr geschmeckt hatten, und trat ein. Sie ging durch den Raum an leeren Tischen vorüber auf die fertig gedeckten Tische zu, nahm Platz, und als der Kellner kam, bestellte sie.

»Ein warmes Brot mit Hühnchen, bitte. Und noch eine Flasche Mineralwasser.«

»Danke«, sagte der Kellner, verschwand, und nach geraumer Zeit kehrte er mit einem Brot mit Hühnchen und einer Mineralwasserflasche zurück.

»Bitte, und herzlichen Glückwunsch«, sagte der Kellner, bevor er sich umdrehte und wieder verschwand.

»Danke.«

Sie aß das Brot, das ihr sonst geschmeckt hatte, das

jetzt aber nicht genießbar war. Sie trank das Mineralwasser, versteckte das Essen unter der Serviette, bezahlte und verließ das Restaurant.

»Fröhliche Weihnachten«, sagte der Kellner noch vorher.

»Danke, gleichfalls.«

Sie gelangte zur Fußgängerzone, es schneite wieder. Schnee fiel in der Fußgängerzone, und die Spuren der Menschen wurden zugedeckt, auf ihr Haar und ihre Schultern fiel Schnee, und der Schneefall nahm zu; bald konnte man die Menschen nicht mehr erkennen, die einem entgegenkamen, und auch nicht die Autos auf der Straße. Die Stadt war leer. Sie lief die Straße entlang, entdeckte eine Bäckerei, trat durch die Tür und stand vor dem Ladentisch.

»Was darf es sein?« fragte die Verkäuferin.

»Ein halbes Brot.«

»Wir verkaufen aber nur ganze«, sagte die Verkäuferin.

»Ach, dann nehme ich doch ein ganzes«, sagte sie bald, da die Verkäuferin sie nur stumm anblickte und nicht reagierte. Während das Brot in Papier eingeschlagen wurde, erinnerte sie sich an etwas; und während sie das schwere Brot berührte, das sich durch das Papier hindurch warm anfühlte, hatte sie das Gefühl, als habe sie etwas verstanden.

Sie lief, das Brot tragend, durch den Schnee und hatte das Gefühl, daß das Brot so viel wiege, daß ihre Spuren niemals wegtauen würden. Sie ging in ein Restaurant, dort saßen Bekannte, und sie setzte sich zu ihnen, bestellte schwarzen Johannesbeerschnaps, zündete sich eine Zigarette an und hörte dem Gespräch zu. Sie dachte, was passierte, wenn sie plötzlich erzählen würde, wie sie am Morgen mit dem Gefühl aufgewacht sei, daß gerade jemand vom Bett neben ihr aufgestanden und fortgegangen sei; sie hatte vor, es zu sagen, sagte dann doch etwas anderes, und sie gaben ihr Antwort. Als sie wieder etwas sagte, antworteten sie erneut, und sie wunderte sich darüber, sagte dann etwas, und wieder wurde ihr geantwortet. Sie saß still da und schwieg, und das Brot neben ihr auf der Bank kühlte ab.

Sie ging nach Hause und legte sich schlafen. Die Katze lag am nächsten Morgen neben ihr. Das Brot, noch ganz und in das Papier eingeschlagen, lag auf dem Tisch. Sie kochte Kaffee, trank ihn, schnitt eine Scheibe Brot ab, und es schmeckte gut. Sie saß am Schreibtisch, sah draußen den Baum mit Schnee auf den Zweigen, die Wurzeln tief von warmer Erde bedeckt. Die Ursprünge aller zukünftigen Blätter waren darin die ganze Zeit aufgehoben, das wußte sie. Die in den Fenstern gegenüber aufgehängten Weihnachtssterne waren durch seine Zweige hindurch zu erkennen.

Manchmal war an Weihnachten sternenklare Nacht gewesen. Sie hatte auf dem verschneiten Hof gestanden, und die Sterne waren so schnell hintereinander vom Himmel gefallen, daß man sich gar nicht so rasch etwas wünschen konnte, bevor nicht jemand schon eine neue Sternschnuppe entdeckt hatte. Nebenan hatte ein Haus gestanden, in dem ein Tannenbaum brannte, und eine Familie wohnte dort. Plötzlich hatte es überhaupt keine Sternschnuppe mehr gegeben. Sie hatte wartend dagestanden; doch die Freigebigkeit des Himmels hatte ein Ende gefunden. Nach und nach erloschen in den Fenstern die Lichter; dann war es dunkel geworden.

*Aus dem Finnischen von Dagmar Mißfeldt*

Frans Emil Sillanpää

# Weihnachtstraum

1.

Zum ersten Mal seit langem ist der erste Schnee liegengeblieben. Die Gewässer sind rechtzeitig zugefroren, es hat auch schon ein ordentliches Schneegestöber gegeben, und darauf folgte gelber Dezembersonnenschein, dieser wunderbar besänftigende Glanz, der das Längerwerden der Tage schon ankündigt, noch bevor sie aufgehört haben, kürzer zu werden. Genau diese Voraussetzungen müssen erfüllt sein, damit Weihnachten kommen kann, wenn daraus ein wirklich nordisches Weihnachtsfest werden soll. Weihnachten hat hier eine rötliche Färbung, und sein Wesen offenbart sich übrigens im Bild einer schneebedeckten Hütte, in der die Menschen über reichlich Ruhe, Wärme und Fett verfügen.

Wie andächtig ich mir in der Vorweihnachtszeit wieder eine solche Hütte vorstelle! Ich denke mir, daß ich vom Kirchdorf in Richtung Wildmark aufbreche. Ich gehe die Landstraße entlang, lasse Amtsgebäude und andere Häuser hinter mir, in die ich nicht einkehren möchte, ich wandere auf der breiten Landstraße, wo Entgegenkommende meinen Argwohn erwecken. Bis ich im Schatten von Gebäuden eines Anwesens in einen Weg einbiege, der schmaler und unauffälliger, aber trotzdem immer noch eine öffentliche Straße ist. Wenn ich einen Blick zurückwerfe, sehe ich die Kirche schon in ihrer Gesamtheit, hin und wieder kann sie sogar schon im Schatten der Fichtengruppe auf dem Feld aus dem Blickfeld verschwinden. Die Wohngebäude sind frühere Katen, grau und ohne Anstrich; ihre Vorbauten und die aus einem Baumstamm geschlagenen Dachbodentreppen bewahren die alte Zeit. An ihnen stapfe ich gemächlich vorbei, grüße den auf seinem Hof stehenden Mann, der tatsächlich mein nächster Nachbar ist und meine Verhältnisse ebensogut kennt wie ich die seinen, mit dem ich aber keinerlei unnötigen Umgang pflege. Dort bei der zur Kate gehörigen Darre zweigt mein Weg ein zweites Mal ab, er wird immer schmaler, bis er im äußersten Winkel des Feldes hinter dem Gattertor in den Wald verschwindet.

So bin ich nun in mein eigenes, in mein eigentliches Reich gelangt. Dieser Weg führt irgendwohin zu den abgelegenen Wiesen, an die schon die hintersten Ländereien des anderen Kirchspiels grenzen; Menschen gibt es dort, wo dieser Weg hinführt, nicht – niemanden außer mir. Die Wegränder erzählen ihre eigenen Geschichten: Man hat Brennholz von hier geholt, ein Wagen hat zu beiden Seiten des Weges Spuren in den Schnee gezogen. Dort ist jemand seitlich ausgewichen, ein Fußgänger ist also auch unterwegs gewesen. Ich bleibe stehen und genieße die vertraute, besänftigende Stille, ich fühle die warme Kleidung auf meiner Haut. Ein Meisenschwarm zwitschert an mir vorbei, ohne mich zu bemerken, die kleinen Federbälle steigen auf und flattern aufgeregt herum, sie picken einen Baum leer, fliegen zu einem anderen, wobei sie immer im Dunkeln bleiben. Eine kleine Pause, ein neuer Schwarm. Kohlmeisen, Sumpfmeisen, Goldhähnchen.

In der Luft hatte noch der Geschmack des Morgens gelegen, als ich die Vögel zum ersten Mal bemerkt hatte; als das Zwitschern des letzten Schwarms verstummt ist, geht es deutlich auf Abend zu. Ich gehe weiter den schmalen Weg entlang.

Der Wald lichtet sich, und der Weg senkt sich steil hinab in die Wildnis des Bachbettes. Über den Bach selbst kann man fast hinüberspringen, er ist gewunden, stellenweise reißend, aber das Bachbett folgt in erstaunlichem Maße dessen Windungen quer durch die Wildnis. Dort ist eine Brücke, und auf der Brücke ein Gattertor. Dann folgt der Weg dem Bachbett, bis ich ein drittes Mal abbiege, jetzt auf meinen ganz und gar eigenen Pfad. Dort am Hang, der mit Flachspflanzen und Büschen bewachsen ist, steht meine Hütte.


### 2.

Dort will ich den Weihnachtsabend erwarten. Der Alltagsschnee soll für das Fest im Funkeln der Frostnachtsterne glitzern, und auch der Mond soll einmal in der Weihnacht scheinen. Ich bin dort in meiner warmen Hütte, meine häuslichen Vorbereitungen sind erledigt, nichts stört meinen inneren Frieden. Ich weiß, daß meine Sauna bereitet ist, ich kann noch einige kurze Augenblicke verstreichen lassen, ohne daß sie abkühlt. Ich weiß auch, daß ich das Haus nicht verlassen muß, um dorthin zu gelangen: Dort, neben dem Wohnstubenofen, ist eine kleine Tür, dahinter wartet das gründlich gereinigte Wasser für den weihnachtlichen Saunaaufguß. Ich ziehe meine Kleider hier in der Wohnstube aus, dann schreite ich gemessenen Schrittes über die recht hohe Schwelle. Dann das Anwärmen der Bündel aus Birkenzweigen, das Lauschen auf die Geräusche im Ofen – ich mag mich kaum noch rühren. Die alten, liebgewordenen Saunagewohnheiten...

Ich komme in die Wohnstube zurück, ich entzünde den Tischleuchter und verharre, bevor ich mich anziehe, eine lange Weile in dessen Lichtschein. Die untersten Scheiben des kleinen Fensters sind zur Hälfte von Schneewehen verdeckt; dadurch sieht es aus, als tanze das Mondglitzern auf der Schneefläche geradewegs durchs Fenster hinein. Ach, du ganze Herrlichkeit des Lebens, ach, Fülle des Friedens, ach, prachtvolle Hülle von Kälte um das warme Nest. Mond und Sterne, die Kuppel des gesamten Winterhimmels, der sich verlierende Anblick der Waldwipfel; ihr alle seid nur da, um diese warme Menschenhütte zu umgeben; die wiederum ist hier, um das warme, innerste Bewußtsein meines Daseins zu umschließen. Hätte ich nicht beinahe die Lösung des Rätsels aller Rätsel gefunden...

Ich ziehe mich noch nicht vollständig an und richte mir meine vorbereitete Mahlzeit, trinke mein bestes Bier, das ich am Rand des Saunaofens angewärmt habe. Mir ist wohl zumute; schon gehe ich kurz auf den Hof, ich lasse den trockenen Frost ein wenig meinen Körper zwicken, während ich in die Weite der Weihnacht schaue, bald direkt nach oben über mich, bald zum Horizont, wo irgendein seltsamer, sehr heller Stern gerade aufgestiegen ist. Dort verläuft ein wenig weiter unten mein unscheinbarer Weg, auf dem in dieser Nacht niemand mehr kommen wird. Niemand sonst außer vielleicht einem Märchenwesen, das von meiner Phantasie dorthin versetzt worden ist. Irgendeine alte in früher Kindheit vernommene Spukgeschichte... Der Frost kracht behutsam.

Ich gehe hinein und lese in einem alten Buch die

Weihnachtsgeschichte. Es ist seltsam, daß die Phantasie keine Schwierigkeiten hat, sich die Felder von Bethlehem und die Hirten auf den Feldern in dieser klaren, kalten Winternacht vorzustellen. Ganz unbestritten ist jetzt auch die Ehre Gottes in der Höhe und Frieden auf Erden, und ich empfinde keinen bösen Willen gegenüber irgendwem. Ich kann mir nicht vorstellen, daß jemand in diesem Moment stirbt, aber die bereits Gestorbenen erscheinen mir jetzt lebendig, sie sind dort irgendwo im hellen Mondlicht. Nun kommt der letzte Teil meiner Festordnung. Gegen zwei Uhr schlüpfe ich zurück in die Sauna, klettere auf die Sitzbank, sitze in der abklingenden Wärme. Die ist noch ein wenig zu kräftig, weshalb ich die Luke öffne. Der Mond ist schon auf unserer Seite der Erdkugel angekommen; ich betrachte ihn für einen Augenblick durch die Luke und strecke mich auf dem Stroh aus.

Der geistliche Seelenfrieden des Menschen ist wohl dann an seinem höchsten Punkt, wenn dieser sich die Ankunft des Todes gelassen vorstellen kann, als heraufsteigender Festtag. So fühle ich es in dieser Aura der morgendlichen Weihnacht, mitten in der Einöde – traumverloren. Da könnte ich ihn kommen lassen. Da erscheint alles so klein, alles Erreichte und Unerledigte, alle menschlichen Beziehungen, sogar die ganz nahen. In dieses Sein und diesen Raum hoffe ich einmal einzutreten, wenn jener bedeutsame Moment bevorsteht. Von dort hoffe ich fortgehen zu können, ohne daß irgendwer mich sieht noch hört, noch von mir weiß. Ein unermeßlich kleiner, warmer Punkt würde nur inmitten des unermeßlich großen und kalten Weltalls verlöschen.

*Aus dem Finnischen von Joachim Gerdes*

Amalie Skram

# Karens Weihnachten

An einem der Kais in Kristiania stand vor einigen Jahren ein graugestrichenes Holzhaus mit flachem Dach, ohne Schornstein, ungefähr vier Ellen lang und auf der Kopfseite etwas kürzer. Beide Stirnwände hatten ein kleines Fenster, das eine dem anderen genau gegenüberliegend. Die Tür zeigte zur Wasserseite hin und konnte von innen wie von außen mit Eisenhaken verschlossen werden, die in Krampen aus dem gleichen Metall eingeklinkt wurden.

Der Schuppen war ursprünglich für die Fährleute gebaut worden, damit sie bei Regen und in der Winterkälte ein Dach über dem Kopf hatten, wenn sie darauf warteten, daß jemand kommen würde, um übergesetzt zu werden. Später, als die kleinen Motorschiffe immer mehr von ihrer Arbeit übernahmen, waren die Fährleute woanders hin gezogen. Danach wurde das Haus nur noch von dem benutzt, der es gerade gebrauchen konnte. Die letzten, die sich darin aufgehalten hatten, waren ein paar Maurer gewesen, die darin zweimal gegessen hatten, als sie im Sommer ein Kaistück in der Nähe reparierten.

Seitdem gab es niemanden, der von der alten, kleinen Bretterbude Notiz nahm. Sie blieb stehen, wo sie war, weil das Hafenamt nicht auf die Idee kam, sie abzureißen, und weil niemand sich darüber beschwerte, daß sie im Weg stehen würde.

Es war in einer Winternacht im Dezember zur Weihnachtszeit. Es schneite ein wenig, aber der Schnee schmolz bereits, während er fiel und machte den klebrigen Dreck auf den Pflastersteinen des Kais noch nasser und schmieriger. Auf den Gaslaternen und Schiffskränen lag der Schnee wie ein gräulich-weißer Fransenüberzug, und wenn man dichter an die Schiffe heranging, konnte man durch das Dunkel erkennen, daß er in der Takelage zwischen den Masten wie Girlanden hing. In der dunkelblauen, dunstigen Luft bekamen die Gasflammen in den Laternen einen schmutzigen, brandgelben Glanz, während die Schiffsleuchten mit einem trüben, roten Schein leuchteten. Ab und zu zerschnitt das knallende Geräusch der Schiffsglocken mit einem brutalen Gebell die feuchte Atmosphäre, wenn die Wache an Bord das Glas zur Ablösung schlug.

Der Polizeiwachtmeister, der am Kai patrouillierte, blieb an der Gaslaterne vor dem ehemaligen Fährmannshaus stehen. Er zog seine Uhr hervor, um nachzusehen, wie weit die Nacht bereits fortgeschritten war, aber als er sie ins Licht hielt, hörte er etwas, das wie Kinderweinen klang. Er ließ seine Hand sinken und schaute sich lauschend um. Nein, da war nichts. Wieder hoch die Uhr. Das Geräusch war wieder da, diesmal mit einem leisen »Pst« vermischt. Erneut ließ er seine Hand sinken, und erneut war es still. Was zum Teufel war das für ein Schabernack? Er schaute sich genauer um, konnte aber nichts entdecken. Zum dritten Mal kam die Uhr in das Gaslicht, und diesmal konnte er endlich in Ruhe feststellen, daß es kurz vor vier Uhr war.

Er setzte seinen Weg fort, am Haus vorbei, wunderte

sich ein wenig, aber dachte schließlich, daß es wohl nur Einbildung gewesen sein konnte, oder was auch sonst.

Als er nach einer Weile den gleichen Weg zurückkam und sich dem Haus näherte, schaute er genauer hin. Was war das? Sah er nicht da drinnen sich etwas rühren? Die Gaslaternen draußen warfen von beiden Seiten ihr Licht in die Fenster, so daß es aussah, als wäre im Inneren ein Licht angezündet.

Er ging näher und schaute hinein. Ganz richtig: Da saß dicht unter dem Fenster ein Wesen auf einer Bank, eine kleine, zusammengekauerte Gestalt, die sich vorbeugte und mit etwas beschäftigt war, er konnte nicht sehen, womit. Ein Schritt um die Ecke, und er stand an der Tür und wollte eintreten. Sie war geschlossen.

»Aufmachen!« rief er und klopfte.

Er hörte jemanden zusammenschrecken, es kam ein leiser, erschrockener Aufschrei, dann war es wieder ganz still.

Er klopfte von neuem mit der Faust an die Tür und wiederholte:

»Aufmachen, wer immer auch da drinnen ist! Machen Sie sofort auf!«

»Was ist denn? Mein Gott, hier ist doch niemand ...«, klang es erschrocken gleich hinter der Tür.

»Aufmachen – hier ist die Polizei!«

»O Gottogott, die Polizei! – Aber mein bester, lieber Freund, das bin doch nur ich, ich tu' doch gar nischt, sitze nur bloß und arm da, wissen Se.«

»Wenn Sie nicht sofort die Tür öffnen, werden Sie schon sehen, was dann passiert. Werden Sie endlich ...«

Er kam nicht weiter, denn im gleichen Augenblick

ging die Tür auf, worauf er sich blitzschnell durch die Öffnung in den niedrigen Raum zwängte, in dem er nur knapp aufrecht stehen konnte.

»Sind Sie von Sinnen? Der Polizei nicht zu öffnen! Was denken Sie sich denn dabei?«

»Ich bitte um Verzeihung, Herr Polizei – aber ich hab' doch uffgemacht, wie Se sehen.«

»Na, zum Glück«, brummte er.

»Also, wer bist du, und wer hat dir erlaubt, hier unterzukommen?«

»Das bin ja nur ich, die Karen«, flüsterte sie. »Ich bin mit meinem Kleinen hier.«

Während sie sprach, nahm der Wachtmeister die Person näher in Augenschein. Es war eine dünne, kleine Frauenperson mit schmalem, blassem Gesicht und einer tiefen Drüsennarbe auf der einen Wange, senkrecht wie ein Pfahl und offensichtlich noch nicht ganz verheilt. Sie trug einen hellbraunen Überwurf, eine Art Mantel oder Jacke, deren Schnitt verriet, daß er schon bessere Tage gesehen hatte, sowie ein dunkleres Hemdkleid, das in Lumpen herunterhing und ihr bis zu den Knöcheln reichte. Ihre Füße steckten in kaputten Soldatenstiefeln, die keine Schnürbänder mehr hatten. In einem Arm trug sie ein Bündel Stoffetzen waagerecht an den Leib gepreßt. Aus dem obersten Ende des Bündels ragte etwas Weißes hervor. Es war ein Kinderkopf, der an ihrer mageren Brust trank. Um den Kopf hatte die Frau ein zerfranstes Kopftuch, das unter dem Kinn geknotet war, im Nacken lugten Haarfransen hervor. Sie zitterte von oben bis unten vor Kälte, und wenn sie sich bewegte, klatschte und knirschte es in den Stiefeln, als stampfe sie in einer grützenartigen Substanz.

»Ich habe gedacht, das stört doch keinen«, fuhr sie in

piepsigem Ton fort, »wenn ich hier in dem Schuppen bin.«

Der Wachtmeister bekam ein Gefühl der Beklemmung. Im ersten Augenblick hatte er vorgehabt, sie mit kraftvollen Worten hinauszuwerfen und sie mit einer Verwarnung davonkommen zu lassen. Aber als er das erbärmliche Kind sah, das mit dem kleinen Wurm auf dem Arm dastand, sich gegen die Bank drückte und sich vor lauter Angst und Ehrfurcht nicht zu setzen wagte, durchfuhr ihn eine Art Rührung.

»Aber in Jesu Namen – was machst du denn hier, mein Kind?«

Sie bemerkte den sanfteren Klang seiner Stimme. Die Angst nahm ab, und sie begann zu weinen.

Der Wachtmeister schloß die Tür.

»Nun setz dich mal«, sagte er, »es ist doch viel zu schwer für dich, mit dem Kleinen im Arm da zu stehen.«

Leise sank sie auf die Bank hinunter.

»Nun«, sagte der Wachtmeister aufmunternd und setzte sich auf die gegenüberliegende Querbank.

»Ach, mein Gott, Herr Polizei – lassen Se mich doch hierbleiben«, lispelte sie unter Tränen. »Ich werd' auch keine Mühe machen, nicht das kleinste bißchen – ich mach auch sauber hinterher – Se können doch selber sehen, hier ist nischt an Dreck – das da sind Brotrinden.« Sie deutete auf ein Stoffbündel auf dem Boden. »Tagsüber bin ich unterwegs und bitte um was zu essen. – Inner Flasche ist 'n Schluck Wasser. – Bitte, erlauben Se mir, daß ich nachts hier sein darf, bis ich meine Stelle wiederkriege – bis de Madame kommt«, sie hielt inne und schnaubte sich in die Finger, die sie danach in ihrem Hemd abwischte.

»Die Madame, wer ist das?« fragte der Wachtmeister.

»Die, bei der ich gedient hab'. – Ich hatte so 'ne schöne Stelle mit vier Kronen im Monat und Essen, aber dann ist das Unglück passiert, und dann mußte ich natürlich weg. Madame Olsen selbst hat mir 'nen Platz im Stift besorgt, se is so nett, de Madame Olsen, und ich war im Dienst, bis ich ins Stift mußte, denn se is allein, de Madame Olsen, und se hat gesacht, daß se mich solange behalten will, wie es nur geht. Aber dann mußte se weg, de Madame Olsen, se is ja Hebamme, nich, de Madame Olsen, und da is se da oben krank geworden, und jetzt sagen se, daß se nicht vor Weihnachten zurückkommt, nich.«

»Aber mein Gott, so mit dem Kleinen 'rumzulaufen, während du auf die Madame wartest, was soll das?« Der Wachtmeister schüttelte den Kopf.

»Ich weiß doch nich, wo ich hin soll«, seufzte sie. »Seit Vater tot is, nimmt mich keiner in Schutz, wenn meine Stiefmutter mich rausschmeißt.«

»Und der Kindesvater?«

»Ach, der«, entgegnete sie und warf den Kopf leicht in den Nacken. »Das bringt doch nichts, den ranzukriegen, ne, ne.«

»Aber du weißt, daß er dazu verpflichtet ist, für das Kind zu zahlen?«

»Ja, davon habe ich gehört«, antwortete sie. »Aber wie soll das gehen, wenn man nicht weiß, wo er is?«

»Sage mir einfach seinen Namen«, meinte der Wachtmeister, »dann wird er schon herbeigeschafft.»

»Ja, wenn ich den wüßte …«, sagte sie leise.

»Wie bitte? Kennst du nicht den Namen des Vaters deines Kindes?«

Karen steckte einen Finger in den Mund und saugte daran. Ihr Kopf kippte vor. Ein hilfloses, dummes Lächeln breitete sich auf ihrem Gesicht aus. »Nee«, flüsterte sie mit Betonung auf jedem einzelnen Buchstaben und ohne den Finger herauszunehmen.

»Sowas habe ich ja noch nie gehört«, fiel der Wachtmeister ein. »In Gottes Namen, wie bist du denn mit ihm zusammengekommen?«

»Nun ja, ich habe ihn abends auf der Straße getroffen, wenn es dunkel war«, sagte sie, »aber dann war er einfach weg, und danach hab' ich ihn nie wiedergesehen.«

»Und hast du nicht nachgefragt?«

»Doch, doch, die ganze Zeit, aber keiner weiß, wo er geblieben is. Er hat wahrscheinlich 'ne Stelle auffem Land gekriegt, denn er hatte irgendwas mit Pferden oder Kühen zu tun, das konnte ich an seinem Geruch merken.«

»Mein Gott, was für eine Wirtschaft«, murmelte der Wachtmeister. »Dann mußt du zum Armenwesen gehen und dich dort melden«, sagte er lauter. »Damit endlich Ordnung in die Dinge kommt.«

»Ne, ne, das mache ich nich«, erwiderte sie plötzlich.

»Es ist doch wohl besser, in die Mangelstube zu kommen und Essen und ein Dach über den Kopf zu kriegen als das hier«, sagte der Wachtmeister.

»Ja, aber wenn doch de Madame Olsen zurückkommt – se is so nett, de Madame Olsen – se wird mich in ihrem Haus einstellen, ich weiß das ganz genau, denn se hat es mir versprochen – und ich kenne 'ne Frau, die uns für drei Kronen im Monat in Logis nimmt. Se paßt auf das Kleine auf, solang' ich bei Madame Olsen bin, und dann mach' ich für se die Arbeit, wenn ich von der Madame komm. Dann wird alles gut, wenn nur de Madame Olsen kommt, und se kommt doch zu Weihnachten, sagen se.«

»Ja, ja, mein Mädchen, wer erwachsen ist, muß allein

wissen, wie er zurecht kommt, aber du hast kein Recht, dich hier aufzuhalten.«

»Aber wenn ich nur nachts hier sitze, das kann doch nicht so schlimm sein? Oh, lieber Gott, lassen Se mich doch hierbleiben, das Kleine wird auch nicht schreien. Wenn nur de Madame kommt – ach, liebe Polizei, nur solang', bis de Madame kommt.«

»Aber du frierst doch ganz entsetzlich, du und das Kind«, er schaute auf ihre armseligen Kleider.

»Ach wissen Se, hier is' es jedenfalls geschützter als draußen auf der Straße. Ach, Herr Polizei – nur bis de Madame zurückkommt.«

»Eigentlich müßtest du jetzt aufs Revier«, erklärte der Wachtmeister in nachdenklichem Ton und kratzte sich hinterm Ohr.

Sie fuhr auf und lief zu ihm hinüber. »Das nich, bitte, bitte, das nich«, jammerte sie und packte mit ihren verfrorenen Fingern seinen Ärmel. »Ich bitte Se ganz, ganz doll – in Gottes Namen – nur bis de Madame kommt.«

Der Wachtmeister überlegte. Noch drei Tage bis Weihnachten, rechnete er nach.

»Na ja, nun gut«, sagte er laut und stand auf. »Du kannst bis Weihnachten hierbleiben, aber keinen Tag länger. Und denk daran: Es darf niemand davon wissen.«

»Der liebe Gott segne Se, der liebe Gott segne Se, und vielen, vielen Dank auch«, rief sie aus.

»Aber achte darauf, daß du vor sechs Uhr morgens weg bist, denn dann geht der Verkehr draußen los«, fügte er noch hinzu, als er schon halb zur Tür hinaus war.

Als er in der folgenden Nacht am Schuppen vorbeikam, blieb er stehen und schaute hinein. Sie saß in einer schrägen Haltung da, gegen das Fensterbrett zurückgelehnt. Ihr Profil mit dem geknoteten Kopftuch hob sich schwach gegen die Fensterscheiben ab. Das Kind lag an ihrer Brust und trank. Sie bewegte sich nicht und schien zu schlafen.

Gegen Morgen schlug das Wetter um, der Frost kam. Im Laufe des nächsten Tages fiel das Thermometer bis auf zwölf Grad minus. Eine beißende Kälte mit klarer, ruhiger Luft breitete sich aus. Auf den Fensterscheiben des kleinen Fährhauses lag eine dünne Reifschicht, die die Scheiben vollkommen undurchsichtig machte.

Am Weihnachtsabend gab es wieder einen Wetterumschwung. Es taute und tropfte überall herab. Man mußte fast den Regenschirm aufspannen, obwohl es nicht regnete. Unten am Kai waren alle Lagerhausfenster wieder eisfrei, und der Matsch war schlimmer als je.

Am Nachmittag war der Wachtmeister gegen zwei Uhr zur Stelle. Er hatte die letzten zwei Nächte wegen einer fiebrigen Erkältung, für die der Arzt ihm ein Attest ausgeschrieben hatte, freigehabt. Jetzt wollte er mit einem Kerl auf einem der Dampfschiffe reden.

Sein Weg führte am Haus vorbei. Obwohl es bereits zu dämmern begann, sah er schon auf mehrere Schritte Abstand etwas, das ihn zum Halten brachte und sonderbar traurig stimmte. Sie saß genau in der gleichen Haltung da wie in der Nacht vor zwei Tagen. Dieses seltsame Teilprofil auf der Fensterscheibe. Er stellte eigentlich keine Reflexionen darüber an, ihn erfüllte aber aufgrund dieser versteinerten Haltung der Frau ein gewisses Grauen. Unwillkürlich durchfuhr ihn ein Schaudern. Sollte etwas passiert sein?

Er eilte zur Tür; sie war geschlossen. Da zerschlug er

eine Scheibe, ergriff eine Eisenstange, die er durch die Öffnung schob, und mit deren Hilfe er den Haken aus der Öse hob. Dann trat er leise und vorsichtig ein.

Beide waren tot. Das Kind lag bei der Mutter und hielt noch im Tod ihre Brust im Mund. Aus der Brustwarze waren ein paar Blutstropfen auf seine Wange getropft, die jetzt am Kinn eingetrocknet waren. Die Frau war schrecklich ausgemergelt, aber auf ihrem Gesicht lag ein ruhiges Lächeln.

»Armes Mädchen, was für ein Weihnachtsfest ist dir beschert«, murmelte der Wachtmeister, während er sich die Augen rieb.

»Aber vielleicht ist es so ja für euch beide das Beste. Unser Herrgott hat sich dabei sicher was gedacht.«

Er ging wieder hinaus, zog die Tür hinter sich zu und legte den Riegel vor. Eilte zur Wache, um die Begebenheit zu melden, und am ersten Arbeitstag nach dem Weihnachtsfest ließ das Hafenamt das alte Fährmannshaus abreißen und fortschaffen. Es sollte nicht als Aufenthaltsort für dahergelaufene Herumstreuner dienen.

*Aus dem Norwegischen von Christel Hildebrandt*

Gunnar Staalesen

# Eine bittere Mandel

1.

Das Weihnachtsessen zu Hause bei Geschäftsführer
Lindberg war schon fast ein Ritual. Es gab keine Möglichkeit, abzuweichen. Das Programm wurde eingehal-
ten, so wie es seit Jahren Tradition war.

Die Kinder, die inzwischen erwachsen und aus dem
Elternhaus ausgezogen waren, kamen gegen 17 Uhr an.
Dann empfing Geschäftsführer Sture Lindberg sie
höchstpersönlich mit einem Glas Sherry in der Keller-
bar. Neben ihm stand frischfrisiert und mit leicht gerö-
teten Wangen Frau Else Lindberg, verantwortlich für
das Essen. Die Anzahl der Kinder war von zwei auf drei
angewachsen, nachdem das jüngste, die Tochter Vibeke, sich relativ frisch vermählt hatte mit einem
äußerst beständigen, gut ausgebildeten Mann, der
Henrik Larsen hieß, die Wirtschaftshochschule hinter
sich und eine sichere Karriere in der Wirtschaft vor
sich hatte. Der Sohn Jørn, sechs Jahre älter als Vibeke,
schien leider nicht eine entsprechende Karriere anzu-
streben. Zur Zeit war er an der Universität. Dort befand er sich bereits seit Ende der 70er Jahre, ohne daß
viel dabei herausgekommen wäre, jedenfalls nicht,
was Prüfungen betraf. Er wohnte zur Miete, es hieß,
zusammen mit einer Frau, die zehn Jahre älter war als

er und Bildhauerin. Und nur weil diese Bildhauerin Weihnachten zusammen mit ihren Kindern aus einer früheren Ehe feierte, tauchte er überhaupt an diesem Weihnachtsabend daheim auf. Aber ein Essen gespart, ist nicht zu verachten, und einmal im Jahr ...

Der Geschäftsführer begrüßte alle gut gelaunt und redegewandt. Seine Erfahrung von unzähligen Firmenzusammenkünften, einer langen Reihe von Logentreffen, machte sich jetzt bemerkbar. Er war ein bekannter Festteilnehmer, ein beliebter Unterhalter der Damen.

»Jetzt laßt uns noch ein bißchen gemütlich plaudern, bis das Fleisch fertig ist – und dann gehen wir hoch«, schloß er ab. »Prost!«

»Prost«, erwiderten die anderen stumm. Dann wurde es still. Jørn ging mit erfahrenen Schritten zu einem Bücherregal und machte sich daran zu schaffen. Vibeke und Henrik standen kerzengerade da, als erwarteten sie, eine Medaille verliehen zu bekommen für etwas, das sie gar nicht ausgeführt hatten. Frau Else trippelte nervös auf ihren dünnen Beinchen und fummelte an ihrem Sherryglas, während sie sagte: »Nun haben wir dieses Jahr ja doch wieder weiße Weihnachten.«

Der Geschäftsführer schaute aus dem Fenster. Die Villa lag auf Kalfaret, von der Hauptstraße zurückgezogen und durch hohe Hecken von den Nachbarn abgeschirmt. Draußen im Garten fiel leichter Neuschnee. Er legte sich wie eine Baumwolldecke auf den Garten, die Hecken und die kahlen Obstbäume. Alle Geräusche wurden gedämpft, man schien auf eine vergrößerte Weihnachtskarte zu schauen.

Sie leerten ihre Gläser schneller als sonst und gingen zehn Minuten vor der Zeit hinauf. Das war der erste

Bruch des Rituals, und er versprach für den Rest des Abends nichts Gutes.

Oben gingen sie zuerst durchs Wohnzimmer, in dem der große Tannenbaum mitten im Raum stand, als wüchse er direkt aus dem Pakethaufen heraus, die Zweige zur Decke gestreckt, einem Pfarrer auf der Kanzel nicht unähnlich.

Im Eßzimmer war der Tisch gedeckt. Sie nahmen Platz, während Frau Else die Kerzen anzündete. Die rote Tischdecke erinnerte an Blut und Tod, aber niemand sagte etwas.

Die Rippchen kamen auf den Tisch, und sie aßen. Die gekochten Backpflaumen füllten den Mund mit Steinen, die sie diskret in ihre Hände spuckten und dann auf den Tellerrand legten. Der Aquavit glänzte wie Quecksilber in den langstieligen Gläsern, und das dunkle Bier schmeckte süßlich und süffig. Draußen läuteten schwer die Kirchenglocken: Der Familiengottesdienst im Dom war zu Ende.

Das Dessert war der Höhepunkt. Frau Else war berühmt für ihren selbstgemachten Karamellpudding, und nie gab sie sich mit ihm soviel Mühe wie am Weihnachtsabend. Die Puddingseiten waren weißgolden, und obendrauf glänzte es dunkelbraun in der Farbe des Karamells.

Frau Else trug den Pudding selbst hinein. Er war länglich und lag auf einer rechteckigen Silberplatte. Feierlich teilte sie ihn in fünf gleich große Stücke: eines für jeden. In einem Kreis standen mitten auf dem Tisch fünf Dessertteller aus Kristall. Mitten auf einem der Teller lag eine weiße, abgezogene Mandel. Diese Mandel zu bekommen, galt es jeden Weihnachtsabend, und damit ein Geschenk, das, nachdem die Kinder erwachsen waren, vom Marzipanschwein zu einer Flasche guten Kognaks geworden war, vom Geschäftsführer selbst auf einer seiner vielen Auslandsreisen erstanden.

Frau Else legte die Puddingstücke auf die Teller. Danach drehte sie die Teller hin und her und im Kreis, so daß keiner (auch sie selbst nicht) wußte, wo die Mandel war.

Dann durfte sich jeder einen Teller aussuchen. Der Schwiegersohn Henrik zuerst – da er am meisten »Gast« war –, danach die Tochter Vibeke, da sie die Jüngste war, und dann Jørn (der es mit einem höhnischen Schnauben tat), bis schließlich der Geschäftsführer dran war. Zum Schluß nahm Frau Else den Teller, der noch übrig war, und nun konnten sie anfangen zu essen.

Hinterher waren sie sich nicht einig, wie das Ganze überhaupt passiert war. Jemand behauptete, der Geschäftsführer hätte schon während des ganzen Essens schlecht ausgesehen, er hätte Schweißperlen auf der Stirn gehabt und mehr Aquavit als üblich getrunken. Andere sagten, sie hätten nichts gemerkt, bis er plötzlich mit dem Kopf auf dem Tisch gelegen hätte, die Augen verdreht, und stöhnte: »Das war eine bittere Mandel.«

Was auf jeden Fall sicher war: Dieses Weihnachtsessen wurde für den Geschäftsführer sein letztes. Er starb, noch bevor er im Krankenhaus ankam.


2.

Kommissar Henrik Abel Olsen hatte Magenschmerzen. Das hatte er immer, aber besonders nach einem fetten Weihnachtsessen: Milchreis, Hammelrippchen und ofenwarmer Apfelkuchen mit Eis. Da er Telefondienst hatte, durfte er nur ein halbes Glas Bockbier trinken, und das schwere dunkle Bier hatte sich wie ein wohltuender Balsam über die schwere Kost gelegt. Jetzt saß er am Fenster und starrte melancholisch über die Stadt. Die beiden Kinder halfen ihrer Mutter beim Abwasch, während er seine schlechte Verdauung pflegte. Er wackelte zerstreut mit seinen großen Ohren, deretwegen er auf der Polizeiwache den Spitznamen Dumbo bekommen hatte.

Das Telefon klingelte, und er stand bedächtig auf. Wahrscheinlich war das seine Schwester. Sie rief immer um diese Zeit an, gleich nach dem Essen.

Aber es war nicht seine Schwester. Es war die Wache. Eine Stimme, die er als die von Jakob Baunes wiedererkannte, sagte: »Es ist ein Todesfall geschehen. Einer hat eine Mandel gegessen. Weißt du, so 'nen Nachtisch mit 'ner Mandel drin.«

»Ja und? Hat er sie ins falsche Halsloch gekriegt?«

»Nein. Sie muß vergiftet gewesen sein.«

»Ach. Wo müssen wir hin? Denn wir müssen wohl . . . ?«

»Ja. Wir müssen. Ins Haukeland Krankenhaus, aber ich hole dich mit dem Wagen ab. Frohe Weihnachten, übrigens.«

»Das kannst du wohl sagen.«

Er legte den Hörer auf.

Eine vergiftete Mandel. Das war das Dümmste, was er je gehört hatte.


3.

Die vier Menschen saßen in einer kleinen Ecke des Krankenhausflurs, wo eine Sitzgarnitur und ein kleiner Tisch mit alten Zeitschriften stand.

Keiner von ihnen weinte, aber ihre Gesichter sahen bleich und mitgenommen aus. Die ältere Frau saß mit geradem Rücken da, auf eine unnatürliche Art, als müsse sie sich anstrengen, gerade zu sitzen. Sie wurde ihm als Frau Else Lindberg vorgestellt. Die jüngere Frau hatte rote Augen und einen verweinten Zug um den Mund, aber jetzt hatte sie aufgehört zu weinen. Sie stellte sich als Vibeke Larsen vor, die Tochter des Verstorbenen. Die beiden jungen Männer hielten eine Form stoischer Ruhe aufrecht. Der ältere von ihnen, der Sohn des Verstorbenen, Jørn Lindberg, hatte die Andeutung eines schrägen Lächelns um den Mund, als fände er die ganze Situation im Grunde genommen komisch, während der andere, der Schwiegersohn Henrik Larsen, reichlich verloren dasaß. Er gehörte eigentlich nicht richtig zur Familie und konnte keine überwältigende Trauer vorspielen.

Dumbo und Baune begrüßten die vier verhalten, dann entstand eine kleine Pause.

»Nun . . .« sagte Dumbo langsam. »Ich weiß gar nicht, wo ich anfangen soll. Kann mir jemand erzählen, was eigentlich passiert ist?«

»Mein Vater hat die Mandel gekriegt – und die war vergiftet. Ich muß schon sagen, ein merkwürdiges Mandelgeschenk«, erklärte Jørn Lindberg.

»Jørn!« wies ihn seine Mutter zurecht.

»Wir sind hier in keiner Komödie!« stieß seine Schwester aus.

»Vielleicht könnten Sie als Außenstehender mir das Ganze berichten?« fragte Dumbo Henrik Larsen.

»Ich . . .«, zögerte dieser. Er zuckte mit den Achseln. »Wir saßen zu Tisch. Dieses Dessert, in dem eine Mandel sein sollte, kam auf den Tisch, und jeder suchte sich selbst einen Teller aus. Ich . . .«

»Einen Moment«, unterbrach ihn Dumbo. »Sie haben selbst ausgesucht? Wie ging das vor sich?«

Henrik Larsen erzählte, wie es ablief, und zwar von dem Augenblick, als sie die Teller ausgesucht hatten bis zu dem Punkt, als der Geschäftsführer nach vorn auf den Tisch fiel und seine letzten Worte stöhnte.

»Das war eine bittere Mandel?« wiederholte Dumbo. Henrik Larsen nickte.

Dumbo sagte: »Also war es fast Zufall, wer den Teller mit der Mandel drauf bekam?«

»Ja, das ist es ja, was so – unverständlich ist.«

Dumbo guckte nachdenklich von einem zum anderen. »Dann muß also die Person, die die Mandel vergiftet hat, entweder mit jedem von Ihnen eine Rechnung offen gehabt haben, so daß es ihr egal war, wer getötet wurde, oder er – oder sie – muß den ungemeinen und unwahrscheinlichen Zufall in Kauf genommen haben; oder aber es handelt sich um einen Menschen, der einfach aufs Geratewohl mordet, wie eine Art Tombola.«

»Ja, das denke ich auch«, nickte Jørn Lindberg. »Seltsam, nicht wahr?«

»Ja, seltsam«, grübelte Dumbo. Nach einer kurzen Pause fuhr er fort: »Wie war er eigentlich, der Verstorbene? Als Mensch, meine ich?«

Die vier schauten einander an, ohne sich in die Augen zu sehen. Wieder begann der Sohn zuerst: »Mein Vater war Geschäftsführer, und das war er gern. Er genoß es. Er war ein Spießbürger und ein Heuchler, ein Speichellecker und ein Kapitalist, und außerdem wählte er die Rechten.«

»Jørn!« rief seine Schwester aus. Sie wandte sich Dumbo zu: »Er – er war ein guter Mensch. Er hatte Wärme und Humor und – nun ja, vielleicht war er manchmal ein wenig in Gedanken ...«

»In Gedanken? Abweisend!« unterbrach der Bruder sie.

234

» . . . aber nur, weil er . . . schüchtern war.«

Ihr Ehemann nickte bekräftigend, als wolle er damit sagen, daß er den gleichen Eindruck vom verstorbenen Schwiegervater hatte.

Dumbo schaute fragend Frau Lindberg an.

Sie saß kerzengerade wie zuvor, mit einem kleinen Knick im Nacken, als lausche sie fernen Stimmen. »Mein Mann . . . Sture«, sagte sie. »Das hat wohl niemand gedacht – es gab gar keinen Grund, daran zu denken, daß er sterben würde, gerade jetzt. Und dann auf diese Art und Weise. Jetzt, wo die Kinder erwachsen sind und wir noch das ganze Leben vor uns haben. Ich meine: den Rest unseres Lebens. Wir fühlten uns noch jung, wir wollten noch soviel machen, Orte besuchen, die wir noch nicht kannten – Städte . . .« Ihre Stimme klang angestrengt, als würde es ihr schwerfallen, diese Worte herauszubringen.

»Nun ja, das sind solche Sachen, auf die man sich nie vorbereiten kann«, sagte Dumbo. »Aber lassen Sie uns jetzt einmal festhalten, was abgelaufen ist. Es passierte, nach allem, was ich verstanden habe, ungefähr so: Sie, Frau Lindberg, machten die Dessertteller draußen in der Küche fertig. War die Mandel im Karamellpudding schon drin?«

»Nein. Und ich habe die Teller nicht in der Küche fertig gemacht, sondern drinnen auf dem Eßtisch. Ich lege immer eine Mandel auf einen Teller und fülle dann das Dessert darauf. Dann drehen wir die Teller herum, damit niemand, ich auch nicht, wissen kann, wo die Mandel liegt. Und dann müssen wir aussuchen . . .«

»In welcher Reihenfolge ist ausgesucht worden? Wann war Geschäftsführer Lindberg an der Reihe?«

»Er war vorletzter. Die Kinder – wenn man sie noch so nennen darf – dürfen immer zuerst aussuchen.«

»Vorletzter. Und davor waren also die drei Kinder dran?«

Die drei nickten.

»Mit anderen Worten: Jeder einzelne von Ihnen hätte die giftige Mandel vor dem Geschäftsführer greifen können. Wenn Sie Pech gehabt hätten. Das ist es, was ich nicht begreife.«

Es entstand eine kleine Pause. Dann wurde sie unterbrochen. Henrik Larsen war es, der sagte: »Ich auch nicht. Vor allem, weil mein Schwiegervater gar nicht die Mandel hatte. Sondern ich.«

### 4.

Alle sahen Henrik Larsen an. Vibeke Larsen sagte: »Hast *du* – aber ...« Jørn Lindberg sagte: »Das wird ja immer merkwürdiger.« Else Lindberg starrte ihn nur verwundert an.

Henrik Larsen fuhr fort: »Ich habe sie immer noch in der Tasche.« Er streckte die Hand aus. In ihr lag eine weiße, gehäutete Mandel: unschuldig und jungfräulich. Sie sah ungefähr genau so tödlich aus wie eine Aspirin.

»Ich verstehe«, sagte Dumbo langsam. »Ich verstehe.« Aber er sah nicht so aus, als würde er auch nur das Geringste verstehen.

Er zog Baune mit sich in eine Ecke. Der junge Polizeibeamte sah aus, als wäre er vom Blitz getroffen. Dumbo sagte: »Also muß es eine andere Lösung geben – wenn ...« Er blieb mit einem nachdenklichen Gesichtsausdruck stehen. Eine kleine Falte schnitt sich zwischen seine Augenbrauen und bildete eine Furche in seiner Stirn.

Hinter ihm sprachen die vier Familienmitglieder leise und aufgeregt miteinander.

Dumbo drehte sich um. Er sagte: »Hrmmm. Könnten Sie einen Moment lang ruhig sein? Ich glaube, ich habe die Lösung. Das heißt: Ich glaube es nicht nur, ich habe die Lösung. Ich weiß, wer den Geschäftsführer Lindberg ermordet hat, und ich weiß auch, wie.«

Jetzt verschob sich die gesamte Aufmerksamkeit von Henrik Larsen zu dem leicht stämmigen Kommissar. »Sherlock Holmes schlägt wieder zu«, flüsterte Jørn Lindberg seinem Schwager zu, gerade laut genug, daß es alle hören konnten.

»Natürlich ist die Mandel der Schlüssel zu allem anderen«, erklärte Dumbo.

»Aber . . .« begann Henrik Larsen.

»Bitte, seien Sie so gut, und unterbrechen Sie mich nicht. Die Mandel – oder genauer, wie Geschäftsführer Lindberg es selbst gesagt hat, die bittere Mandel, die bekam er doch . . .«

»Aber ich war es doch . . .« hub Henrik Larsen noch einmal an.

». . . nur nicht während des Essens«, fuhr Dumbo fort. »Er bekam sie, bevor Sie zu Tisch gingen.«

»Vorher?« fragten drei von ihnen im Chor.

»Die wenigsten Gifte wirken augenblicklich. Die meisten haben einen länger anhaltenden Effekt, um es mal so auszudrücken. Aber ich glaube dennoch, daß Lindberg begriff, woher das Gift kam, als ihm übel wurde. Einer von Ihnen hat ihm eine vergiftete Mandel gegeben, vor der Mahlzeit. Eigentlich eine ganz pfiffige Idee – nur daß sie nicht ganz funktioniert hat.«

»Aber . . . aber wer?« fragte Vibeke Larsen.

»Wer hat das Mandeldessert zubereitet? Wer konnte den Geschäftsführer bitten, in die Küche zu kommen, um eine Mandel zu probieren? ›Ich finde, die schmeckt so bitter, Sture.‹ Nun, wer?«

Wieder wechselte die Aufmerksamkeit ihre Richtung, diesmal von Dumbo zu Frau Lindberg.

Sie saß da, wie sie die ganze Zeit gesessen hatte, aber ihr Blick war noch weiter entfernt, die Stimmen, die sie hörte, waren noch lauter geworden. »Die Kinder waren groß«, sagte sie mit fast mechanischem Tonfall. »Es waren nur noch Sture und ich übrig. Wir wollten noch soviel machen – soviel reisen ... Er hätte bei mir bleiben sollen. Nur bei mir. Er brauchte sich keine um zwanzig Jahre Jüngere zu suchen, die noch nicht mal Kinder hatte. Er brauchte das nicht – er hatte doch mich ...« Sie schaute sich verwundert um, als wüßte sie nicht, wo sie war, als verstünde sie nicht, warum sie hier war.

Dann stand sie auf. Wie eine Aufziehpuppe ging sie mit ruckartigen Bewegungen an den beiden Polizeibeamten vorbei, von ihrer Familie fort. Den Rest der Reise würde sie allein unternehmen. Als sie an Dumbo vorbeiging, sagte sie trocken: »Dann gehen wir jetzt.«

*Aus dem Norwegischen von Christel Hildebrandt*

# Zacharias Topelius

## Der Heilige Abend

Nun aber war keine Zeit mehr, sich in Mutmaßungen zu verlieren, denn am Morgen eines Heiligen Abends hatte man Besseres zu tun. So vieles war noch ungetan, das bis zum Abend erledigt sein mußte. Unter anderem meine kleine Surprise. Und der Tannenbaum sollte für diesmal ganz besonders schön ausfallen. Mutter schnitt Sterne, Flaggen und Lametta, die Tante wickelte Draht um Äpfel, Konfekt und Feigen. Der Schmied mit seiner kranken Hand war mir behilflich, den Baum in den wackeligen Holzständer zu stellen, der alle Weihnachtsbäume zur Verzweiflung bringt. Wir brachten schleunigst das Frühstück und ebenso schleunigst das Mittagessen hinter uns, so wie stets an diesem fröhlichen Tag, da alles seinen natürlichen Gang gehen darf.

Endlich brach die Dämmerung herein, und um genau sieben Uhr wurden die Türen zum Salon geöffnet. Die Kleinen, die den ganzen Tag geflennt hatten, weil sie im Kinderzimmer eingeschlossen waren, stürzten heraus wie aus der Kanone geschossen. Mitten im Salon erstrahlte der Weihnachtsbaum in seinem feierlichen Glanze, die Tante und die Eltern saßen festlich gekleidet auf dem Sofa. An der Tür hatten die Bediensteten des Hauses samt sechs oder acht eigens eingeladener armer Kinder aus dem Dorf Aufstellung genommen. Danach wurde ein kurzer Psalm gesungen und ein Gebet vorgelesen, so wie es am Heiligen Abend auf Gut Muisto seit jeher schöner Brauch war, und erst wenn der Feiertag dem Spender all der guten Gaben geweiht war, begannen die Kinder den Tanz um den Weihnachtsbaum. Um acht Uhr wurde reihum Tee gereicht, und zur selben Zeit trug man für das Gesinde Abendbrot in der geräumigen Hütte auf, deren Fußboden mit Stroh bedeckt war und wo Weihnachtsreigen bis spät in den Abend fortgesetzt wurden.

Nun war es zuvor bei der Tante und ebenso bei uns Sitte gewesen, die Weihnachtsgeschenke in einem Korb hereinzutragen, aus dem Vater, in seiner Eigenschaft als allgemeiner Referendariatssekretär, ein Geschenk nach dem anderen herausnahm, die Verse vorlas und die Schätze verteilte. Diese Sitte war von jemandem ersonnen worden, dem die geheimnisvolle Bedeutung eines Weihnachtsgeschenkes verborgen geblieben war. Der Schmied hatte nun, mit der gnädigen Zustimmung der Obrigkeit auf Gut Muisto, ein anderes Verfahren eingeführt, mit der Absicht, den Wert der Gaben auf der geheimnisvollen Weise, wie sie an ihren Bestimmungsort anlangten, zu steigern.

Zum Erstaunen der Anwesenden erschien zunächst ein Weihnachtsmann mit langem Bart aus Werg und mit Holzlöffeln, die ihm wie Hörner vom Kopf abstanden. Dieses anthropologische Phänomen, in dem ich Mörtpetters schwerfällige Gestalt zu erkennen glaubte, überbrachte Schlitten an die Kinder und machte unter allgemeiner Bewunderung seine Runde.

Nach ihm trat eine alte Lappenfrau ein, die aus ein paar weiten Rocksäcken Geschenke für alle hervorholte und sich danach erbot, mir aus der Hand zu lesen. Die Weissagung enthielt natürlich die Nachricht, daß ein geneigter Bräutigam zu meiner Disposition stand; da mir das nicht gerade neu war, kam ich nicht umhin, Allan Hagerts zu gedenken, eine Ehre, wie sie ihm unter anderen Umständen nicht zuteil geworden wäre.

Nach der alten Lappin erschien auf allen Vieren kriechend ein wohlgestalter Julbock, der in einem auf links gewendeten Lammpelz mit Hörnern aus Quirlen und einem Bart aus Roßhaar höchst kunstfertig ausstaffiert war. Dies hatte gleichwohl nichts Besseres zur Folge, als daß Danton, der für den Abend in den Salon geladen war, knurrend unter dem Sofa lag und diesem vermeintlichen Julbock an den Pelz wollte. Ein gefährlicher Streit zwischen Kunst und Natur entbrannte, bei dem die Kunst zweifelsohne das Nachsehen gehabt hätte, wenn sie nicht im Schmiedehandwerk einen Bundesgenossen gefunden hätte, das mit der linken Hand den blutrünstigen Danton bei den Ohren packte und nicht ohne Gefahr für das eigene Wohl und Wehe die beiden Kämpfenden von einander trennte. Der Julbock, der Hörner, Bart und büschelweise Wolle eingebüßt hatte, fiel nun aus seiner Rolle, richtete sich auf seine zwei Hinterbeine auf und blickte sich nach einer Zufluchtsstätte um.

»Das ist ja Kalle!« rief Sigrid, die ihre Illusionen bedenklich schwinden sah, als sie unter dem zerrissenen Pelz des Julbockes den Laufburschen des Gutes erkannte, der ihr alle Tage auf dem Schlittenhügel Gesellschaft geleistet hatte.

Kalle unternahm einen verzweifelten Versuch, wieder in seine vierbeinige Natur zurückzuschlüpfen, und verteilte seine Geschenke mit einem ängstlichen Blick sowohl auf das Sofa als auch auf Dantons Garotthalsband. Danach ging er, begleitet von neuerlichem Knurren, seiner Wege auf den zwei Beinen, die die Natur seiner kleinen Gestalt zugedacht hatte.

Es regnete weitere Geschenke, und das war das Schönste an dem Spektakel. Sie flogen bald durch die eine, bald durch die andere Tür, die von unbekannten Wichteln einen Spaltbreit geöffnet wurden; bald von der Decke, bald vom Fußboden; bald fanden die Anwesenden sie unvermutet in den Taschen ihrer Kleider oder in den Armen vor; sie schwebten bald an einem Bindfaden, bald an einer Ofenklappenschnur durch die Lüfte. Einen so vergnüglichen Heiligen Abend hatte man auf Gut Muisto noch nie verlebt.

Malla Södergren reichte Äpfel herum. Ich folgte ihr mit neugierigem Blick, denn in der Mitte des Tabletts stand der Hiienkallio, der Teufelsfelsen, wie ein feuerspeiender Vulkan mit einer schrecklich tiefen Kupfergrube, und in dessen Grube befand sich aus Guttapercha eine sehr naturgetreue Nachbildung einer Maus. Das war mein Weihnachtsgeschenk an den Schmied; vielleicht sollte ich dennoch hinzufügen, daß die Maus den Griff an einem kleinen Federwischer bildete, den ich eigenhändig angefertigt hatte, der zu Füßen der Maus mit dem französischen Adler und dem Namenszug Cavaignac bestickt war.

Der Schmied begutachtete den Hiienkallio mit viel Aufmerksamkeit, fand die Kupfergrube und ihren Bewohner, hielt den Federwischer gegen das Licht und entdeckte den Adler. Mit kurzem Nicken löste er die Maus, legte sie in die Kupfergrube zurück und steckte den Federwischer in die linke Westentasche.

»Entschuldigung«, sagte er, »daß ich in den Lauf der Geschichte eingreife. Wir müssen den französischen Adler befreien und die Parvenüs wieder in ihre Verstecke treiben. Dieser Berg genießt die Volkssouveränität. Er hat nun eine kleine Ratte hervorgebracht, die dort ein Loch hineingenagt hat; aber wenn er hernach Feuer speit, dann wird der Adler wieder zur Sonne emporsteigen und die glühendheiße Lava Maulwurfsgänge ausfüllen.«

»Wenn man so fleißig schreibt wie Herr Damm«, bemerkte Mutter in Anspielung auf die geheimnisvolle Bemerkung, »kann ein unbedeutender Federwischer einem Tintenklecks vorgezogen werden.«

Während wir uns alle mit dem Schmied und seinem Weihnachtsgeschenk beschäftigten, hatte niemand beobachtet, wie die Tante einen Apfel aus dem Korb genommen und ihn auseinandergebrochen – denn er war bereits auseinandergeschnitten und dann wieder zusammengesetzt worden – und etwas darin gefunden hatte. Malla Södergren rief als Erste aus: »Um Gottes Willen, ich glaube, die Baronin wird ohnmächtig!«

Wir eilten zum Sofa. Tante Mirabeau war in Ohnmacht gefallen und lehnte mit geschlossenen Augen in der Sofaecke. Die Ursache war offenbar. In ihrem Apfel hatte sie eine große Wallnuß gefunden, in der Wallnuß ein winzigkleines Etui und in dem Etui – einen halben Ring!

Hier war keine Zeit mit Verwunderung zu verschwenden. Mittels einer starken Essenz gelang es uns schließlich, sie wieder zu Bewußtsein zu bringen.

»Ich habe es geahnt«, sagte sie langsam und noch immer verwirrt, mit einem unsäglichen Blick auf den Schmied. »Oh, mein Freund, warum haben Sie mir das nicht schon früher gesagt?«

Sie nannte ihn ihren Freund! Oh, er ist ihr Sohn! Er ist ihr Sohn! Mir strömten nur so die Tränen über die Wangen, ich war nahe daran, der Tante, dem Schmied und allen anderen um den Hals zu fallen. So glücklich! So glücklich!

Allein Mutter erbleichte, und wiederum schwanden ihr die Sinne. Vater lief nach Wasser in die Küche und kehrte mit einem Glasvoll zurück.

»Trink das«, sagte er, »trink das!«

»Geh fort damit«, sagte Mutter, »das ist ja Essig!«

Es war in der Tat Essig, den man für das Abendessen bereitgestellt hatte.

»Laßt euch nicht stören«, sagte die Tante, die bald wieder zu sich gekommen war. »Ich bitte euch, macht nur weiter, mir fehlt nichts. Das war die Überraschung, doch an Freude stirbt man nicht.«

Das unverhoffte Weihnachtsgeschenk der Tante und dessen Folgen hatten dem Heiligen Abend eine andere Farbe verliehen. Alle waren verlegen und konnten einander nicht in die Augen schauen. Weihnachtsgeschenke regnete es weiterhin, mal hier, mal dort, alle dachten jedoch an etwas anderes. Malla Södergren eingeschlossen, waren wir zu sechst, die etwas auf dem Herzen hatten, was keiner von uns auszusprechen beabsichtigte oder wagte. Lediglich Nummer 7, 8 und 9, das Unternehmen Sigrid, Fritz & Companie (Danton war die Companie) schien, ungeachtet der Überraschung der anderen Anwesenden, die Weihnachtsfreude zu genießen und sich allerhand Unfug zu gestatten, der nun unbemerkt vonstattenging. Sigrid hatte eine Puppe mit beweglichen Augen bekommen, kuschelte sie in eine Sofaecke und sang ihr derart laut Wiegenlieder vor, daß sie damit einen Elefanten in den Schlaf hätten wiegen können. Fritz zog die Teppiche zusammen, probierte die Fegemaschine aus, ritzte mit seinem eisenbeschlagenen Schlitten lange Kerben in den Fußboden und zankte sich mit Danton um einen

Ball, der unter das Sofa gerollt war. Unglücklicherweise fand er kurz darauf Gefallen an meinem neuen Muff, und noch bevor jemand wußte, wie es geschah, lag auch der unter dem Sofa. Das war für Danton Anlaß genug für eine Herausforderung, und die Folge war, daß mein schöner Muff, der in St. Petersburg acht Rubel gekostet hatte, innerhalb kürzester Zeit aussah wie der ausgestopfte Biber im Universitätsmuseum, dem die Motten den Pelz zerfressen hatten.

Damit war es für den Abend aber noch nicht genug mit den Abenteuern. Eine ellengroße Puppe wurde hereingetragen, findig aus Schnee mit Kleidern aus Birkenrinde und einer Frisur aus Hobelspäne zusammengefügt. Auf der Puppe stand geschrieben: »Wartet, sie schmilzt bald.«

Kein Adressat. Während man den Vermutungen freien Lauf lassen konnte, wurde die Puppe zum Schmelzen auf ein großes Teetablett gestellt.

Im Salon wurde es mir zu bunt. Ich ging hinaus auf die Treppe. Der Himmel hatte aufgeklart, es herrschte leichter Frost; Sterne der Ewigkeit blickten funkelnd auf die kurze Weihnachtsfreude auf der Erde herab.

»Na, Malla?« fragte ich.

»Na, Augusta?« erwiderte sie meine Frage.

»Woran denkst du?«

»Ich denke an alles.«

»Was soll das heißen? An alles?«

»Der Schmied reist morgen früh ab. Er hat für sechs Uhr ein Pferd nach Onkkala bestellt.«

»Am ersten Weihnachtsfeiertag?«

»Wenn ich es dir doch sage. Dann ist es jetzt vollbracht, was auch immer es sein mag. Aber jetzt muß ich dort hinunter, um nach den Leuten zu sehen. Sie sind imstande, das Stroh anzustecken.«

Sie entfernte sich, und ich sah zu den Sternen empor. Ich habe immer schon die Sterne geliebt. Sie sind so weit fort – Hunderttausende von Meilen und Millionen von Jahren – ebensogut könnte man auch vor ihnen die Beichte ablegen. Sagt mir, ihr hellen Sterne, was ist vorausbestimmt in eurem hohen Saal über ein so unbedeutendes Wesen wie mich zum Beispiel? Aldebaran, du hörst es! Du weißt es, Sirius! Er will heute Nacht abreisen. Warum reist er ab? Warum? Niemand weiß es. Sollte er darauf verzichten wollen, uns wenigstens flüchtig adieu zu sagen? Na ja, reise ab, Schmied, reise ab, was kümmert es mich. Was geht mich ein alter Schmied an? Einundvierzig Jahre – reise ab!

»Augusta!« Das war jetzt Mutters Stimme.

»Ich komme, Mutter.«

»Komm, liebes Kind, man wartet auf dich. Na, gut, daß es heute nacht Frost geben wird, dann bekommen wir endlich wieder guten Schnee für Schlittenfahrten.«

Ich eilte hinein – nein, ich eilte nicht, ich schlafwandelte gleichsam. Er will abreisen!

Die Schneefrau war geschmolzen, die Frisur aus Spänen war herabgefallen, die Birkenrindenkleider standen noch wie eine Art Krinolinenschal auf dem Tablett. Dort, wo das Herz der Puppe gesessen hatte, war ein kleines, schmales Etui aus schwarzem marokkanischem Leder zum Vorschein gekommen, und auf dem stand mein Name.

Ich öffnete das Etui und begriff erst nicht, warum ich zitterte. Innen war das Etui mit grünem Samt ausgeschlagen, und darin lag eine goldene Brosche mit einem einzigen Stein; aber was für einem! Ein großer, grüner Smaragd von allerhellstem Glanz. Abgesehen von den Sternen hatte ich noch nie im Leben einen so strahlenden Edelstein gesehen. Er schien Blitze ins Licht auszusenden.

Die kostbare Nadel ging von Hand zu Hand und erweckte allgemeine Bewunderung. Mutter war entzückt, Vater sann darüber nach, was das kleine Stück wert sein mochte. Gewiß ein kleines Landgut in Finnland. Wir alle betrachteten dankbar, mit fast erstaunten Blicken, Tante Mirabeau, die ein so kostbares Präsent an ihre kleine Patentochter verschwendet hatte. Sie hatte mir bereits im Laufe des Abend ein Dutzend Eßlöffel und drei Dutzend Teelöffel geschenkt, alle aus Silber, »für mein zukünftiges Nest«, wie sie sich auszudrücken beliebte.

»Geliebte Tante ...«, begann ich.

Sie erriet meine Absicht und schüttelte ihr schönes, weißes Haupt.

»Dieses Geschenk ist nicht von mir«, sagte sie, während sie die Nadel gegen das Licht hielt, so daß sie funkelte wie der Planet Merkurius an einem März-abend.

»Natürlich ist sie von der Tante?« fiel Mutter mit verwunderter wie fragender Miene ein.

»Nein, meine süße Jeanette; solche Präsente stehen nicht in meiner Macht. Dieser Smaragd ist entweder von einer Königin getragen worden oder ist es wert, von einer getragen zu werden.«

Alles Blut stieg mir in die Wangen, denn nun, nun wurde es mir mit einmal klar, woher die Schneefrau mit ihrem königlichen Geschenk stammte.

Mutter ergriff in ihrem Schrecken in dem einzigen Ausweg Zuflucht, der ihr offenstand.

»Vater, Vater«, rief sie mit drohendem Zeigefinger aus, »bist du wirklich so schwach geworden, derart unvernünftig viel Geld für die Eitelkeit deiner Tochter auszugeben? Oder gestehe … (letzte Fluchtmöglichkeit!) … daß du diesen Stein billig auf einer Auktion erstanden hast! Ich hatte gerade vergessen, daß es ein Imitat ist und eine Bagatelle gekostet hat.«

»Ich!« rief Vater mit unverstellter Überraschung. »Ich soll mein Geld zum Fenster hinaus geworfen haben für eine so wahnsinnige Torheit. Nein, danke. Der Stein ist echt, das sieht ein jeder; folglich hat er mehr als zehn Mal soviel gekostet wie meine Golduhr. Es ist aber nicht schwer zu erraten, woher er kommt. Na, Jeanette, errätst du es nicht? Muß ich es erst sagen? … Von einem gewissen Gutsbesitzer …«

»Du hast recht«, beeilte Mutter sich zu antworten, sichtlich beruhigt. »Herr Hagert hat Augusta bewiesen – ich meine, er hat uns allen so viel Höflichkeit erwiesen, so viel Aufmerksamkeit … Wir fühlen uns geschmeichelt von dem Anerbieten einer so hoch geachteten Person, in nähere Verbindung mit unserem Haus treten zu wollen … und wenn meine Tochter ein so kostbares Präsent annimmt, geschieht es natürlich deshalb, weil sie dem zustimmt …«

»Zustimmt? Was hör' ich da?« unterbrach die Tante, als Mutter, zum Äußersten getrieben, keinen anderen Ausweg mehr sah, als meine Verlobung mit diesem unausstehlichen Allan Hagert bekanntzugeben.

Nun aber galt es, um sein Leben zu kämpfen, und deshalb – »Verzeihung, liebe Mutter!« – war hier auch keine Zeit zu verlieren und wie eine dumme Gans zu allem zu schweigen.

»Mutter meint«, merkte ich an, »*wenn* ich dieses Präsent annehme, dann deshalb, weil es nicht von Herrn Hagert stammt. Er steht in meiner Achtung so ungeheuer hoch, daß ich zugestimmt habe, jegliche Verbindungen abzulehnen …«

»Bis zum nächsten Herbst« fiel Mutter ein.

»Das ist zu früh am Morgen«, nahm ich mich zurück. »In zwanzig oder dreißig Jahren vielleicht. Herr Hagert braucht Zeit, um es sich reiflich zu überlegen, bevor er sich so tief herabläßt ...«

»Komm her, meine süße Augusta, dann will ich dir etwas ins Ohr flüstern«, nickte Tante Mirabeau mir zu. »Hier gibt es nur *eine* Person, die mit königlichen Gaben aufwarten kann ... mach einen Knicks vor Herrn Damm!«

*Aus dem Schwedischen von Dagmar Mißfeldt*

# Dan Turèll

# Dänische Weihnachten

Sie können mich gern beglückwünschen, falls Sie, liebe
Leserin, lieber Leser, ein einigermaßen freundlich gesinnter Zeitgenosse sind.

Nein, ich habe nicht wieder geheiratet, ich habe
auch kein weiteres Kind bekommen, keine älteren, unbekannten Verwandten in Australien haben mir ein
halbes Dutzend Goldminen vererbt, und ich bin immer
noch nicht den Weltrekord im Marathon gelaufen, und
der Nobelpreis für Literatur liegt weiterhin so weit von
mir entfernt wie je, das heißt, ungefähr so weit weg wie
der Literaturpreis des Nordischen Rates.

Und dennoch bin ich der Meinung, daß ich irgendeine Form des Glückwunsches wirklich verdient habe.
Denn, wissen Sie, nach nur einem halben Dutzend Tagen habe ich ihn wieder durchgestanden, diesen Lauf,
der sehr viel anstrengender und schmerzhafter ist als
selbst der Olympische Marathonlauf: Ich habe Dänische Weihnachten überstanden.

Ob es ein schwerer Kampf war – wie Sportjournali-
sten (jedenfalls in Dänemark) immer fragen?

Ja, es war ein schwerer Kampf. Und er wird jedes
Jahr schwerer, da man mit der Zeit nicht nur die Kon-
dition der Jugend verliert, sondern auch deren gedul-
dige Toleranz.

Oh, Dänische Weihnachten! Du vollkommen bedeutungsloser Bastard, du Gemisch aus heidnischer Sonnenwende, kirchlicher Festzeit – und schließlich (und bei weitem nicht im geringsten Maße): aus dieser großen, farblosen, faulen Federdecke, die sich übers ganze Land legt.

Na gut, wir können es zugeben: Im Dezember existiert Dänemark gar nicht. Nun ja, es gibt wahrscheinlich ein paar Minister, die mehr oder weniger die Stellung halten für den Fall, daß aus den USA oder der EU ein Eiltelegramm kommen sollte oder – wie taktlos – irgendsoeine schlecht getimte Minirevolution in einer schiefen Ecke der früheren Sowjetunion stattfinden sollte. Aber darüber hinaus ist alles geschlossen, verriegelt und verrammelt. Es ist Weihnachten, und damit ist eigentlich schon alles gesagt.

Ein sogenannter verantwortlicher dänischer Politiker – ist Ihnen schon mal aufgefallen, daß Politiker immer ›verantwortlich‹ sind? Niemand weiß, wofür oder für wen, aber das ist so eine Art Gewohnheit von ihnen – sagte einmal, daß wir in einem Land von der Größe Dänemarks nicht davon leben könnten, wenn wir immer nur einander rasieren.

Offensichtlich war er während der Weihnachtszeit immer verreist. Denn genau das tun wir. Wir werfen uns, direkt am Abgrund zum neuen Jahr, hin, in die lächerlichste, kopfloseste und körperzerschmetterndste Ressourcenvergeudung des Jahres. Wir fällen ganze Nadelwälder, um voller Sorgfalt Bäume in unsere Stuben zu schleppen, wo sie so albern aussehen, wie Bäume nun mal in Wohnstuben aussehen. Ein paar Wochen später schmeißen wir sie wieder in einen Müllcontainer, und dann können sie uns – und wir einander – gern haben.

Aber zugegeben, dann ist die gewöhnliche, standardisierte dänische Weihnachtsplanung bereits weit fortgeschritten.

Zunächst – und zwar faktisch vor Weihnachten – kommen die Weihnachtsessen. Und wenn man einen einigermaßen großen Bekanntenkreis hat – ganz zu schweigen von einer gewissen Anzahl Geschäftsverbindungen –, dann können das eine ganze Menge werden.

Die grundlegende Regel für ein echtes, staatlich geprüftes dänisches Weihnachtsessen besagt, daß man sich erst vom Tisch erheben darf, wenn man so weit ist, daß man es nicht mehr kann. Und wenn dieses Stadium erreicht ist, herrscht allgemeine Zufriedenheit und harmonische Eintracht darüber, wie nett es doch ist.

Richtig hartgesottene Dänen schaffen es bis zu einem knappen Dutzend Weihnachtsessen dieser Art. Wie sie das schaffen, habe ich, obwohl selbst Eingeborener, nie herauszufinden vermocht. Vielleicht ist das einfach angeboren. Vielleicht ist es bereits in den nationalen Genen angelegt und begann bereits vor Urzeiten, als die Wikinger die ganze Nacht über Met tranken und mit abgenagten Knochen um sich warfen.

Sei es, wie es sei: Als gesunder Demokrat muß man seinen Mitmenschen die Verantwortung für ihren eigenen Körper und ihr eigenes Treiben selbst überlassen. Der Nachbar kann nun mal nicht der eigenen, persönlichen Leber schaden.

Damit kann man leben – als Individuum.

Nein, das größte Problem mit den dänischen Weihnachten ist diese kollektive Bestrafung: Dänemark wird dumm, ehrlich gesagt.

Es ist eigentlich ganz einleuchtend, daß es so läuft.

Wir haben eine Festivität, von der wir nicht so recht wissen, was wir mit ihr anfangen sollen, deshalb essen und trinken wir. Und daraus folgt – was ich äußerst bedauere –, daß im großen und ganzen alle Qualitätsansprüche herabgesetzt werden, massiv, gleichzeitig und synchronisiert.

Irgendwelche Amateurtheater-Idioten im dänischen Fernsehen, die beispielsweise im Januar oder April am Bildschirm ausgepfiffen werden würden, werden nun losgelassen – *denn es ist ja Weihnachten*. Sinnlos lallende, bewußtlose Muzak breitet sich mit einem ganz gewöhnlichen Lächeln übers ganze Land aus – *denn es ist ja Weihnachten*. Jeder primitive Rülpser, oder was sonst in privaten Zusammenhängen oder in der sogenannten öffentliche Debatte geschieht, wird euphorisch beklatscht, *denn es ist ja Weihnachten*. Ich persönlich, aufgrund meines Jobs, habe vor allem die Verleger und Redakteure im Verdacht, das ganze Jahr über den billigsten Abschaum und die primitivsten Plattheiten für den Dezember aufzusparen, *denn dann ist ja Weihnachten*, dann nennt man sie einfach ›Weihnachtsüberraschungen‹, und schon ist alles in bester Ordnung.

Klatsch, Tratsch, Sabber, Sentimentalität, Schneegeflimmer, Silberspray, Schnodder und Kirchengesäusel. Welch Cocktail!

Ich gehe davon aus, daß es sich hierbei um das handelt, was die Mathematiker meinen, wenn sie von dem seltsamen Begriff des ›kleinsten gemeinsamen Nenners‹ sprechen. ›Weihnachten ist ja nur einmal im Jahr!‹ sagt man – *alle* sagen das, es wird im Dezember millionenfach gesagt –, und dieser einfache Satz legitimiert praktisch alles. Das ist so sicher wie nur das Amen in der Kirche, das Feuerwerk zu Silvester und

Tumulte auf den Straßen, wenn die Fußballnational-
mannschaft mal ausnahmsweise gegen die Schweden
gewinnt.

Nun gut, ›kommen wir wieder auf den Teppich, wie
man so sagt, und trösten wir uns damit: Es ist wirklich
nur einmal im Jahr. Dänemark ist in vielerlei Hinsicht –
in vielerlei anderer Hinsicht – eine vernünftige, freizü-
gige, liberale Gesellschaft, in der es sich leben läßt. Es
gibt immer noch ziemlich viel, über das man sich
freuen kann und auf das man als Däne stolz sein kann,
und es wäre kleinlich, die Dinge nicht einfach so zu
nehmen, wie sie sind.

Aber hören Sie dennoch auf einen guten, touristen-
freundlichen Rat aus wohlinformierter Quelle: Wenn
Sie einen Dänemarkbesuch planen, dann legen Sie ihn
zwischen Januar und November.

Es sei denn – aber jetzt werde ich wirklich paranoid,
das kann ich mir nicht denken, das ist unmöglich – es
sei denn – meine Phantasie geht mit mir durch, der
Schweiß tritt mir auf die Stirn, bei dem Gedanken wird
mir schwarz vor Augen – es sei denn, Weihnachten in
Norwegen ist ähnlich!

*Aus dem Dänischen von Christel Hildebrandt*

Antti Tuuri

# Um Weihnachten

Am Nachmittag kam mein kleiner Bruder von der Schule nach Hause und schleuderte seinen Ranzen und seine Bücher durch den Flur, kickte in der Küche seine Stiefel von den Füßen, so daß die Ofenklappe am Herd schepperte, ging in die Kammer ins Bett, kroch unter die Decken und lag dort vollständig bekleidet und mit seiner Pelzmütze über die Augen gezogen. Unsere Mutter hatte Pulla, Hefegebäck, gebacken, und ich saß in der Küche und aß frischgebackene Pulla und trank Milch dazu. Unsere Mutter ging in die Kammer, um ihn zu fragen, was in der Schule vorgefallen sei, doch mein kleiner Bruder gab keine Antwort. Mir erzählte er, daß in der Schule über den Weihnachtsmann gesprochen worden war und daß man ihm erzählt hatte, daß es keinen Weihnachtsmann gab; die anderen hatten ihn geärgert, weil er der einzige in der Klasse gewesen war, der noch an den Weihnachtsmann geglaubt hatte, und schließlich hatte dann auch er begriffen, daß kein Mensch allein soviel Geld und Zeit haben konnte, Geschenke für alle Kinder auf der Welt herzustellen. Das war schwer zu verkraften.

Er lag, ohne ein Wort von sich zu geben, noch am Abend in seinem Bett und fieberte, als ich Milch holen mußte. Unsere Mutter gab mir den Eimer, der auf der

Bank im Flur stand; ich zog mir die Filzschuhe an, setzte meine Pelzmütze auf und streifte mir die Lederfäustlinge über, die einen langen Schaft hatten und in denen Wollhandschuhe steckten. Draußen waren etwa zwanzig Grad Frost, der Himmel war schwarz und voller Sterne, ich kannte den Großen Bären und die Plejaden und schaute, ob die Sichel des Mondes ab- oder zunahm. Ich ging zwischen Holzschuppen und Kuhstall aus Stein zur Landstraße. Der Kuhstall stand leer, und seine Wände waren mit Schnee und Reif bedeckt, bis halb auf die Straße war das Dach herabgesunken, und am Dach und am offenen Tor hatte sich der Schnee zu Schneewehen aufgetürmt. Ich ging über die Landstraße und am Wegesrand entlang eine kurze Strecke Richtung Schule. An beiden Seiten der Straße war in der Grabenböschung eine Loipe zur Schule gespurt; sie trug schon, so daß man darauf gehen konnte. Ich bog auf den Hof des ersten Gehöfts ein und ging durch die Diele in die Stube. In der Stube war es warm und dämmerig, und es roch nach Kaffee und frischgemolkener Milch; die Bäuerin gab mir einen Eimer voll, und ich ließ den leeren für den nächsten Morgen mit dem offenen Deckel neben dem Melkschemel stehen. Ich legte meine Mütze und meine Fäustlinge auf einen Stuhl und begann, im Stapel neben dem Radio in alten Ausgaben der Zeitschrift »Yhteishyviä«, Allgemeinwohl, zu lesen. Der Bauer hörte Radio, die Bäuerin ging wieder hinaus, um das Vieh zu füttern, es gab viele »Yhteishyviä« und die Comics darin wurden von einer Nummer zur nächsten fortgesetzt, sofern man denn die anschließenden Nummern finden konnte.

Die Bäuerin kam in die Stube und stellte Kaffee auf den Tisch. Der Bauer schaltete das Radio aus, als die

Abendandacht vorüber war und trank seinen Kaffee; ich trank nichts, da ich im Kaffeestreik war und dafür von meinem Vater jeden Sonnabend eine bestimmte Geldsumme erhielt. Die Bäuerin stellte mir Pulla und Milch hin, die frischgemolkene Milch war warm und schmeckte lecker. Der Bauer fing an, von Trollen, Erdgeistern und Irrlichtern zu erzählen, die immer dort brennen, wo ein Schatz versteckt ist.

»Das können Sie mir nicht weißmachen«, sagte ich.

»Wahr ist es aber trotzdem«, sagte der Bauer.

»Er hat es selbst gesehen«, sagte die Bäuerin.

»Ich kenne da eine Stelle, wo im Herbst immer Irrlichte brennen, es ist auf der Insel, und diesen Schatz darf der heben, der allein über Eis, das nur eine Nacht alt ist, mit einem Fohlen reitet, das auch nur eine Nacht alt ist. Die Zauberformel muß man aber trotzdem wissen«, sagte der Bauer.

»So was gibt es doch gar nicht«, sagte ich.

»Doch, dazu muß man weise sein«, sagte die Bäuerin. Sie fing an, von den Samen und ihren Schamanen zu erzählen, die früher einmal bei uns gewohnt hatten, und von ihren vielen Ortsnamen, die geblieben waren, als sie rechtschaffenen und gläubigen Menschen Platz gemacht hatten. Ich glaubte nicht ein einziges Wort davon, und das sagte ich ihnen auch mehrmals.

»Doch Schätze gibt es nicht beliebig viele, und nicht jeder Junge ist imstande, sie zu heben«, sagte der Bauer.

»Es kann nämlich leicht passieren, daß er dabei seine Seele an den Teufel verkauft«, sagte die Bäuerin.

»So ist es«, sagte der Bauer und las wieder in der alten Bibel. Ich rüstete mich für den Weg nach Hause, die Bäuerin gab mir noch für meinen Bruder eine Pulla zum Probieren mit. Ich nahm die Pullatüte in die linke

Hand und den Milcheimer in die rechte. Beim Hinausgehen ermahnte mich der Bauer noch: »In alten, verlassenen Gebäuden wohnen die Erdgeister besonders gern und in Viehställen. Wenn so einer kommt, dann hilft nichts weiter, als laut zu beten. Davor haben sie Angst.«

Ich ging schleunigst hinaus und nach Hause. In der Höhe des Kuhstalles verspürte ich großes Verlangen, loszulaufen, aber dann begann ich, den Milcheimer im Kreis zu drehen, denn ich erinnerte mich, daß mein Vater einmal gesagt hatte, daß durch die Fliehkraft die Milch im Eimer bleibt, wenn man ihn nur schnell genug drehte. Ich drehte den Eimer die gesamte Scheune entlang und stellte mir vor, daß ihn der Erdgeist auf den Kopf bekommt, wenn er sich blicken läßt. Das Drehen war einfach, aber das Anhalten war schwer, und die Milch rann den Eimer hinunter.

Zu Hause hatte mein kleiner Bruder sich wieder beruhigt und aß die Pulla, den ich ihm mitgebracht hatte. Ich erzählte ihm von den Erdgeistern, Trollen und Teufeln, und wir lachten zusammen darüber. Wir sagten, daß wir uns von irgendwoher ein Fohlen beschaffen wollten, das nur eine Nacht alt sei und zu dieser Insel reiten würden, um uns diese Irrlichte einmal anzusehen.

»Wenn wir keinen Schatz finden, dann pinkeln wir die Irrlichte einfach aus«, sagte mein kleiner Bruder.

Am Abend mußte ich noch einmal für kleine Jungs. Die Sitzbretter waren kalt und vereist, und in der Ecke waren als Klopapier alte Vaasa-Zeitungen aufgestapelt. Bei Frost konnte man sie überhaupt nicht lesen. Das Plumpsklo war ein hölzerner Verschlag am Ende des Kuhstalls; es schien, als bewege sich im Stall jemand, und im Gebälk knirrte und knarrte es. Ich mußte schleunigst wieder in die Stube zurück. Auf dem Hof war es einfacher und man konnte schon singen: Die Erde ist so schön, hell der Himmel Gottes. Das Lied hatte man uns in der Schule beigebracht, und ich fand es so schön, daß ich es immer laut sang, wenn ich allein war. Als ich auf dem Hof stand, schaute ich hoch zum Sternenhimmel und suchte nach dem Großen Bären und den Plejaden. Sie waren woanders, als ich es vom Abend in Erinnerung hatte. Damit wird es wohl schon irgendeine Bewandtnis gehabt haben.

*Aus dem Finnischen von Dagmar Mißfeldt*

Mika Waltari

# Weihnachten eines
# Schriftstellers

Die aufregendsten und herrlichsten Momente im Jahr
kann man meiner Meinung nach einen Tag vor Weihnachten in einer Buchhandlung erleben – die Arbeit ist
getan, weihnachtliche Dämmerung liegt über der
Stadt, Lampen erleuchten hell die Geschäfte, und die
Menschen wollen noch schnell für sich und ihre Lieben Geschenke besorgen, die sie nicht unbedingt
brauchen. Weihnachten ist für die gesamte Menschheit auch die Zeit, in der sie die Fesseln des Alltags ab-
streifen und alle Pflichten hinter sich lassen können.
Auch den prosaischsten Menschen überkommt in diesen Tagen ein Anflug von Heiterkeit und Unbedacht-
samkeit, den er dann mit kärglichen Fastentagen im
Januar bezahlen darf.

Jedoch eine große Buchhandlung – das ist eine ganz
eigene Welt. Mit alles verschlingenden Augen und ver-
kniffenem Gesicht wandere ich die großen Bücher-
tische entlang; mein Blick streift die Einbände auf der
Suche nach vertrauten Namen, und zwangsläufig
durchzieht ein kleines, sehnsuchtsvolles Frösteln
meine Seele, wenn mir aufgeht, wie unendlich viel Arbeit, wieviel unermüdlicher Fleiß, wieviel Hoffnungen
und Enttäuschungen sich auf diesen Tischen an-

gehäuft haben. Bei der Wahl der Bücher bin ich mir gewiß, daß sie für einige Augenblicke der Selbstvergessenheit während der übersättigten Feiertage sorgen werden und mein Leben noch reicher machen, als es ohnehin schon ist, darüber hinaus garantieren sie mir ein wirkungsvolles Vergessen all der Dinge, die ich vergessen will.

Einmal, auf einem solchen Streifzug durch eine Buchhandlung, entdeckte ich ein wenig überrascht, daß vor mir, abseits vom Menschengewimmel, der berühmte Schriftsteller Aamos Kalenteri stand. Er stand dort in der ihm charakteristischen Haltung, die ich von unzähligen Fotos kannte – die Hände tief in seine Jackettaschen vergraben, den Kopf zwischen die Schultern eingezogen und sein tief die Menschenseelen durchdringender Blick schweifte in die Ferne. Aha, dachte ich, er ist auch hergekommen, um den Verkauf seines neusten Werkes zu beobachten – vielleicht veranlaßte schon seine bloße Anwesenheit unentschlossene Kunden zum Kauf. Oder vielleicht hat er in seiner menschenverachtenden Art vor, diesen wirren, emsigen und unsystematischen Verkaufstrubel zu genießen und zuzuschauen, wie Bücher blindlings zu irgendwelchen Paketen zusammengeschnürt werden.

Innige und ehrfurchtsvolle Bewunderung empfand ich für ihn. Und ich wußte nicht recht, ob ich ihn ansprechen und einfach wie nebenbei fröhliche Weihnachten wünschen sollte. Er erinnerte sich bestimmt nicht mehr an mich, aber wir waren uns bei einem Vetter meiner Frau einmal auf der Feier zum Namenstag begegnet, die der Herr Schriftsteller Kalenteri mit seiner Anwesenheit beehrt hatte. Damals hatte ich zitternd vor Aufregung mit einigen einfachen Worten meine Bewunderung ausgedrückt, die sein neuestes

Werk bei mir hinterlassen hatte, und tiefsinnig hatte er darauf geantwortet: »Hm – glauben Sie, daß noch etwas Kaffee da ist?«

Die Erinnerung an seine Freundlichkeit damals machte mir Mut, und ich ging mit meinen kurzsichtigen Augen blinzelnd zu ihm hin und wünschte ihm schüchtern fröhliche Weihnachten. Im selben Atemzug brachte ich ihm ohne Umschweife in Erinnerung, wo wir uns schon einmal begegnet waren, nannte meinen Namen, wünschte seinen Büchern weiterhin viel Erfolg und fragte ihn, ob er in der Buchhandlung sei, um den Verkauf seiner Bücher zu verfolgen. Sonderbarerweise machte Herr Kalenteri einen etwas verlegenen Eindruck, und seine Stirn rötete sich.

»Hm ... nun ... nein, ganz und gar nicht«, antwortete er. »Ich hätte nur gern ein paar Bücher für Weihnachten mitgenommen, und ich wollte wissen, ob ich mein Bücherkonto noch einmal überziehen kann, obgleich ich es seit einigen Monaten nicht mehr beglichen habe.«

Er sagte das zwar etwas barsch, aber dennoch glaubte ich feststellen zu können, daß ihm meine offenkundige Hochachtung sichtlich gefiel. Er selbst setzte die Unterhaltung mit einem scharfen Unterton fort: »Aber wünschen Sie mir keine fröhlichen Weihnachten. Das klingt für mich nahezu wie blanker Hohn. Stellen Sie sich nur vor, ich habe ein Heim – ein eigenes, warmes Heim. Heute morgen um acht Uhr hat man mich von dort vertrieben. Momentan sind dort drei Frauen mit dem Weihnachtsputz beschäftigt. Sie bringen meine Bücher durcheinander, ruinieren meine Notizen, wischen meinen Schreibtisch so leer wie mit einem Rasiermesser bearbeitet und machen meine Schreibmaschine kaputt. Ich kann dagegen gar nichts tun, ich bin machtlos. Seit acht Uhr laufe ich in der Stadt herum, habe in der Bücherei gesessen, habe mir die Auslagen in den Geschäften angeschaut, bin acht Mal in einem Café zum Kaffeetrinken gewesen, bis man mich mit unmißverständlichen Blicken hinausgeekelt hat. Ich habe auch versucht, andere zu besuchen, aber überall ist es das gleiche. Unglücklich, einsam und frierend habe ich vorhin zu Hause angerufen, aber die Reaktion meiner Frau hat meine empfindliche Seele zutiefst beleidigt. Das werde ich zum Stoff einer bitterbösen Ehenovelle verarbeiten, deshalb bin ich hier.«

Ich überwand meine Verlegenheit, nahm allen Mut zusammen und riskierte die Frage, ob Herr Kalenteri mir nicht die große Freude machen wolle, mit mir einen Kaffee zu trinken. Diese kleine Begegnung soll zu einer der großartigsten Erinnerungen meines gesamten Lebens werden, dachte ich und stellte mir schon vor, wie ich auf einer Gesellschaft während einer Diskussion über Literatur ganz en passant erwähnen könnte: »Damals, als ich mit Kalenteri zusammengesessen habe, hat er gesagt . . .«

Ich war recht verwundert darüber, daß Herr Kalenteri meinen Vorschlag recht gewogen annahm. Bei ein paar Tassen Kaffee erklärte er nach einiger Zeit: »Es ist wirklich wunderbar, daß ich jemanden gefunden habe, mit dem ich mich unterhalten kann. Sie glauben gar nicht, wie schrecklich Einsamkeit mitunter sein kann. Nun stellen Sie sich bestimmt vor, daß ein Schriftsteller mit einem gewissen Bekanntheitsgrad unendlich viele Freunde und Bekannte hat, aber das ist ein großer Irrtum. Ich bin von Natur aus sehr zurückhaltend und mißtrauisch, und manchmal glaube ich, man meine, daß ich mich zum Gespött der Leute mache und daß es amüsant sei, mich kennenzulernen. Dann gehen sie ihrer Wege und verbreiten, ich sei arrogant. Oder sie lernen mich kennen, was noch schlimmer ist, weil sie dann feststellen, daß es keinen Wert hat, mit mir bekannt zu sein. Ich gehöre eben zu jenen unglücklichen Menschen, die, wenn man sie persönlich kennenlernt, immer eine persönliche Enttäuschung sind.«

Kühn wandte ich dagegen ein, daß seine Aufrichtigkeit besonders erfrischend sei. Aber, ob er nicht trotz alledem lediglich Bescheidenheit vortäusche? Sei denn das Leben eines berühmten Schriftstellers nicht um einiges reicher und vielfältiger, als das eines Durchschnittsbürgers? Darauf reagierte Herr Kalenteri äußerst ungehalten: »Wissen Sie, diese Vorstellung bringt mich zur Raserei! Reicher und vielfältiger ... Niemals zu wissen, was der nächste Tag bringt, beständig zehren Sorgen an meinen Nerven – die Sorge ums tägliche Brot und die Sorge um den kommenden Tag. Und immer wird von mir verlangt, daß ich etwas schreibe, und wenn ich schreibe, dann werde ich kritisiert, und wenn ich nicht schreibe, werde ich auch kritisiert. Bedenken Sie doch, welcher Zynismus darin liegt, daß so ein Literaturkritiker, der nichts weiter tut, als zu lesen und zu verreißen, daß der ein regelmäßiges Monatseinkommen bezieht, das ihm erlaubt, ein sorgenfreies Leben zu führen, aber ein Schriftsteller lebt vom Vorschuß auf seine Romane, von gelegentlichen Übersetzungen und davon, daß er sich irgendeinem Zeitungsredakteur als Geschichtenerzähler andient. Glauben Sie wirklich, das sei lustig ...?«

Mir war klar, daß ich einen wunden Punkt berührt hatte. Ich versuchte, ihn zu umgehen, indem ich darauf hinwies, daß er doch jetzt, angesichts des nahenden, geruhsamen Weihnachtsfestes, all diese Sorgen vergessen könne. Aber Herr Kalenteri geriet darüber noch mehr in Rage. Er wurde direkt unhöflich: »Ich sagte es doch bereits, Sie sollen mir nicht von Weihnachten sprechen. Ich habe dieses Wort satt. Ich bin randvoll mit Weihnachten. Ich bin zwar gerade erst in meinen besten Jahren, aber ich habe Weihnachten schon mindestens 200mal erlebt. Und jedesmal durchlebe ich es intensiver und echter als in der Wirklichkeit, denn ich habe darüber geschrieben. Fragen Sie mich nur, ich weiß alles über Weihnachten. Es gibt kein Weihnachtsfest, daß ich nicht schon in meiner Phantasie erlebt hätte. Ich habe über verschneite Weihnachten geschrieben, über verregnete Weihnachten, über Weihnachten der Mütter, Weihnachten der Kinder und über Großmutters Weihnachten, über Weihnachten des Weihnachtsmannes, über Weihnachten des tapferen Zinnsoldaten, über Weihnachten einer Puppe. Über Weihnachten bei Reich und Weihnachten bei Arm, über Weihnachten bei Gesunden und Weihnachten bei Kranken, sogar über das Weihnachtsfest eines Elefanten . . .«

Seine Worte unterbrechend wand ich ein, daß ich ihn nicht recht verstehe. Herr Kalenteri erklärte mir geduldig: »Sehen Sie, die Zeitungen zur Weihnachtszeit sind die einzigen Zeitungen, die einem Autoren ein einigermaßen anständiges Honorar zahlen. Aber dafür erwarten sie Geschichten zum Thema Weihnachten mit selbständiger und neuer Handlung. Das ist natürlich einzusehen. Diese Geschichten werden schon ab Anfang April gesammelt, und der Verkauf geht fast bis in den Dezember. Natürlich habe ich allen Grund dankbar zu sein, daß ich mir auf diese Weise ein kleines Zubrot verdienen kann. Weihnachten hat mir schon aus so mancher Verlegenheit geholfen – mit irgendeiner

Geschichte konnte ich die Arztkosten für meine erkrankte Tochter bezahlen, mit zweieinhalb Geschichten kann ich im Notfall die Miete bezahlen. Wenn die Steuern fällig sind, erweist sich eine Weihnachtsgeschichte als unersetzbarer Schatz. Das neue Bücherregal habe ich mit Hilfe einer Weihnachtsgeschichte gekauft. Aber begreifen Sie, daß es allmählich schwierig wird, sich zu diesem Thema noch etwas Neues einfallen zu lassen. Ich bin schon ziemlich jede Daseinsform der Menschheit durchgegangen. Ich habe über Weihnachten im Krankenhaus geschrieben, über Weihnachten in Gefangenschaft, im Gefängnis und bei den Soldaten, über Weihnachten im Kuhstall, im Bauernhaus, im Versteck, am Bahnhof und im Ausland. Ich habe über das Weihnachtsfest eines Polizisten, eines Professors und eines Schwarzhändlers geschrieben. Und meine Phantasie zum Thema Weihnachten ist bald erschöpft. Kürzlich habe ich schon beschlossen, daß ich diesmal keine einzige neue Weihnachtsgeschichte mehr schreiben werde. Aber vielleicht wieder bei passender Gelegenheit. Wenn ich bis morgen eine Geschichte fertig bekomme, dann kann ich sie noch irgendwo unterbringen, und dann kann ich auch noch ein paar Weihnachtsgeschenke einkaufen, wenngleich wir zu Hause beschlossen haben, uns keine Weihnachtsgeschenke zu machen. Aber so eine unerwartete Überraschung wäre ganz besonders verlockend. Das Ärgerlichste ist nur, daß mein Gehirn so leer ist wie ein ausgeblasenes Ei, und in der Geschichte muß doch ein warmes, kraftvolles Lebensgefühl und eine wohlige Weihnachtsstimmung nachzuempfinden sein.«

Herr Kalenteri stützte seinen Kopf in die Hände, und sein Blick verdüsterte sich. Tiefes Mitgefühl für ihn

überkam mich, aber gleichzeitig hatte ich eine glänzende Idee.

»Haben Sie schon über Weihnachten eines Schriftstellers geschrieben? Das ist doch ein ganz einzigarti-
ges und originelles Thema, das die Allgemeinheit sicher interessieren wird.«

Herr Kalenteri hob plötzlich seinen Kopf, und auf
seinem Gesicht breitete sich ein strahlendes Lächeln
aus. »Eine Puppe und eine Handtasche für meine Tochter«, begann er durch seine Finger zu murmeln. »Ein
Fläschchen Parfüm, eine große Puderdose ... Ein
Weihnachtsgeschenk sollte etwas luxuriöses sein,
sonst ist es kein richtiges Weihnachtsgeschenk. Ich
habe mir auf einer Liste notiert, was ich kaufen wollte,
wenn ...« – In seine Augen trat ein zielstrebiger Blick,
als    er    fortfuhr,    den    Grundgedanken    weiter
auszuführen: »Weihnachten eines Schriftstellers – Tannenbaum, aus der Küche duftet es nach Schinken, die
Tochter spielt vergnügt auf dem Teppich, der Vater
sitzt in seinem Lehnstuhl und liest gute Kritiken über
sein neues Buch, die Bewunderer seiner Kunst haben
Geschenke geschickt ... Ein glänzender Gedanke, wie
wär's, wenn ich wirklich in meiner Phantasie Weihnachten eines Schriftstellers feiern würde?«

Er erhob sich plötzlich, drückte mir kräftig die Hand
und ging. Die Wonne der Schöpfungskraft erstrahlte
auf seinem Gesicht, und er ging seiner Wege auf die
ihm so eigene Art und Weise: die Hände tief in seinen
Jackettaschen vergraben und den Kopf zwischen die
Schultern eingezogen, so als müßte er fürchten, von einem Schlag getroffen zu werden.

*Aus dem Finnischen von Dagmar Mißfeldt*

# Die Autorinnen und Autoren

**Juhani Aho**, eigentlich Johan Brofelt, geboren 1861 in Kuopio, gestorben 1921 in Helsinki, machte sich nach seinem Studium an der Universität Helsinki vor allem durch seine Romane und Dramen, aber auch als Autor von Reisebüchern und Memoiren eine Namen. Er gilt als Schlüsselfigur des finnischen Realismus und als Meister der Beschreibung nordischer Landschaften, die durch lyrische Grundstimmungen geprägt sind. Der Durchbruch gelang Aho mit der Novelle *Rautatie* (1884; dt. *Die Eisenbahn*, 1922), einem Beispiel für objektiven und humoristischen Realismus, in dem die Begegnung von einfachen Leuten aus einer abgelegenen Region mit der modernen Zeit analysiert wird. Die bekanntesten Romane sind *Papin tytär* (1885; dt. *Ellis Jugend*, 1899) und *Papin rouva* (1893; dt. *Ellis Ehe*, 1896). Die Erzählung *Weihnachten in der Bauernkate*, die Dagmar Mißfeldt ins Deutsche übertrug, stammt aus der Sammlung von Kurzprosa *Lastuja I–VIII* (Späne, 1891–1921).

**Ingvar Ambjørnsen**, geboren 1956 in Tønsberg/Südnorwegen. Erste Buchveröffentlichung 1981 mit dem Roman *23-salen* (liegt nicht auf Deutsch vor). Schrieb mit *Weiße Nigger* (dt. 1988) einen norwegischen Kultroman, in dem er die nichtetablierte Jugendkultur schildert. Für seine beiden letzten Romane *Ententanz* (dt. 1996) und *Blutsbrüder* (dt. 1997) wurde er jeweils mit einem wichtigen norwegischen Literaturpreis ausgezeichnet. Mehrere seiner Bücher wurden verfilmt. In deutscher Übersetzung liegen bisher neunzehn Titel für Erwachsene und Jugendliche vor.

Ambjørnsen lebt in Hamburg. Die Geschichte *Ein anderer Stern* wurde speziell für dieses Buch geschrieben und von Gabriele Haefs übersetzt.

Für die freundliche Abdruckgenehmigung der Geschichte *Ein anderer Stern* danken wir Ingvar Ambjørnsen, 1997.

**Hans Christian Andersen** (1805–1875) ist der bekannteste dänische Autor überhaupt und der erfolgreichste Märchendichter aller Zeiten. Der Sohn einer Wäscherin aus Odense/Fünen wollte zuerst Schauspieler werden, verlegte sich dann aber aufs Schreiben. Seine Märchen, die zwischen 1835 und 1872 in kleinen Heften erschienen, wurden in wirklich alle Sprachen übersetzt, sogar in die Kunstsprache Volapük. Die Erzählung *Zwölf mit der Post* gehört zu diesen Märchen und wurde von Christel Hildebrandt übersetzt.

**Arne Berggren**, geboren 1960. Lebt als Schriftsteller und Rockmusiker in Oslo. Erste Buchveröffentlichung 1991, *Frøken brenner* (Erzählungen). Seither vier von der Kritik hochgelobte Romane für Jugendliche. Unsere Geschichte wurde speziell für dieses Buch geschrieben, übersetzt von Christel Hildebrandt, und ist Berggrens erste Veröffentlichung in deutscher Sprache.

**Thórir Bergsson** (1885–1970), eigentlich Thorsteinn Jónsson, veröffentlichte bereits 1912 seine erste Kurzgeschichte, seine erste Novellensammlung erschien jedoch erst 1939. Es folgten zwei Romane, ein Gedichtband und zwei weitere Novellenbände. Schauplatz seiner Texte ist zumeist das ländliche Island, wobei der armen Landbevölkerung sein besonderes Interesse gilt. Die Erzählung *Der Sprung* stammt aus dem Band *Stökkið* (1939) und wurde übersetzt von Gabriele Haefs.

**Monika Björk**, eine der meistgelesenen schwedischen Krimiautorinnen. In deutscher Übersetzung sind bisher nur Einzelerzählungen in Anthologien erschienen. Die Erzählung *Der Weihnachtsteufel* stammt aus *Kvinnornas röda bok* (1996) und wurde übersetzt von Dagmar Mißfeldt.

Für die freundliche Abdruckgenehmigung der Geschichte *Julfan* danken wir Monika Björk, Stockholm.

**Gerd Brantenberg**, geboren 1941, lebt auf der Insel Tjøme am Ausgang des Oslofjordes. Gymnasiallehrerin mit den Fächern Englisch und Geschichte, heute hauptberufliche Autorin. Erste Buchveröffentlichung 1973 (dt. 1983) unter dem Titel *Vom anderen Ufer*. Erlangte mit dem satirischen Roman über den Geschlechterkrieg *Egalias Töchter* (dt. 1980) internationale Bekanntheit. In deutscher Übersetzung liegen ferner die Romane *Mädchenwelten* (1982), *Am Pier* (1993), *In alle Winde* (1991), *Ohne Rauch geht's auch* (1988) vor. Die Erzählung *Anne und Anne fahren zu Weihnachten nach Hause* stammt aus der Anthologie *Kjærlighet i rosehagen* (1977) und wurde übersetzt von Gabriele Haefs.

Für die freundliche Abdruckgenehmigung der Geschichte *Anne und Anne* danken wir Gerd Brantenberg, Norwegen.

**Tor Åge Bringsværd**, geboren 1939, studierter Volkskundler und einer der beiden einzigen erfolgreichen Science-Fiction-Autoren Norwegens. Erste Veröffentlichung 1967 mit dem Roman *Det står skrevet*. Mehrfach mit Literaturpreisen ausgezeichnet. In deutscher Übersetzung sind bislang die Romane *Das Frühstück der Langschläferin* (1992), *Die Stadt der Metallvögel* (1988), *Dschingis Khan* (1994) und *Der Mond der Kindheit* (1993) erschienen. Die Erzählung *Die heiligen drei Narren* (deutsch von Lothar Schneider) stammt aus dem Buch *De hellige tre narrer* (1996).

Für die freundliche Abdruckgenehmigung der Geschichte *Die heiligen drei Narren* danken wir dem Gyldendal Norsk Forlag, Oslo 1996.

**Gro Dahle**, geboren 1962, veröffentlichte 1987 ihr erstes Buch, die Gedichtsammlung *Audiens*. Es folgten Lyrikbände, Erzählungen, Kinderbücher und Hörspiele. In deutscher Übersetzung liegen Erzählungen in verschiedenen Anthologien vor sowie das Kinderbuch *Emilie und die unmögliche Mama* (1997). Unsere Weihnachtsgeschichte, übersetzt von Christel Hildebrandt, wird hier erstmals veröffentlicht. Für die freundliche Abdruckgenehmigung der Geschichte *Es gab einmal zwei Hunde, die zusammen Weihnachten feierten* danken wir dem J. W. Cappelens Forlag, Oslo 1995.

**Margareta Ekström**, geboren 1930 in Stockholm, wo sie bis heute lebt. Studium der Literaturgeschichte und Psychologie; bis in die 80er Jahre tätig als Film- und Literaturkritikerin. Erste Buchveröffentlichung 1960, seither über 20 Romane, Lyriksammlungen, Erzählbände sowie ein Opernlibretto. In deutscher Übersetzung liegen bisher nur Einzeltexte in Anthologien vor. Die Erzählung *Raureif* stammt aus *Skilda öden*, (1988) und wurde übersetzt von Maike Dörries.

Für die freundliche Abdruckgenehmigung der Geschichte *Raureif* danken wir Margareta Ekström, Stockholm 1988.

**Jostein Gaarder**, geboren 1952 in Oslo. Erste Buchveröffentlichung 1986: *Diagnosen og andre noveller*. Seinen großen Durchbruch erreichte Gaarder mit seinem philosophischen Roman *Sofies Welt*, von dem bisher weltweit zwölf Millionen Exemplare verkauft wurden. In deutscher Übersetzung liegen außerdem vor: *Das Kartengeheimnis* (1995), *Durch einen Spiegel, in einem dunklen Wort* (1996), *Das Leben ist so kurz – Vita Brevis* (1997) und der Erzählband *Der seltene Vogel* (1997). Die Geschichte *Der Mann, der nicht sterben wollte*, stammt aus *Der seltene Vogel* und wurde übersetzt von Gabriele Haefs.

Für die freundliche Abdruckgenehmigung der Geschichte *Der Mann, der nicht sterben wollte* danken wir dem Carl Hanser Verlag, München / Wien 1997.

**Jonas Gardell**, geboren 1962. Schriftsteller, Journalist, Kabarettist und in Schweden entweder heißgeliebt oder zutiefst gehaßt. Seine Romane *Wer zuletzt liebt* (1994), *Je Schwester je lieber* (1995) und *Die lustige Stunde* (1995) haben ihm auch in Deutschland einen festen Fankreis eingetragen. Sein Sketch *Oma weint* stammt aus der Textsammlung *Mormor gråter* (1993) und wurde übersetzt von Gabriele Haefs.

Für die freundliche Abdruckgenehmigung der Geschichte *Oma weint* danken wir dem Norstedts Förlag, Stockholm 1993.

**Knut Hamsun** (1859–1952) ist noch immer der meistgelesene und wegen seiner deutschfreundlichen Haltung während des Dritten Reiches auch der meistumstrittene Autor Norwegens. Erste Buchveröffentlichung 1877 (unter dem Namen »Knud Pedersen«). 1920 ausgezeichnet mit dem Nobelpreis für Literatur. Sein Gesamtwerk liegt in deutscher Sprache in vielen Auflagen vor. Die Erzählung *Weihnachtliches Gelage* stammt aus dem Band *Siesta* (1897), und wurde übersetzt von Gabriele Haefs.

Für die freundliche Abdruckgenehmigung der Geschichte *Weihnachtliches Gelage* danken wir dem Gyldendal Norsk Forlag, Oslo 1897.

**Lars Huldén**, geboren 1926, ist schwedischsprachiger Schriftsteller und war von 1964 bis 1989 Professor für skandinavische Philologie an der Universität Helsinki. Als Übersetzer ist Lars Huldén hauptsächlich durch seine Shakespeare-Übertragung bekannt. Außerdem hat er auf schwedisch einen Großteil der finnischsprachigen Dramatik, u. a. Aleksis Kivis *Heideschuster*, zugänglich gemacht. Als Schriftsteller debütierte Lars Huldén 1958 mit einer Gedichtanthologie und veröffentlichte seither mehr als dreißig weitere Gedichtsammlungen und Prosawerke. Die in diesem Band vorliegende Erzählung *Die Weihnachtsinsel*, übertragen von Dagmar Mißfeldt, stammt aus seiner veröffentlichten Prosa-Anthologie.

Für die freundliche Abdruckgenehmigung der Geschichte *Die Weihnachtsinsel* danken wir Lars Huldén, 1996.

**Antti Hyry**, geboren 1931 in Nordösterbotten, studierte Ingenieurwissenschaften und lebt als freier Schriftsteller in der Nähe von Helsinki. Seine Dichtung umfaßt Romane, Erzählungen und Hörspiele. In Hyrys Werken nehmen die Kindheit und die nordfinnische Landschaft großen und positiven Raum ein. Das Leben in der Stadt führt für ihn zur Entfremdung des Menschen von sich selbst. Hyry steht dabei ganz in der Tradition des Nouveau Roman und des Impressionismus. Bisher auf deutsch erschienen sind die zwei Bände einer Tetralogie: *Kotona* (1960, dt. *Daheim*, 1980) und *Isä ja poika* (1971, dt. *Ein Vater und sein Sohn* 1978). Aus Hyrys Prosasammlung von 1981 stammt die von Dagmar Mißfeldt übersetzte Geschichte *Der Weihnachtsbaum*.

Für die freundliche Abdruckgenehmigung der Geschichte *Der Weihnachtsbaum* danken wir der Otava Publishing Company, Helsinki 1981.

**Margaret Johansen**, geboren 1923, lebt in Oslo, ausgebildete Stenographin. Erste Buchveröffentlichung 1971 (der Erzählband *Om damene*). Seither fünf Novellensammlungen und vier Romane. In deutscher Übersetzung liegen die Romane *Damenwalzer* (1984) und *Du kannst doch nicht einfach gehen* (1988) sowie Erzäh-

lungen in Anthologien vor. Die Geschichte *Ein Weihnachtsessen* stammt aus dem Band *Tidsfordriv* (1988),
und wurde übersetzt von Dagmar Lendt.

Für die freundliche Abdruckgenehmigung der Geschichte *Ein Weihnachtsessen* danken wir dem Tiden
Norsk Forlag, Oslo 1988.

Die finnische Schriftstellerin **Maria Jotuni**, geboren
1880 in Kuopio, gestorben 1943 in Helsinki, studierte
Geschichte und Literaturwissenschaft. Sie gehört zu
den bedeutendsten Vertretern des Naturalismus ihres
Heimatlandes. Sie schuf neben Novellensammlungen
einige Romane und auch Bühnenstücke. Ihre Themen,
oft im Kleinstadtmilieu angesiedelt, umfassen das
Verhältnis zwischen Frau und Mann ebenso wie die sozialen Gegensätze, die sich, bei Maria Jotuni zu grausa-
men Lebenssituationen erstarrt, in individuelle Moral-
probleme verwandeln. Trotz der ernsten Thematik
gelingt es ihr oft, die bittere Lebenskritik mit herbem
Humor zu verbinden oder ins Tragisch-Komische
überzuleiten. So zeigen die Titel ihrer frühen Novellensammlungen eine ironischen Gegensatz zu deren Inhalt. Die Kurzgeschichte *Weihnacht im Ödwald* ist von
Joachim Gerdes und Dagmar Mißfeldt ins Deutsche
übersetzt worden.

Für die freundliche Abdruckgenehmigung der Geschichte *Weihnacht im Ödwald* danken wir der Otava
Publishing Company, Helsinki 1956.

**Halldór Laxness**, geboren 1903, lebt in der Nähe von
Reykjavik. Islands bekanntester Autor, ausgezeichnet
u. a. mit dem Nobelpreis für Literatur (1955) und dem

sowjetischen Stalinpreis. Seine Bücher liegen auf Deutsch in mehreren Ausgaben vor, derzeit erscheint das Gesamtwerk in völlig neuer Übersetzung. Die Geschichte *Ein Weihnachtsgedicht* stammt aus dem Band *Mein heiliger Stein* (1995) und wurde übersetzt von Hubert Seelow.

Für die freundliche Abdruckgenehmigung der Geschichte *Ein Weihnachtsgedicht* danken wir dem Steidl Verlag, Göttingen 1995.

**Herman Lindqvist** ist Journalist und Schriftsteller und vielleicht Schwedens bekanntester Reisejournalist. Lindqvist lebt zur Zeit in Madrid. Die Erzählung *Tropischer Tannenbaum* (Übersetzung: Dagmar Mißfeldt) stammt aus dem Band *Brödrafolkens fel* (1995) und ist seine erste Übersetzung ins Deutsche.

Für die freundliche Abdruckgenehmigung der Geschichte *Tropischer Tannenbaum* danken wir dem Norstedts Förlag, Stockholm 1996.

Nach ihrem Studium der Finnischen Literatur und der Soziologie an der Helsinkier Universität arbeitet **Sari Malkamäki** (geboren 1962 in Alahärmä), die weiterhin in Helsinki lebt, in den letzten Jahren als freie Mitarbeiterin für Rundfunk und Fernsehen. Das Buch *Tiikeri-Kakku* (1994, *Marmorkuchen*), aus dem Dagmar Mißfeldt für diesen Band *Das letzte Weihnachtsfest* übersetzt hat, ist das Erstlingswerk der Autorin.

Für die freundliche Abdruckgenehmigung der Geschichte *Das letzte Weihnachtsfest* danken wir der Otava Publishing Company, Helsinki 1994.

**Gerd Rindel**, geboren 1941 in Kopenhagen, Studium an der dortigen Schule für Kunstgewerbe, heute freie Autorin. Erste Buchveröffentlichung 1982. Seither folgte eine Vielzahl von Romanen und Erzählungen für Kinder und Erwachsene. 1984 wurde Gerd Rindel mit dem Kinderbuchpreis des Dänischen Kultusministeriums ausgezeichnet. In deutscher Übersetzung liegen die Kinderbücher *Dämmerungskinder* (1988) und *Ein Garten voller Blüten* (1989) vor. Die Erzählung *Klaras Stern*, übersetzt von Gabriele Haefs, erschien erstmals 1989 in einer Anthologie des Forum Verlages, Kopenhagen.

Für die freundliche Abdruckgenehmigung der Geschichte *Klaras Stern* danken wir Gerd Rindel und Forlaget Forum, Kopenhagen 1984.

**Johan Ludvig Runeberg**, geboren 1804 in Jacobstad/Pietasaari, gestorben 1877 in Borgå/Porvo. Der schwedischsprachige Nationaldichter Finnlands war zunächst Redakteur, dann altsprachlicher Lektor in Borgå/Porvo. Einflüsse der Antike, der Romantik und der deutschen Klassik finden sich in seinem Œuvre wieder. Er schrieb sowohl zarte Lyrik als auch volkstümliche Themen behandelnde, umfangreiche Gedichtsepik. Der Balladenzyklus *Fänrik Ståls sägner* (1848–1860, dt. *Fähnrich Stahls Erzählungen* 1852), dessen einleitendes Lied *Vårt Land* (Unser Land) finnische Nationalhymne wurde, feiert den Freiheitskampf gegen Rußland von 1808/09. Die Geschichte *Weihnachtsabend in der Lotsenhütte* übersetzte Dagmar Mißfeldt ins Deutsche.

**Raija Siekkinen**, geboren 1953, die heute in Kotka im Südosten Finnlands lebt, war zunächst als Assistentin an einem Landschaftsmuseum tätig. Im Jahr 1978 veröffentlichte sie ihre erste Novellensammlung, der weitere sechs Novellenbände und zwei Romane folgten. In all ihren literarischen Arbeiten schildert sie mit großer psychologischer Genauigkeit Frauenprobleme. In deutscher Übersetzung liegen zwei ihrer vier Kinderbücher, *Der Herr König* (1987) und *Die Schönste im ganzen Land* (1988) vor. Ferner erschienen auf deutsch die beiden Kurzgeschichten *Der Sturm* und *Der Geliebte* (1989) aus dem Band *Pieni valhe* (1986, *Eine kleine Lüge*), der mit dem Mika-Waltari-Preis des finnischen Schriftstellerverbandes ausgezeichnet wurde. Daraus ist die Erzählung *Kurz vor Weihnachten* entnommen, für deren Übertragung ins Deutsche Dagmar Mißfeldt sorgte.

Für die freundliche Abdruckgenehmigung der Geschichte *Kurz vor Weihnachten* danken wir der Otava Publishing Company, Helsinki 1987.

**Frans Emil Sillanpää**, geboren 1888 in Hämeenkyrö, gestorben 1964 in Helsinki, arbeitete nach seinem Studium der Naturwissenschaften als Kritiker, Journalist, Übersetzer und dann als freier Schriftsteller. Der seinem Erstlingswerk *Elämä ja aurinko* (*Leben und Sonne*, 1916; dt. *Sonne des Lebens*, 1951) folgende Roman *Hurskas kurjuus* (1919; dt. *Das Fromme Elend*, 1948 und 1981) stellt eines der Hauptwerke im insgesamt recht unterschiedlichen Schaffen Sillanpääs dar. Seine Prosa bezieht ihre Themen aus der Landschaft, Geschichte und dem sozialen Spannungsfeld seiner Heimatgegend. Sillanpää ist nicht nur deren Chronist und Kommentator, sondern zugleich auch ein Dichter der Machtlosen und Armen, so auch in seinem Roman *Nuorena nukkunut* (*Jung entschlafen*, 1931; dt. *Silja, die Magd*, 1932), für den er bislang als einziger Finne 1939 den Literatur-Nobelpreis erhielt. Am Heiligabend eines jeden Jahres verkündete Sillanpää im Radio seine Friedensbotschaft und führte seine Zuhörer an ihren ländlichen, genügsamen Ursprung zurück. In diesen Kanon gehört auch das von Joachim Gerdes ins Deutsche übertragene Stimmungsbild *Weihnachtstraum*.

Für die freundliche Abdruckgenehmigung der Geschichte *Weihnachtstraum*, danken wir der Otava Publishing Company, Helsinki 1961.

**Amalie Skram**, geboren 1846 in Bergen, gestorben 1905 in Kopenhagen. Gilt als bedeutendste naturalistische Autorin Skandinaviens, ihre Romane *Verraten*, *Constance Ring* und die Trilogie *Die Leute vom Felsenmoor* wurden um die Jahrhundertwende auch in Deutschland viel gelesen, wo Skram heute jedoch so gut wie vergessen ist. In den skandinavischen Ländern ist sie noch immer eine der meistgelesenen Klassikerinnen. Die Erzählung *Karens Weihnachten* stammt aus dem Erzählband *Mennesker* und wurde übersetzt von Christel Hildebrandt.

**Gunnar Staalesen**, geboren 1947, veröffentlichte 1969 sein erstes Buch. Mit seinen Kriminalromanen um den Helden Varg Veum, die alle in seiner Heimatstadt Bergen spielen, wurde er zu einer der meistgelesenen Kriminalschriftstellern Skandinaviens. Sieben Varg-Veum-Romane liegen inzwischen in deutscher Übersetzung vor, zuletzt erschien *Begrabene Hunde schlafen nicht* (1997). Die in diesem Band enthaltene Weihnachtsgeschichte wurde von Christel Hildebrandt übersetzt.

Für die freundliche Abdruckgenehmigung der Geschichte *Eine bittere Mandel* danken wir dem Gyldendal Norsk Forlag, Oslo 1995.

**Zacharias Topelius**, geboren 1818 in Vaasa, gestorben 1898 in Helsinki, Journalist, Schriftsteller und Märchenerzähler; lehrte ab 1854 als Professor für Geschichte an der Universität Helsinki, von 1875 bis 1878 stand er ihr als Rektor vor. Zu Beginn seiner Laufbahn war er ein radikaler, national gesinnter Romantiker. In dem Zyklus *Fältskärns berättelser I–IV* (*Des Feldschers Erzählungen*, 1853–1864) wird Finnlands Anteil an der Schaffung und Wahrung der schwedischen Großmachtstellung in der Zeit von Gustav II. Adolf bis zu Gustav III. dargestellt. Am weitreichendsten in seiner Wirkung auf die Erziehung der Finnen zu einem Volk war Topelius' Werk *Boken om vårt land* (*Buch über unser Land*, 1875), das als Lehrbuch für die Grundschule vorgesehen war. Mehrere Generationen von Grundschülern bezogen ihr Grundwissen über die Natur, die Geschichte und die Bewohner ihres Heimatlandes aus diesem Buch. Für diese Anthologie übersetzte Dagmar Mißfeldt aus Topelius' *Samlade skrifter* die Erzählung *Der Heilige Abend*.

**Dan Turèll** (1946–1992) war Dichter, Schriftsteller, Journalist und Entertainer und wurde in kürzester Zeit zu einer Kultfigur in Dänemark. Er hat nahezu siebzig Bücher geschrieben, zwei seiner erfolgreichsten Krimis mit einem namenlosen Journalisten als Helden wurden verfilmt. In deutscher Übersetzung liegt der Krimi *Mord in Rodby* (1996) vor, weitere Titel sind in Vorbereitung. Die in diesem Band enthaltene Weihnachtsgeschichte stammt aus einem Band mit Glossen und Reportagen und wurde übersetzt von Christel Hildebrandt.

Für die freundliche Abdruckgenehmigung der Geschichte *Dänische Weihnachten* danken wir dem Borgen Verlag, Kopenhagen.

**Antti Tuuri**, geboren 1944 in Kauhava/Ostbottnien, studierte Ingenieurwissenschaften und machte diese häufig zum Hintergrund seiner Romane, Erzählungen, Hörspiele und Dramatisierungen. Daneben wandte er sich in seinen realistischen und humorvollen Darstellungen auch historischen Ereignissen zu. Über die Grenzen Finnlands hinaus bekannt wurde er besonders durch den Gegenwartsroman *Pohjanmaa* (1982), für den er 1985 mit dem Literaturpreis des Nordischen Rates ausgezeichnet wurde. In deutscher Übersetzung liegen neben einigen Hörspielen auch die Romane *Viisitoista metriä vasempaan* (dt. *Fünfzehn Meter nach links*, 1991), *Novellivalikoima* (dt. *Der steinigste Ort: Erzählungen*, 1984), *Talvisota* (1984; dt. *Der Winterkrieg*, 1992) und *Pieni suuri maa* (*Kleines großes Land*, 1996) vor. Die Übersetzung von Tuuris Erzählung *Um Weihnachten* aus dem Buch *Vuosi elämästä* (*Ein Jahr im Leben*, 1975) besorgte Dagmar Mißfeldt.

Für die freundliche Abdruckgenehmigung der Geschichte *Um Weihnachten* danken wir der Otava Publishing Company, Helsinki 1975.

Der finnische Schriftsteller **Mika Waltari**, geboren 1908 in Helsinki und dort 1979 gestorben, war nach seinem Studium der Theologie, Philosophie und Literaturgeschichte als Journalist und Herausgeber bekannter Zeitschriften und Übersetzer tätig und lebte seit 1938 als freier Schriftsteller in Helsinki. Im Mittelpunkt seiner erfolgreichsten Werke stehen Milieuschilderungen aus dem finnischen Bildungsbürgertum, dem Land- und Stadtleben. Von den historischen Dichtungen, Kriminalromanen, Märchen und Dramen ist besonders der Welterfolg *Sinuhe, egyptiläinen* (1945, dt. *Sinuhe, der Ägypter*, 1948) zu nennen, der sogar 1954 in Hollywood verfilmt wurde. Die tagebuchartig angelegten Erinnerungen des Arztes Sinuhe, der seinen Lebensabend zur Zeit des Pharaos Echnaton resigniert in der Verbannung zubringt, haben Bezug zur krisenhaften Nachkriegszeit in Finnland. Weitere historische Romane spiegeln ebenfalls mit Gegenwartsbezug Zeiten des geistigen Umbruchs wider. Waltari ist neben Tove Jansson der am häufigsten übersetzte finnische Schriftsteller. Die hier vorliegende Geschichte *Weihnachten eines Schriftstellers* aus dem Jahr 1933, die Dagmar Mißfeldt übersetzt hat, stammt aus dem Sammelband *Joulutarinoita* (1985, *Weihnachtsgeschichten*), in dem die von Mika Waltari in Zeitungen und Zeitschriften veröffentlichten Weihnachtsgeschichten zusammengefaßt sind.

Für die fre undliche Abdruckgenehmigung der Geschichte *Weihnachten eines Schriftstellers* danken wir Mika Waltaris Erben, 1979.

# Bitte beachten Sie folgende Seiten

## Eine einzigartige Sammlung

Erstmals in einem Band
vereint: sämtliche
ostpreußischen Geschichten
des großen Erzählers Arno
Surminski. Unsentimental,
aber voller Anteilnahme
schildert der Autor Leben und
Überleben der »kleinen Leute«
und lässt die herbe Schönheit
der Landschaft zwischen Memel
und Masuren lebendig werden.

»Jede Geschichte umfasst nur
wenige Seiten, aber was da
hineingelegt ist, wirkt so
eindringlich und schicksalhaft,
als hätte man ein
ganzes Menschenleben vor
sich ablaufen sehen.«
*Ostpreußenblatt*

Arno Surminski

**Aus dem Nest gefallen**

Sämtliche ostpreußischen
Geschichten

## ULLSTEIN TASCHENBUCH

»Ihre minuziöse Schilderung
der Welt im Kleinen, der sehr
persönlichen, unauffälligen
Schwierigkeit des Zusammen-
lebens, ihre Darstellung eines
sehr kunstvoll-bescheidenen
Erzählerbewußtseins und ihr
Stil der negativen Ironie
gehören zum Genauesten und
Bemerkenswertesten, was die
moderne Literatur zu
bieten hat.«
*Tagesspiegel*

Marlen Haushofer

**Schreckliche Treue**

Gesammelte Erzählungen

List Taschenbuch

Ein hilfreicher Leitfaden für
Menschen, die schreiben, und
gleichzeitig ein einzigartiger
Einblick in die Schreibwerkstatt
eines der erfolgreichsten
Autoren unserer Zeit.

»Ein Kleinod. Diese Essays
gehören zu der Sorte, wo
man nur noch unterstreichen
und alles auswendig lernen
möchte.«
*The New York Times*

David Lodge
**Das Handwerk des
Schreibens**
Wie man Geschichten erzählt

List Taschenbuch